दस्तक

दस्तक

विनोद बंधु

प्रकाशक • **प्रभात प्रकाशन प्रा. लि.**
4/19 आसफ अली रोड,
नई दिल्ली–110002

संस्करण • 2025
मूल्य • पाँच सौ रुपए
मुद्रक • आर–टेक ऑफसेट प्रिंटर्स, दिल्ली

DASTAK *by* Shri Vinod Bandhu ₹ 500.00
Published by Prabhat Prakashan Pvt. Ltd., 4/19 Asaf Ali Road, New Delhi-2
e-mail: prabhatbooks@gmail.com ISBN 978-93-5322-417-2

बिहार की दास्ताँ है—दस्तक

विनोद बंधु बिहार के ही नहीं, हिंदी पत्रकारिता के गौरव हैं। लगभग 32 वर्षों से बिहार के सामाजिक, राजनीतिक व सांस्कृतिक जीवन पर ईमानदारी और निष्पक्षता के साथ समाचार या लेखों से लाखों पाठकों को जागरूक बनाने में महत्त्वपूर्ण योगदान देते रहे हैं। दस्तक भी इस काम की एक झलक है। अपने स्तंभ के जरिए विनोद बंधु बेबाकी से बिहार के घटनाचक्रों को प्रस्तुत करते रहे हैं। सत्ता के गलियारों की अंतर्कथा हो या सामाजिक मुद्दे अथवा आर्थिक विकास—इन सबका लेखा-जोखा इस संकलन में है। आशा है कि यह पुस्तक दस्तावेज की तरह उपयोगी साबित होगी।

शुभकामनाएँ।

पद्मश्री आलोक मेहता
देश के शीर्षस्थ पत्रकार

दस्तक से पहले

कई बार किसी सामयिक घटना पर अपनी टिप्पणी लिखने का विचार मन में आया, लेकिन अखबार में समाचार के साथ विचार लिखना पत्रकारिता के मान्य सिद्धांतों के तहत स्वीकार्य नहीं है। समाचार विश्लेषण में इसकी इजाजत है, लेकिन हर तरह की घटनाओं पर समाचार विश्लेषण नहीं लिखा जा सकता है। मैंने साप्ताहिक कॉलम दस्तक लिखने का प्रस्ताव रखा और उसे स्वीकार कर लिया गया। हालाँकि मैं 'हिंदुस्तान' पटना में राजनीतिक संपादक था और इस पद पर रहते कॉलम लिखना बहुत आसान नहीं होता है, क्योंकि एक स्वतंत्र लेखक का रोजमर्रा की जिंदगी में उन तमाम लोगों से साबका नहीं पड़ता, जो किसी-न-किसी रूप में कॉलम के पात्र या हिस्सा बनते हैं, लेकिन एक राजनीतिक संपादक का सरोकार हर रोज का होता है और किसी की सहमति या असहमति, सराहना या उलाहना भी उसे सीधे तौर पर झेलना पड़ता है। मैं इस मामले में खुशकिस्मत रहा कि ऐसी विषम परिस्थिति मेरे सामने कभी नहीं आई, जबकि मुझे किसी की सराहना या उलाहना ने असहज कर दिया हो। वैसे दस्तक पर मुझे तालियाँ मिलीं तो गालियाँ भी। यह इतर बात है कि सराहने वालों के मुकाबले गालियाँ लिखकर पत्र भेजने वालों का औसत नगण्य ही रहा, लेकिन जो भी दो-तीन पत्र आए, उसमें इतनी भद्दी गालियाँ लिखी गईं, जिसे पढ़ पाना भी संभव नहीं था। लेकिन मेरे ऊपर ऐसी प्रतिक्रियाओं का असर इसलिए नहीं हुआ, क्योंकि मैं जानता था, इतनी अस्तरीय भाषा और सामग्री लिखनेवाला व्यक्ति स्वस्थ आलोचना में यकीन नहीं करता, बल्कि पूर्वग्रह में मुझ पर नहीं लिखने का दबाव जैसा बनाना चाहता है।

'दस्तक' में वर्ष 2011 से 2015 के बीच के घटनाक्रमों और हालात पर सामयिक विचार या टिप्पणी है। जब तक दस्तक लिखा, उस बीच भी बिहार के राजनीतिक परिदृश्य में बड़ा उलटफेर होता रहा और आज की परिस्थितियाँ भी भिन्न हैं। अगर भिन्न नहीं हैं तो बिहार में बदलाव का वैचारिक धरातल। बिहार में तरक्की की जो भूख पैदा हुई है, वह और तीव्र ही हुई है। लोगबाग अपने राज्य को विकसित राज्य के रूप

में देखना चाहते हैं। यह दबाव शासन पर है और आगे भी रहेगा। इस अर्थ में सत्ता की चुनौती और बढ़ेगी। विकास के साथ लोगों की उम्मीदें भी बढ़ रही हैं। दूसरी बड़ी चुनौती है कि भौतिक विकास के साथ आनेवाली बीमारियाँ भी घर करने लगी हैं।

दस्तक की लोकप्रियता का अहसास मुझे तब अच्छे से हुआ था, जब 2015 के बिहार विधानसभा चुनाव से पहले यह कॉलम लिखना मैंने बंद कर दिया। इसके बाद लंबे समय तक फोन आते रहे कि आपने दस्तक लिखना क्यों बंद कर दिया। इसी क्रम में दस्तक को लेकर अनेक तरह के सुझाव आते रहे। कई लोगों ने सुझाया कि जिन विषयों पर दस्तक लिखा गया है, उसे विस्तार से फिर लिखकर मैं पुस्तक लिख दूँ। एक लेखक ने संपर्क साधा कि मैं इसकी तमाम प्रतियाँ उन्हें दूँ, ताकि वह दस्तक को केंद्र में रखकर अपनी पुस्तक 'बिहार का उत्कर्ष' लिख सकें। मैंने उन्हें जो प्रतियाँ उपलब्ध थीं, मुहैया करा दीं। कई अन्य लोगों के सुझाव थे कि दस्तक की चुनिंदा प्रतियों का संकलन प्रकाशित किया जाए। मुझे यह सुझाव पसंद आया। मैंने 2011 से 2015 के बीच दस्तक लिखा था। उस बीच बिहार में अनेक ऐसी सकारात्मक और नकारात्मक घटनाएँ घटीं, जो इतिहास के पन्नों में अवश्य दर्ज होंगी। मैंने उस बीच के तमाम ऐसे घटनाक्रमों पर दस्तक में टिप्पणी लिखी थी। इसके अलावा हमारे साथी कमलेशजी की इस प्रतिक्रिया ने संकलन प्रकाशित करने की प्रेरणा दी कि जब दस्तक की किस्तें अलग-अलग पढ़ता था तो वह वैचारिक धरातल पर उतना असरदार नहीं लगता था, जितना चुनिंदा प्रतियों को विषयवार एक कड़ी में पढ़ने पर लगता है। बहरहाल, काफी मंथन के बाद संकलन प्रकाशित करने का निर्णय लिया।

दस्तक में राजनीतिक, सामाजिक, आर्थिक, शैक्षणिक, आपराधिक, शासनिक और प्रशासनिक विषयों पर सामयिक घटनाक्रमों को केंद्र में रखकर टिप्पणी लिखी गई। मैंने जब भी लिखा, बेबाकी से लिखा और इसकी परवाह नहीं की कि किसे यह रुचेगा और किसे हजम नहीं होगा। मेरा प्रयास सिर्फ इतना होता था कि जैसा मैंने महसूस किया और जो मुझे उचित लगा, उसे बिना पूर्वग्रह के लिख दूँ। भ्रष्टाचार पर जब एक किस्त लिखी तो एक अजीज ने मेरे अनेक मित्रों को फोन कर पूछा कि क्या आज मुझे केंद्र में रखकर दस्तक लिखा गया है? ऐसे अनेक अनुभव दस्तक को लेकर मेरे जेहन में हैं, और इन सबने मेरा मनोबल मजबूत ही किया। एक आई.ए.एस. अधिकारी ने समावेशी विकास के बिहार मॉडल पर लिखी गई एक किस्त पर विधानसभा में मिलते ही अपनी प्रतिक्रिया में कहा—अद्‌भुत, इस तरह सोचना और आकार देना अपने आप में अद्‌भुत है। मैं तो दस्तक का मुरीद हूँ। लेकिन एक पत्रकार ने एक पत्रिका में लिखे अपने आलेख में कहा कि हिंदुस्तान के राजनीतिक संपादक को राजनीति की समझ ही नहीं है। यह अलग बात है कि राजनीतिक घटनाक्रमों पर मेरी टिप्पणियाँ या पूर्वानुमान ज्यादातर

सही निकले। मुजफ्फरपुर प्रमंडल में मेनिनजाइटिस के प्रकोप से हर साल बड़ी संख्या में होनेवाली मौतों से आहत होकर जब मैंने इसे बिहार का कलंक बताया और इसके समाधान सुझाए तो राज्य सरकार ने तनिक भी देर नहीं की और उस पर फैसला किया। मुझे संतोष है कि पीलिया की तरह मेनिनजाइटिस पर अंकुश लगाने में कामयाबी मिली। जब मुझे कोई काम अच्छा लगा तो उसकी तारीफ की, लेकिन जहाँ कमी नजर आई तो उस पर भी अपने अंदाज में तीखी टिप्पणी की, लेकिन राज्य सरकार ने हमेशा इसे स्वस्थ आलोचना स्वीकार कर उस पर कदम उठाए।

इस पुस्तक में मैंने दस्तक की चुनिंदा प्रतियों का सकलन किया है। इसे विषयवार अलग-अलग खंडों में संकलित करने में कमलेशजी ने मेरी मदद की। दस्तक की कतरनों को सहेजकर रखने का श्रेय मेरी पत्नी अंजु मिश्रा को है। मुझसे यह काम कतई संभव नहीं था और न है। वे दस्तक की सुधी पाठक भी रहीं और अपनी प्रतिक्रिया देने में कभी संकोच नहीं किया।

मैं हिंदुस्तान के प्रधान संपादक श्री शशिशेखर के प्रति आभार व्यक्त करता हूँ। उन्होंने न केवल दस्तक कॉलम लिखने की अनुमति प्रदान की, बल्कि वे हमेशा मार्गदर्शन भी करते रहे। जब दस्तक का संकलन प्रकाशित करने का प्रस्ताव आया तो उन्होंने सहर्ष स्वीकृति प्रदान की। मैं अपने उन तमाम साथियों के प्रति भी आभार व्यक्त करता हूँ, जो इस दौरान मेरे साथ काम कर रहे थे। उन सबने दस्तक पर हर बार अपनी सकारात्मक प्रतिक्रिया से मेरा हौसला बढ़ाया। इसमें कुछ ऐसे साथी भी शामिल हैं, जो बाद के दिनों में दूसरे संस्थान में चले गए, लेकिन वे तब भी दस्तक पढ़ने के बाद फोन करना नहीं भूलते थे। मैं दस्तक के उन तमाम पाठकों का आभारी हूँ, जिन्होंने अपने कीमती समय में से कुछ पल इसे पढ़ने के लिए निकाला।

मेरे पिताजी स्व. इंद्रेश मिश्र स्वतंत्रता सेनानी और समाजसेवी थे। वे उस समय के एम.कॉम. थे। उनसे मैंने बहुत कुछ सीखा। वे हमेशा दूसरों के लिए जीते रहे। साधन-संसाधन इकट्ठा करने में उनकी तनिक भी दिलचस्पी नहीं थी। जीवन में सादगी और संघर्ष की प्रतिमूर्ति रहे। मेरी माँ स्व. सुशीला देवी ने उनका कदम-दर-कदम साथ दिया। मेरी माँ ने हमें परोपकार का मंत्र और सकारात्मक सोच दी। दुर्भाग्य से 14 अगस्त, 2018 को उनका देहावसान हो गया। मैं यह पुस्तक अपनी परम पूज्य माँ को समर्पित करता हूँ।

—विनोद बंधु

अनुक्रम

जो समय मिला, उसका कितना उपयोग हुआ?

विधानमंडल के शीतकालीन सत्र की अवधि कम रखने पर विपक्ष को एतराज था। विरोधी दल के नेता का आरोप था कि राज्य सरकार मुद्दों पर चर्चा करने से बच रही है, लेकिन विपक्ष ने सत्र में जितना ही समय मिला, उसका कितना उपयोग किया, यह सवाल अब ज्यादा मौजूँ है। चाहे विधेयकों पर चर्चा का समय हो या शून्यकाल या ध्यानाकर्षण काल, किसी में भी विपक्ष की कितनी तैयारी थी? विरोधी दल के एक माननीय की जब विधेयक पर बोलने की बारी आई तो वे किसी अन्य माननीय से बोलने का आग्रह कर खुद किनारे हो गए। यह बात विरोधी दल के नेता को भी नागवार गुजरी। एक विपक्षी माननीय तो पूरक बजट पर कटौती प्रस्ताव का नोटिस देने के बाद इसे पेश करते समय सदन से गायब थे। विपक्ष के महारथियों ने भी ऐसा कोई ठोस विषय सदन में नहीं रखा, जिस पर बहस से कोई नया तथ्य या रास्ता निकलकर सामने आए या सरकार को कमियों का एहसास हो सके। जिस मुद्दे को लेकर विपक्ष के सदस्य हमलावर होने के प्रयास में रहे, एक तो वह उनका अपना नहीं था और मुख्यमंत्री के एक ही पलटवार ने उन्हें बगलें झाँकने को मजबूर कर दिया। आखिर ऐसा क्यों?

अगर कसौटी सरकार की तैयारी को बनाएँ तो यह साफ दिखता है कि उसने अपने वायदे के मुताबिक विधेयकों को सदनों में रखा, लेकिन विपक्ष ने चाहे-अनचाहे उन विधेयकों में जो खामियाँ बताईं या संशोधन पेश किए, उनमें कितना दम था, लोकायुक्त विधेयक को जल्दबाजी में लाने का आरोप कितना वाजिब था? महीनों मशक्कत के बाद विधेयक का प्रारूप तैयार हुआ, उसे एक पखवाड़ा वेबसाइट पर रखा गया। सुझावों और प्रारूप पर सर्वदलीय बैठक हुई, तब प्रारूप को अंतिम रूप देकर सदन में लाया गया। इसी तरह प्रावधानों की गहराई में गए बिना विधान परिषद् के सभापति या विधानसभा के अध्यक्ष को चयन समिति में रखने का विरोध कितना तार्किक कहा जाएगा? मुख्यमंत्री

ने इसका जवाब दिया कि चयन समिति खोजबीन समिति का गठन करेगी और उसमें दो सदस्य की भी जिस नाम पर आपत्ति होगी, उस नाम पर विचार नहीं होगा।

राज्य का प्रमुख विरोधी दल राजद छह वर्ष पूर्व तक राज्य की सत्ता पर डेढ़ दशक काबिज रहा और तीन साल पहले तक केंद्र की सत्ता का भागीदार। कांग्रेस अभी भी केंद्र की सत्ता पर काबिज है। दरअसल सत्ता की राजनीतिक परंपरा का अंतिम लक्ष्य सत्ता होती है। मुद्दों की राजनीति जबसे कमजोर पड़ी, तबसे एक बार भी सत्ता की चौखट पार करने के बाद राजनीति की भाषा, शैली और अंदाज बदल जाते हैं। सत्ता में आने के बाद भी अगर सेवा राजनीति के केंद्र में रहे तो सत्ता की मदांधता आपको अपनी गिरफ्त में नहीं लेती है और ऐसे में आप सत्ता में रहें या विपक्ष में, आम-अवाम का सुख-दु:ख आपका एजेंडा होता है। बहरहाल, राजनीति में सक्रिय लोगों के सामने बड़ी चुनौती विश्वसनीयता की है। कहने और करने के बीच जो बड़ा अंतर रहा है, उसे पाटकर ही आप इसे हासिल कर सकते हैं। सत्ता हाथ से फिसलते ही निराशा के दलदल में धँस जाने या पाला बदलकर सत्ता के गलियारे में जगह पाने की जुगत में लग जाने से क्या संदेश जाता है और ऐसे में वह तेवर कहाँ से लाएँगे, जो जनता से मिली ऊर्जा से निकलते हैं? लोकतंत्र में विपक्ष की भूमिका ज्यादा अहम होती है।

(11.12.2011)

❑

यह है बिहार हित की राजनीति का मॉड्यूल

विधानमंडल का सत्र अभी चल रहा है। आनेवाले दिनों में कई अहम मसलों पर सत्ता पक्ष और विपक्ष में तकरार और शास्त्रार्थ होंगे। दोनों पक्ष अपना-अपना धर्म निभाएँगे। सत्र का पहला सप्ताह कई सकारात्मक संदेशों का साक्षी बना। पक्ष और विपक्ष में तकरार भी हुई, तो कई मसलों पर सहमति के सुर भी नजर आए। खासकर बिहारी पहचान और हित के मसलों पर। दरभंगा के साइकिल मिस्त्री मो. कफिल अंसारी की सेंट्रल एजेंसी आई.बी. द्वारा गिरफ्तारी के तौर-तरीकों और चेन्नई में बिहार के चार लोगों की पुलिस 'मुठभेड़' में मौत और बाहर के अखबारों में इसे आतंकवाद का बिहार मॉड्यूल करार देने पर पक्ष और विपक्ष की बेचैनी और तल्ख विरोध ने बहुत साफ संदेश दिया है।

अभी एन.सी.टी.सी. के गठन की केंद्र की पहल के विरोध में देश के कई हिस्सों से आवाज उठ रही है। बिहार के मुख्यमंत्री नीतीश कुमार ने ही नहीं, बल्कि यू.पी.ए. की पार्टनर और पश्चिम बंगाल की मुख्यमंत्री ममता बनर्जी समेत अनेक राज्यों के मुखिया ने इसे राज्यों के अधिकार क्षेत्र में दखल करार दिया है। यह संघीय ढाँचे को कमजोर करने की पहल भी कही जा रही है। ऐसे में दरभंगा से कफिल की गिरफ्तारी के तौर-तरीकों पर सवाल उठना लाजिमी है। गिरफ्तारी के बाद स्थानीय पुलिस को इसकी सूचना तक नहीं दी गई, इसे किस कानून के तहत जायज ठहराया जा सकता है, यह हरकत क्या बताती है, दूसरा अहम सवाल है—ऐसी गिरफ्तारी को आतंकवाद का बिहार मॉड्यूल करार देने का आधार और मकसद क्या है ? अभी बिहार के विकास मॉडल की चर्चा देश-दुनिया में हो रही है, ऐसे में इस तरह का नाम देने के निहितार्थ बहुत साफ हैं। चंद लोगों का पकड़ा जाना या उनका आतंकवादी संगठनों से किसी रूप में जुड़ा होना, अगर आतंकवाद का बिहार मॉड्यूल है तो पंजाब, महाराष्ट्र, हरियाणा, गुजरात, दिल्ली समेत कई राज्यों के कृषि और औद्योगिक विकास या आधुनिक निर्माण को बिहार मॉड्यूल क्यों नहीं करार देते हैं ? यह तो सभी जानते हैं कि बिहार के लाखों मेहनतकशों ने इन राज्यों के विकास में बड़ी भूमिका निभाई है। वैसे यह भी नहीं भूलना चाहिए कि देश का गृह सचिव भी

बिहार का ही सपूत है। मुख्यमंत्री नीतीश कुमार ने आतंकवाद को किसी राज्य, धर्म या क्षेत्र से जोड़ने की इस कोशिश पर गहरी नाराजगी जताई, जो बिल्कुल वाजिब है। विपक्ष ने भी उनका साथ दिया।

विधानसभा में पक्ष और विपक्ष ने राज्य के बिजली संकट और नई बिजली परियोजनाओं के कोल लिंकेज मसले पर प्रधानमंत्री से मिलने के लिए सर्वदलीय प्रतिनिधिमंडल भेजने का फैसला किया। इससे पूर्व बिहार को विशेष राज्य का दर्जा देने की माँग पर भी सर्वदलीय प्रतिनिधिमंडल प्रधानमंत्री से मिल चुका है। विधान परिषद् ने राज्यपाल के अभिभाषण को सर्वसम्मति से स्वीकृति प्रदान की। राजद के अब्दुल बारी सिद्दिकी, गुलाम गौस, कांग्रेस के सदानंद सिंह, चंदन बागची समेत विपक्षी सदस्यों ने दोनों सदनों में बिहार हित के मसले पर मुख्यमंत्री का न केवल हौसला बढ़ाया, बल्कि साथ देने का भरोसा भी दिया। राजनीति का इससे बेहतर चेहरा और क्या हो सकता है। यह बिहार के सोच में आए बदलाव का भी प्रतीक है।

(27.02.2012)

❑

देवव्रत ने सच कबूलने का साहस दिखाया

देश और प्रदेश में वाम राजनीति आज संक्रमण के दौर से गुजर रही है। त्रिपुरा, केरल और पश्चिम बंगाल तीन ऐसे राज्य हैं, जो देश में वाम मोर्चे की संजीवनी रहे। इनमें पश्चिम बंगाल तो अभेद्य दुर्ग सा था, जहाँ वाम मोर्चे की सरकार के पतन ने वाम राजनीति के वजूद पर संकट पैदा कर दिया है। इसी तरह दो दशक पहले तक बेगूसराय, मधुबनी, भोजपुर समेत ऐसे अनेक जिले थे, जिन्हें बिहार का मास्को या लाल दुर्ग कहा जाता था। एक दौर में सी.पी.आई. ने इस राज्य में विधानसभा की तीन दर्जन सीटें तक जीतीं, लेकिन आज यहाँ भी वाम राजनीति हाशिए पर है। ऐसे में सी.पी.आई. की 21वीं पार्टी कांग्रेस का पटना में आयोजन और इसमें पाँच प्रमुख वाम दलों के महासचिवों का एक मंच से वाम एका की आवश्यकता पर जोर देना शुभ संकेत हैं।

इस मौके पर फारवर्ड ब्लॉक के महासचिव देवव्रत विश्वास ने पते की बात कही। उनके अनुसार पश्चिम बंगाल में लेफ्टिज्म नहीं हारा। वाम मोर्चे की हार आपस के मतभेदों, अपनी गलतियों और नीतियों के कारण हुई। श्री विश्वास ने सच को कबूलने की हिम्मत दिखाई। वाम दलों के ज्यादातर बड़े नेताओं की सादगी, शालीनता, अनुशासन और वैचारिक प्रतिबद्धता पर कभी किसी ने उँगली नहीं उठाई। पटना में डी. राजा, अतुल अंजान या अमरजीत कौर को पैदल चलकर पार्टी कांग्रेस में पहुँचते या भोजन के लिए ए.बी. बर्धन जैसे प्रतिष्ठित और बुजुर्ग नेता को कतार में खड़े देख समानता और सादगी में यकीन रखनेवालों की आँखों को सुकून जरूर मिला। वाम दलों के दफ्तरों या तमाम छोटे-बड़े आयोजनों में समानता का यह बोध और सादगी देखने को मिलती है, लेकिन यही बात राजनीतिक फैसलों पर लागू नहीं होती। आमतौर पर वाम नेता अपनी गलतियों को कबूल नहीं करते, बल्कि उसे जायज ठहराने के तर्क-कुतर्क करने से भी पीछे नहीं हटते।

वाम दलों ने अतीत में राज्य और केंद्र में अनेक ऐसे समझौते किए, जो बाद में आत्मघाती साबित हुए। बिहार में सी.पी.एम. के विधायक थे, अजीत सरकार। वे अपने दम पर लड़ते रहे। उनकी हत्या कर दी गई, लेकिन सी.पी.एम. ने उनके परिवार को न्याय

दिलाने के लिए क्या किया, क्या पार्टी के कई शीर्ष नेता सिर्फ इसलिए खामोश नहीं रहे कि बिहार की सत्ता से उनके निजी सरोकार थे? इसी तरह एक दौर में सी.पी.आई. के तपे-तपाए नेताओं के एक गुट ने पाला बदल लिया और पार्टी नेतृत्व मूक दर्शक बनी रही। ये सब उस क्षेत्र से विधायक बने थे, जहाँ सी.पी.आई. ने लंबे संघर्ष से अपनी जमीन तैयार की थी। संघर्ष से उपजे ये नेता सत्ता का मोह नहीं त्याग पाए। दरअसल वाम दलों ने राष्ट्रीय और प्रांतीय स्तर पर कई बार खुद ऐसे अनेक अवसरवादी समझौते किए, जिसका खामियाजा उन्हें बड़ी कीमत देकर भुगतना पड़ा। ऐसे में क्षेत्रीय दलों को कांग्रेस और भाजपा से दूर रहने की उनकी नसीहत कितनी असरदार होगी?

वाम दलों की सबसे बड़ी कमजोरी है, नई पीढ़ी तैयार नहीं करना। पश्चिम बंगाल में सी.पी.एम. ने तृणमूल कांग्रेस के प्रति युवाओं का आकर्षण देख बड़ी संख्या में चुनाव में युवा प्रत्याशी तो उतारे, लेकिन क्या हुआ? अन्य वाम दलों की स्थिति भी इस अर्थ में अच्छी नहीं है। ऐसे में फिर से पाँव जमाने की कोशिशें कैसे और किस हद तक कामयाब होंगी, इस सवाल पर चिंतन ज्यादा जरूरी है। बहरहाल, बदलते राजनीतिक सरोकारों के इस दौर में वामपंथ की अहमियत से किसे इनकार हो सकता है।

(02.04.2012)

❑

विपक्ष के कमजोर होने का जिम्मेदार कौन?

राजद सुप्रीमो लालू प्रसाद को बिहार की सब्जी, दाल और चावल की महक फिर से लुभाने लगी है। वे अरसा बाद पटना में इत्मीनान से नजर आए। औपचारिक और अनौपचारिक वार्त्ता का दौर चला। बिहार में सत्ता गँवाने के कारणों पर मंथन हुआ तो बिहारी खाद्य-पदार्थों के स्वाद पर भी। उन्होंने कहा भी कि जो स्वाद बिहार की दाल, चावल और सब्जियों में है, वह दिल्ली में कहाँ? इसी दौरान उन्होंने 24 अप्रैल के बाद से बिहार में कैंप करने और राज्य सरकार के खिलाफ अभियान चलाने का ऐलान किया। नीतीश सरकार को राज्य में तीन चौथाई से ज्यादा बहुमत के साथ दूसरा मौका मिलने के बाद उन्होंने कहा था कि वे छह महीने तक चुप रहेंगे। छह महीना पूरा हुआ तो लालू प्रसाद ने फारबिसगंज गोलीकांड के खिलाफ वहाँ सभा की। उस समय भी सरकार के खिलाफ अभियान चलाने का ऐलान किया, लेकिन बात आगे नहीं बढ़ी। मुख्यमंत्री नीतीश कुमार ने तब चुटकी ली थी कि लालूजी हवा-हवाई नेता हैं, बिहार आते हैं, बयान देते हैं और चले जाते हैं। मैं चाहता हूँ, वे बिहार में रहें। विपक्ष का काम है लोगों के बीच रहना।

पिछले दिनों राजद सुप्रीमो ने सफाई दी कि वे पारिवारिक व्यस्तता के कारण बिहार में समय नहीं दे पा रहे हैं। बेटी की शादी के बाद वे फिर सक्रिय होंगे। इस बार भी उन्होंने यही कहा है, लेकिन शुक्रवार और शनिवार को पटना में उनके कैंप करने का मकसद था विधान परिषद् की एक सीट के लिए उम्मीदवार का चयन करना। पूर्व मुख्यमंत्री राबड़ी देवी के नाम पर विधायक दल की मुहर जरूरी थी। बैठक में बिना किसी विरोध के राबड़ी देवी के नाम पर मुहर लग गई, लेकिन यह कोई बड़ी बात नहीं थी। वह मुख्यमंत्री रही हैं और उनके नाम पर पार्टी में वैसा कोई विरोध भी नहीं रहा। बड़ी बात यह थी कि इस नाम पर मुहर लगवाने के लिए लालू प्रसाद को खुद कैंप करना पड़ा। यह शायद पहला मौका है, जब ऐसे किसी फैसले के लिए राजद में ऐसी मशक्कत हुई हो। वैसे यह प्रक्रिया जैसे भी पूरी की गई हो, दलों के अंदर लोकतंत्र के लिए जरूरी है, फैसलों पर सहमति।

लालू प्रसाद ने बिहार में शर्मनाक हार और उसके बाद से नेताओं के पलायन से

पैदा हुए निराशा के माहौल से पार्टी को उबारने के लिए यू.पी. का हवाला दिया। उन्होंने कहा कि वहाँ बड़े-बड़े नेताओं ने सपा का दामन छोड़ दिया, फिर भी सपा बड़े बहुमत से सत्ता में वापस आई। ये तमाम बातें एक दिग्गज राजनेता की पार्टी में फिर से जान फूँकने की कवायद थी, लेकिन सवाल यह भी है कि क्या उत्तर प्रदेश से वाकई राजद ने सीख ली है? वहाँ मुलायम सिंह यादव ने समय रहते नई पीढ़ी तैयार कर ली। अखिलेश यादव राजनीतिक पिच के माहिर खिलाड़ी बनकर उभरे और जनता ने उन्हें सत्ता सौंपी। मायावती के शासन से जो हालात बने और जनता में इसको लेकर जो गुस्सा था, उसकी भी परिणति है चुनाव का नतीजा, लेकिन बिहार में क्या ऐसे हालात हैं? राजद की राह में सबसे बड़ी बाधा तो उसका डेढ़ दशक का अपना शासन ही है। नई पीढ़ी का आकर्षण पैदा करना भी आसान नहीं है। यह सही है कि आज बिहार में विपक्ष बेहद कमजोर है। लोकतंत्र के लिए उसका इतना कमजोर होना अच्छा नहीं है, लेकिन इसके लिए जिम्मेदार कौन है?

(09.04.2012)

❑

चुनाव से तय होगी शहरों की तकदीर

नगर निकायों के चुनावों की डुगडुगी बजेगी। राज्य के 139 में 115 नगर निकायों के लिए 16 मई को वोट डाले जाएँगे। 7 नगर निगमों, 38 जिला परिषदों और 70 नगर पंचायतों के करीब 75 लाख मतदाताओं के कंधे पर बड़ी जिम्मेदारी है। उन्हें अपने-अपने शहरों का भविष्य लिखना है। यह तय करना होगा कि शहर की दुर्दशा पर आहें भरना और इन्हें अभिशाप मानकर झेलते रहना कबूल है या नागरिक सुविधाओं से लैस सुंदर और विकसित शहर बनाना है? शहरों को बेहतर करना है तो धन, जाति, मजहब, वर्ग, मोहल्ला और समीकरणों के प्रलोभन और पूर्वग्रहों से बाहर आना होगा। यह फैसले की घड़ी है। वार्ड आयुक्तों का चुनाव मतदाता करते हैं। वार्ड आयुक्त महापौर और अध्यक्षों का चुनाव करते हैं। लंबे समय से जोड़-तोड़, तिकड़म से शहरों की सत्ता पर प्रत्यक्ष-परोक्ष कब्जा जमाए लोगों से भी सतर्क रहना होगा।

बिहार की तरक्की की चर्चा देश और दुनिया में हो रही है। सड़कों, अस्पतालों, तटबंधों और विद्यालय भवनों का कायाकल्प हुआ है और हो रहा है। कृषि, शिक्षा, स्वास्थ्य, सामाजिक सुधार के क्षेत्र में बड़ी पहल हो रही है। बिजली उत्पादन की परियोजनाएँ लग रही हैं। अगले कुछ वर्षों में राज्य बिजली उत्पादन में आत्मनिर्भर हो जाएगा। इसके बाद बड़ी संख्या में उद्योगों की आमद होगी, लेकिन शहरीकरण के औसत में बिहार राष्ट्रीय औसत का आधा भी नहीं पहुँच पाया है। यह स्थिति क्यों है? इससे भी बड़ा सवाल है कि विकास की अपनी ही रफ्तार से राज्य के शहर कदमताल क्यों नहीं कर पा रहे हैं? जो शहर हैं, उनमें भी बीते छह-सात साल में कोई बड़ा बदलाव नहीं आया है। जल आपूर्ति, जल निकासी, पार्किंग, स्ट्रीट लाइट और आवागमन की सुविधाएँ बदहाल हैं। ज्यादातर शहरों में वाहन से गुजरना मुश्किलों से जूझने जैसा है। यह कितना शर्मनाक है कि पटना के अलावा राज्य का कोई शहर विकसित या विकासशील शहरों के देश के मानचित्र में शामिल नहीं है।

मुख्यमंत्री नीतीश कुमार खुद कई बार कह चुके हैं कि पटना पर लोड बढ़ रहा है।

यह ठीक नहीं है। राज्य में अन्य शहरों को भी ऐसा बनाना होगा, ताकि लोग न केवल उन्हें रहने के काबिल समझें, बल्कि उद्योग और कारोबार में वहाँ निवेश करने की योजनाएँ भी बनाएँ। अन्य राज्यों के विकसित होने की बड़ी वजह वहाँ कई बड़े और विकसित शहरों का होना भी है। सेवा यात्रा में मुख्यमंत्री जिला मुख्यालयों में प्रवास कर रहे हैं। शहरों की स्थिति का जायजा लेना भी इसका मकसद है। अब तक जितने जिलों में वे गए हैं, वहाँ के शहरों में सुविधाएँ बेहतर करने के निर्देश उन्होंने दिए, लेकिन हालात बहुत नहीं बदले, क्यों? दरअसल नगर निकायों के हिस्से में यह जवाबदेही है। वह इस अर्थ में जितनी सक्रियता दिखाएँगे, उसी अनुपात में काम होगा। राज्य सरकार से धन हासिल करने की पहल उन्हें ही करनी होगी। अपने संसाधनों का बेहतर उपयोग और उनका विस्तार करना होगा। पहली बार राज्य में छोटे और मझोले शहरों के विकास की योजना बन रही है। इन पर अमल नगर निकायों पर निर्भर करेगा। इसलिए इस चुनाव को गंभीरता से लेने की जरूरत है। न केवल मतदान में बढ़-चढ़कर हिस्सा लेना होगा, बल्कि उम्मीदवारों के चयन में यह कसौटी तय करनी होगी कि किसमें है दम-खम और विजन, जो बदल सके शहर की तस्वीर और तकदीर।

(16.04.2012)

❑

जनाधार की चिंता और जातीय आस्था के मायने

भाजपा की बिहार में नई चिंता और सक्रियता काबिले गौर है। वह बिहार में वंचित तबके में पैठ गहरी करने की रणनीति पर चल रही है। जातीय सम्मेलनों में उसकी आस्था गहराती जा रही है। महादलित टोलों में भोजन भी इसी की कड़ी है। इनके निहितार्थ पर चर्चा लाजिमी है। स्वाभाविक भी है, जब बिहार की जनता ने नीतीश कुमार के नेतृत्व में एन.डी.ए. को दूसरी पारी के लिए तीन चौथाई से ज्यादा बहुमत दे दिया तो जनाधार की चिंता अचानक कैसे पैदा हो गई।

जदयू और भाजपा में गठबंधन राजद-कांग्रेस के खिलाफ एक राजनीतिक जरूरत थी। राजद-कांग्रेस गठबंधन को सत्ता से बेदखल करने का श्रेय भी इसे मिला, लेकिन 2005 के फरवरी और अक्तूबर चुनावों के नतीजों ने साफ कर दिया था कि गठबंधन का चेहरा नीतीश कुमार हैं। 2005 के शुरुआती दो चरणों में एन.डी.ए. ने किसी को मुख्यमंत्री का उम्मीदवार घोषित नहीं किया। वोटिंग के ट्रेंड से सतर्क एन.डी.ए. नेताओं ने तीसरे चरण में नीतीश कुमार के नाम की घोषणा की। अंतिम दो चरणों के मतदान अभी बाकी थे कि एन.डी.ए. के संयोजक जॉर्ज फर्नांडिस ने दरभंगा में घोषणा कर दी कि अभी मुख्यमंत्री पद का कोई उम्मीदवार तय नहीं है, चुनाव बाद विधायक दल इसका फैसला करेगा। नतीजतन एन.डी.ए. को सत्ता मिलते-मिलते हाथ से फिसल गई। अक्तूबर चुनाव में एन.डी.ए. ने कोई गलती नहीं की और नीतीश कुमार के नाम की घोषणा पहले कर दी गई।

पहली पारी में नीतीश कुमार ने विकास की इंजीनियरिंग के अलावा सोशल इंजीनियरिंग को भी तवज्जो दी। जाति की जगह जमात की गोलबंदी उनके एजेंडे में रही। पंचायतों में आरक्षण का फार्मूला इसी पर आधारित था। अति पिछड़ा, महादलित, पिछड़ा मुसलमान और महिला आबादी को जमात के साँचे में ढालने की इंजीनियरिंग कामयाब रही। दूसरी पारी के लिए तीन चौथाई से ज्यादा बहुमत मिला। भाजपा से जदयू के रिश्तों के बीच जब-जब गुजरात के मुख्यमंत्री नरेंद्र मोदी आए, नीतीश कुमार ने कठोर रवैया

अख्तियार किया, यहाँ तक कि भाजपा के राष्ट्रीय कार्यक्रम में शिरकत करने श्री मोदी पटना आए तो नीतीश कुमार ने भाजपा नेताओं को दिया भोज का न्योता वापस ले लिया। उन्होंने चुनाव से लेकर राजनीतिक कार्यक्रमों तक नरेंद्र मोदी के लिए नो इंट्री की शर्त रखी। ऐसे में नरेंद्र मोदी को भाजपा आगे करती है तो जदयू से उसके गठबंधन की डोर बनी रहेगी? यह सवाल मौजूँ है।

भाजपा की नजर लोकसभा के अगले चुनावों पर है। पार्टी का एक धड़ा नरेंद्र मोदी को आगे करने का दबाव बना रहा है। आर.एस.एस. प्रमुख के इस बयान कि देश नरेंद्र मोदी की तरफ टकटकी लगाए है, से इसे और बल मिला है। बिहार में भाजपा की सक्रियता और चिंता को इसी कसौटी पर परखा जा रहा है। वैसे भाजपा को कामयाबी उदारवादी चेहरा अटल बिहारी वाजपेयी को सामने रखने पर मिली थी, लेकिन कट्टरपंथियों का तर्क जुदा है। वे कहते हैं कि हम पहले सहयोगी दलों की चिंता क्यों करें? नरेंद्र मोदी को सामने रखकर अपने एजेंडे पर चुनाव लड़ पाएँगे। चुनाव बाद अगर जरूरत होगी तो क्षेत्रीय दलों से समर्थन लेंगे, लेकिन इस सोच के भाजपा नेता यह भूल रहे हैं कि एक बार विकास की राजनीति का नारा देकर जातीय और हिंदुत्व के एजेंडे पर चलना कितना कठिन होगा। बहरहाल, देश की राजनीति में भाजपा के आगामी फैसले बिहार में जदयू-भाजपा गठबंधन के भविष्य के लिए निर्णायक होंगे।

(30.04.2012)

❑

कई मौजूँ सवालों के जवाब अभी बाकी हैं

राजद ने अरसा बाद पटना में पार्टी की राज्य स्तरीय बैठक आयोजित की। इसमें पार्टी के पदाधिकारियों के अलावा वर्तमान और पूर्व सांसदों, विधायकों और विधान पार्षदों को बुलाया गया। पार्टी की भावी रणनीति पर आयोजित इस बैठक में तमाम मौजूँ सवाल उठे, जो पार्टी की अंदर और बाहर की चिंता और चुनौतियों से जुड़े हैं। उन पर चर्चा भी हुई, लेकिन क्या यह सच नहीं है कि यह भविष्य के कार्यक्रमों की घोषणा और विरोधियों के सवाल का जवाब देने तक सिमट कर रह गई। जदयू ने सवाल उठाया कि लालूजी बिहार में रहते कहाँ हैं? तो कहा गया कि अब हम खूँटा ठोंक कर यहीं बैठेंगे, लेकिन पार्टी में गुटबाजी से लेकर वंशवाद तक के सवाल पर नेतृत्व के मौन का संदेश क्या है, पार्टी के प्रदेश अध्यक्ष, विधानसभा और विधान परिषद् में विपक्षी दल के नेताओं की पीड़ा क्या है, इसे समझने या महसूस करने की कोशिश हुई? पार्टी नेतृत्व की बातों से तो यही ध्वनि निकलती है कि बिहार में पार्टी के कमजोर होने का बड़ा कारण कुछ जातियों की नाराजगी थी। इसके अलावा लालू प्रसाद बिहार में दौरा करेंगे तो तस्वीर बदल जाएगी। क्या राजद के लोग इस निचोड़ से सहमत हैं?

बैठक में राजद सुप्रीमो लालू प्रसाद ने कहा कि वे नीतीश सरकार को उखाड़ फेंकेंगे। पार्टी ने प्रस्ताव में यही संकल्प भी लिया है। यह उनका आह्वान है या ऐलान? प्रजातंत्र में जनादेश सर्वोपरि होता है। विपक्ष की अपनी अहमियत होती है। उस अर्थ में सरकार के खिलाफ जनांदोलन खड़ा करने का फैसला वाजिब है। जनता अगर राजद के उठाए सवालों और राज्य सरकार पर लगाए गए आरोपों से सहमत होगी तो वह राजद के आह्वान में बेहिचक शिरकत करेगी और इसे नतीजे तक पहुँचाएगी, लेकिन राजद के समक्ष दूसरा यक्ष प्रश्न भी है, जिसे वह खुद कबूल भी करता है। मसलन बिहार में पंद्रह साल के शासन में हुई गलतियाँ, ये गलतियाँ वाकई क्या थीं और इससे किस तरह का नुकसान हुआ, राज्य हित के स्तर पर या समूह के स्तर पर? राजद अगर इन पहलुओं पर मंथन कर निचोड़ निकाले तो उसे शायद पार्टी के आचार-विचार और व्यवहार को

बेहतर करने में मदद भी मिले। यह कहना कि अगर कुछ जातियों की भावना को ठेस पहुँची तो वह गलत था और अब अगर सत्ता मिली तो ऐसी गलती नहीं होगी, क्या लोगों को भरोसा दिलाने के लिए पर्याप्त है ?

पार्टी का कई मोर्चे पर अंतर्द्वंद्व भी सामने आता है। एक अवसर पर कहा जाता है कि सवर्णों की नाराजगी की वजह से बिहार में सत्ता गँवानी पड़ी। वहीं दूसरे अवसर पर कहा जाता है कि नीतीश कुमार को शुक्रगुजार होना चाहिए कि हमने सवर्णों के मुख्यमंत्री बनने का रास्ता बंद किया। यह विरोधाभास क्यों ? सत्ता सर्वोपरि है या सोच। बिहार में आज भी पचास फीसदी से अधिक बी.पी.एल. आबादी है। इसके अलावा भी वैसे परिवारों की आबादी का औसत काफी अधिक है, जिनकी आमदनी जिंदगी का आनंद लेने लायक नहीं है। रस्म-रिवाज और दो वक्त की रोटी की माँग किसी तरह पूरी होती है। ऐसे में यह सोचना कुएँ में छलाँग लगाने से कम खतरनाक नहीं है कि बिहार में जातीय समीकरण सत्ता की राह तय करेंगे। लोगों को सड़क, पुल, अस्पताल, आवास और बिजली तो चाहिए ही, आमदनी और रोजगार के अवसर भी। हर आदमी तरक्की चाहता है। वक्त के साथ प्राथमिकताएँ बदली हैं, इसे नजरअंदाज नहीं किया जा सकता।

(14.05.2012)

❑

वाह! एक तीर के अनगिनत निशाने

मुख्यमंत्री नीतीश कुमार के एक इंटरव्यू पर उठा राजनीतिक बवंडर फिलहाल थम गया है। इंटरव्यू में उन्होंने कहा था कि राजग के प्रधानमंत्री पद का उम्मीदवार धर्मनिरपेक्ष छवि का हो और वह अविकसित राज्यों के दर्द को समझता हो। इस बयान पर संघ परिवार की भृकुटि तन गई। भाजपा के कुछ नेताओं के गुस्से का तापमान सातवें आसमान पर पहुँच गया। बिहार के गैर-एन.डी.ए. क्षेत्रीय दलों के नेता भी उबल पड़े। एक तीर से दो निशाने तो अकसर सुनने को मिलता है, लेकिन एक तीर के अनगिनत निशाने? वाकई खूब। इस बयान पर संघ परिवार या भाजपा के कट्टरपंथी खेमे की प्रतिक्रिया तो समझ में आती है, लेकिन क्षेत्रीय दलों में उबाल का निहितार्थ समझ से परे है।

आर.एस.एस. के सर संघचालक मोहन भागवत ने नीतीश के बयान पर पलटवार में यह सवाल पूछकर कि हिंदुस्तान का प्रधानमंत्री हिंदुत्ववादी क्यों नहीं हो सकता, नाराजगी के कारण को स्पष्ट भी कर दिया, लेकिन भाजपा के कुछ नेताओं में उबाल का निहितार्थ जुदा है। नीतीश कुमार ने अपने बयान में नरेंद्र मोदी का नाम नहीं लिया था। ऐसे में नरेंद्र मोदी को केंद्र में रखकर नीतीश कुमार पर पलटवार क्या साबित करता है। क्या ऐसे लोगों ने इस बार की बयानबाजी से खुद भी यह स्थापित करने की अनजान कोशिश नहीं की कि नरेंद्र मोदी की छवि न तो धर्मनिरपेक्ष और न अविकसित राज्यों के दर्द को समझने वाले नेता की है। यह सवाल भी उठा कि धर्मनिरपेक्ष कौन है, यह देश की जनता तय करेगी। इसका क्या मतलब? क्या यह संभव है कि जनता की मुहर की उम्मीद में प्रधानमंत्री पद के उम्मीदवार की छवि की परवाह नहीं की जाए, या फिर चुनाव बाद तोड़-जोड़ और तिकड़म से जादुई आँकड़ा हासिल कर कोई दागी नेता प्रधानमंत्री बन जाए तो मान लिया जाए कि उसके सारे दाग धुल गए?

रही बात बिहार के गैर-एन.डी.ए. क्षेत्रीय दलों की। इन दलों के नेता नीतीश कुमार की राय से सहमत हैं या नहीं? इस बारे में उन्होंने स्पष्ट कुछ नहीं कहा। उनकी असहमति नीतीश कुमार से है। उनका आरोप है कि यह बयान देकर नीतीश कुमार दरअसल नरेंद्र

मोदी की मदद कर रहे हैं, मगर कैसे, यह भी स्पष्ट नहीं हो पाया। एक तो यह मामला एन.डी.ए. का अंदरूनी है, क्योंकि नीतीश कुमार ने राजग के प्रधानमंत्री की छवि कैसी हो, इस पर अपनी राय दी थी। इस बयान पर बवाल मचने के बाद उन्होंने यह कहकर कि गोल्डेन वर्ड्स आर नॉट रिपीटेड, यह संदेश दिया कि वे अपनी बातों पर कायम हैं। जदयू ने इसी दिन राजग के प्रधानमंत्री पद के भावी उम्मीदवार के नाम की घोषणा करने की माँग की। ऐसे में राजद और लोजपा की बेचैनी के मायने क्या हैं? क्या यह माँग करना उचित नहीं था, या फिर चुनाव के निर्धारित समय से दो साल पहले माँग करना अपराध है? कांग्रेस ने इस जंग में सधी चाल चली। उसने नीतीश कुमार के बयान का समर्थन कर धर्मनिरपेक्षता को फिर मुद्दा बनाने की पहल की। इसके अलावा बिहार में चलाए जा रहे कांग्रेस से चिपको आंदोलन को भी इसी बहाने बेनकाब कर दिया।

बहरहाल, इस पूरे घटनाक्रम ने राजनीति के दोहरे चरित्र को एक बार फिर उजागर किया है। अरसे से राजनीति, राजनीतिक दलों और नेताओं की विश्वसनीयता पर मँडरा रहे संकट का ओर-छोर क्या ऐसे घटनाक्रमों से जुड़ा नहीं होता है? कथनी और करनी का फर्क ही तो इसकी सबसे बड़ी वजह है। इस मामले में भी यह फर्क सामने आया।

(25.06.2012)

❑

बड़प्पन दिखाने में पिछड़ गई भाजपा

विधानमंडल के मॉनसून सत्र में विधान परिषद् के सभापति और विधानसभा के उपाध्यक्ष का चुनाव हुआ। राज्य में सत्तारूढ गठबंधन का पार्टनर होने के कारण ये दोनों पद भाजपा की झोली में गए। जदयू ने भाजपा का साथ देकर अपना गठबंधन धर्म निभाया, लेकिन इसी के साथ तीन युगों से चली आ रही एक स्वस्थ संसदीय परंपरा का अंत भी हो गया। विधानसभा के उपाध्यक्ष का पद विपक्ष को देने की परंपरा की नींव 35 साल पहले 1977 में जननायक कर्पूरी ठाकुर ने रखी थी। भाजपा पार्टी की आंतरिक गुटबाजी या अपनी हिस्सेदारी का हिसाब-किताब दुरुस्त रखने के दबाव में उपाध्यक्ष पद के लोभ का त्याग नहीं कर पाई, जबकि इसी एन.डी.ए. ने अपनी पहली पारी में करीब सवा साल के लिए यह पद विपक्ष को सौंपा था। बाकी समय 14वीं विधानसभा में उपाध्यक्ष का पद खाली रहा। मुख्यमंत्री नीतीश कुमार ने दो कदम आगे बढ़कर संख्याबल में कमजोर होने के बावजूद 15वीं विधानसभा में राजद विधायक दल के नेता को विपक्ष के नेता की मान्यता दिलाने की पहल की। फिर ऐसी कौन सी परिस्थिति आ गई कि विधानसभा का उपाध्यक्ष पद हासिल करना भाजपा के लिए अनिवार्य हो गया या मजबूरी बन गई?

संसदीय लोकतंत्र में परंपरा की अपनी अहमियत होती है। ब्रिटेन की संसदीय व्यवस्था में तो परंपराएँ ही अहम रही हैं। वहाँ के संसदीय लोकतंत्र की कामयाबी या खूबसूरती बेमिसाल है। हिंदुस्तान में लोकसभा के विपक्ष का नेता पद भाजपा को इसी परंपरा ने ही दिलाया है। फिर बिहार में इसका निर्वाह क्यों नहीं? भाजपा राजनीति में मर्यादा पर सबसे अधिक जोर देती है, लेकिन जब उसकी अपनी बारी आती है तो वह इसे भूल जाती है, ऐसा क्यों? बिहार की राजनीति में लोकनायक जयप्रकाश नारायण और जननायक कर्पूरी ठाकुर का नाम भुनाने की होड़ में भाजपा भी कभी पीछे नहीं रही है। फिर इन दो महापुरुषों ने जो संदेश दिए या परंपरा शुरू की, उसे ठुकराकर भाजपा क्या संदेश देना चाहती है? 1977 में जेपी आंदोलन से बदले हालात के कारण ही जनता पार्टी को सत्ता मिली थी। राजद पर सत्तालोलुपता में राजनीति की तमाम मर्यादाओं को ध्वस्त करने के

आरोप लगते-लगाए जाते रहे। वाम दलों में तोड़-फोड़ और उनकी जड़ें खोदने, सत्ता के लिए राज्य के विभाजन के प्रस्ताव पर मुहर लगाने से लेकर राजनीतिक विरोधियों को बाहुबल से दबाने तक के आरोप लगे, लेकिन उस राजद ने भी विधानसभा के उपाध्यक्ष का पद विपक्ष को देने की परंपरा का निर्वाह किया।

वैसे राजद ने भी विधानसभा उपाध्यक्ष के निर्विरोध निर्वाचन की परंपरा को तोड़ने की पहल कर दी थी, लेकिन समय रहते उसने अपना इरादा बदल लिया। इस अर्थ में राजद ने ज्यादा संजीदगी दिखाई। यह तो तय ही था कि चुनाव होने पर उसकी भद पिटती, क्योंकि उसके पास विरोधी दल की मान्यता के लायक संख्याबल तो है नहीं, उपाध्यक्ष पद पर अपने उम्मीदवार को जिताना तारे गिनने जैसा ही होता। बहरहाल, लोकतंत्र की मजबूती के लिए एक स्वस्थ परंपरा की नींव रखना बहुत बड़ी पहल होती है। यह कोई बड़ा उदार दिल प्रजातांत्रिक नेता ही कर सकता है। भाजपा बड़ी पार्टी होने का दंभ तो भरती है, लेकिन बड़प्पन दिखाने में वह पिछड़ जाती है। विधानसभा में उपाध्यक्ष का पद विपक्ष को देकर वह उदारता का परिचय दे सकती थी। मुख्यमंत्री नीतीश कुमार ने शायद यह पहल इसलिए नहीं की, क्योंकि गठबंधन में हिस्सेदारी के गणित में इस पद पर दावा भाजपा का बनता है।

(13.08.2012)

❑

होश में जोश का यह अद्भुत संगम

पटना का गांधी मैदान अनेक सियासी रैलियों का साक्षी रहा है। सत्ता, व्यवस्था और सामाजिक परिवर्तन के मुद्दों पर इस ऐतिहासिक मैदान के सीने पर रैलियाँ होती रही हैं, लेकिन रविवार की अधिकार रैली सबसे जुदा और अहम थी। पहली बार राज्य के हक की आवाज बुलंद करने को गांधी मैदान बिहारवासियों की एकजुटता के प्रदर्शन का साक्षी बना। रैली में आए लाखों लोग जोश में तो थे ही, लेकिन होश में रहकर जोश का यह प्रदर्शन भी शायद पहली बार दिखा। जदयू ने रैली दिवस का संकल्प पेश किया तो लाखों हाथ उसके समर्थन में उठे। नारे भी लगे, ढोल-नगाड़े भी बजे, लेकिन न तो कतार कहीं टूटी और न मैदान में की गई बैरिकेडिंग ध्वस्त हुई। शालीनता, अनुशासन के साथ जोश और जज्बे का यह अद्भुत संगम था। लोगों ने मुख्यमंत्री नीतीश कुमार के भाषण के उस अंश पर सबसे अधिक जोश दिखाया, जब उन्होंने कहा कि "अगर हमारी माँग अनसुनी की गई तो 2014 के लोकसभा चुनाव में बिहार के लोग इस प्रकार का फैसला करेंगे कि हमारे बिना दिल्ली में किसी की सरकार नहीं बनेगी।"

अंतर मंत्रालयी समूह की रिपोर्ट से नाराज मुख्यमंत्री नीतीश कुमार ने जब पटना के गांधी मैदान और दिल्ली के रामलीला मैदान को पाट देने का ऐलान किया, उस समय कोई ज्यादा प्रतिक्रिया नहीं हुई, लेकिन जब उन्होंने अधिकार रैली की तारीख की घोषणा कर, इसे ऐतिहासिक बनाने के लिए जिलों की अधिकार यात्रा शुरू की तो विरोध के स्वर भी मुखर होने लगे। अन्य राजनीतिक दलों का अफसोस या विरोध था कि विशेष राज्य के मुद्दे पर जदयू ने अकेले रैली करने की घोषणा क्यों की। यह सवाल भी उठा कि जब नीतीश कुमार केंद्र सरकार में मंत्री थे, तो उस समय उन्होंने बिहार को विशेष राज्य का दर्जा क्यों नहीं दिलाया। फिर इस माँग को गैर-वाजिब भी करार दिया जाने लगा। यह महज संयोग था या सुनियोजित कि अधिकार यात्रा के दौरान कई स्थानों पर बाधाएँ खड़ी हुईं। खगड़िया में तो तांडव ही हुआ। जिलों की अधिकार रैलियों में कुछ संख्या में पहुँचकर अपने अधिकार की माँग उठानेवाले नियोजित शिक्षकों को नीतीश कुमार के विरोध

के बतौर खूब प्रचार और विरोधियों की सराहना मिली। कई बार ऐसा माहौल बनाने का प्रयास भी हुआ कि पूरे प्रदेश में अधिकार रैली का ही विरोध हो रहा हो। नीतीश कुमार ने विरोध में उठाए गए सवालों का समय-समय पर जवाब तो दिया ही, वह धैर्य के साथ इंतजार करते रहे 4 नवंबर का।

गांधी मैदान की अधिकार रैली में पहुँचे हर वर्ग, हर समुदाय और हर आयु वर्ग के जनसैलाब का संदेश बहुत साफ है कि बिहार अब अपने हक के प्रति जाग चुका है। वह इंसाफ की माँग कर रहा है। बूढ़ों, बच्चों, नौजवानों और महिलाओं को 'विशेष राज्य का दर्जा हमारा अधिकार है', नारा लगाते देख क्या यह नहीं लगता कि उन्हें इसकी अहमियत और इससे विकास की आगे की राह आसान होने की संभावनाओं का भी पूरा ज्ञान है। इस अर्थ में भी नीतीश कुमार का अभियान कामयाब रहा। इसे सियासी स्टंट माननेवालों के लिए यह संदेश बहुत साफ है कि आनेवाले समय में बिहार का सियासी एजेंडा भी 'बिहार माँगे इंसाफ' ही रहेगा। दिल्ली के हुक्मरानों को पटना के गांधी मैदान की हुंकार सुनाई पड़ चुकी होगी। अगर वे इस पर नहीं चेते तो हस्तिनापुर के रामलीला मैदान में बिहार न केवल अपने, बल्कि अपने समान पिछड़े अन्य राज्यों के हक का शंखनाद भी करेगा। इसका ट्रेलर पटना की अधिकार रैली में दिखा भी। इस मंच से नीतीश कुमार ने दो टूक कहा कि "देश के विकास की नई रणनीति बने। बिहार जैसे अन्य पिछड़े राज्यों को भी विशेष दर्जा और विशेष सहायता मिले। तभी समावेशी विकास का लक्ष्य हासिल हो सकता है।" बहरहाल, रैली ने किसी को डराया नहीं और न किसी को सताया, यह भी बड़ी बात थी।

(05.11.2012)

❑

डूबते 'ठाकरे जहाज' को चाहिए तिनके का सहारा

इसे महाराष्ट्र नव निर्माण सेना के कप्तान राज ठाकरे और शिव सेना के युवा सरताज उद्धव ठाकरे की सनक भर समझना ठीक नहीं है। यह ठाकरे द्वय की सोची-समझी रणनीति का हिस्सा है। कहावत है—डूबते को तिनके का सहारा। यह दौर इस ठाकरे जहाज के डूबने का है। बाल ठाकरे ने एक दौर में उग्र हिंदूवादी संगठन के बतौर शिव सेना का जाल पूरे देश में फैलाने की कोशिश की थी। भाजपा के अयोध्या आंदोलन से जो माहौल बना था, उसे भुनाने में कोई कसर ठाकरे ने नहीं छोड़ी थी, लेकिन उनकी रणनीति उस समय भी कामयाब नहीं रही। यह देश धर्मनिरपेक्षता की बुनियाद पर टिका है और इसी में इसकी आत्मा बसती है। एक संकीर्ण दायरे की गोलबंदी में पहले पिट चुके ठाकरे के सामने अपनी नई पीढ़ी को खड़ा करने की चुनौती है। वैसे बाल ठाकरे न तो हिंदूवादी हैं और न मराठी हितों के झंडाबरदार। वे निहायत स्वार्थी हैं और उनके स्वार्थ का दायरा इतना छोटा है कि अपने पुत्रमोह में उन्होंने बेहतर संभावनाओं के नौजवान भतीजे राज ठाकरे को भी ठोकर मारने में कोई देर नहीं की। ऐसे में उनके पुत्र उद्धव हों या अलग होकर अपना पाँव जमाने की कोशिशों में उछल-कूद कर रहे राज ठाकरे हों, दोनों को संस्कार बाल ठाकरे से ही मिले हैं। बाल ठाकरे स्वार्थ में कितने अंधे हो सकते हैं, इसका प्रमाण तो उनके पूर्वजों के बिहारी होने का ताजा खुलासा ही है।

राज ठाकरे ने बीते विधानसभा चुनावों से पहले भी पूर्वी भारत और खासकर बिहार के खिलाफ काफी आग उगली। उन्हें तब लगा था कि ऐसा करने से मराठी अवाम उन्हें अपना सरताज मान लेगा, लेकिन महाराष्ट्र की जनता ने जिस तरह राज को ठोकर मारी, उससे उम्मीद की जा रही थी कि अब उनकी अक्ल ठिकाने आ जाएगी। उन्हें 2009 में 288 सीटों की महाराष्ट्र विधानसभा में पाँच फीसदी हिस्सेदारी भी नहीं मिली। मुंबई नगर निगम के ताजा चुनाव में भी मनसे को कोई खास कामयाबी नहीं मिली। 227 सीटों में

इसे 29 सीटें मिलीं, वहीं 2007 के मुकाबले में शिवसेना की सीटें 84 से घटकर 77 पर आ गईं, जबकि बीते सात-आठ वर्षों से नफरत का क्षेत्रीय जहर घोलने और दहशतगर्दी फैलाने में दोनों ने कोई कसर नहीं छोड़ी। इससे जाहिर है कि महाराष्ट्र की जनता उनके इरादों से इत्तेफाक नहीं रखती है, और तो और मुंबई में आयोजित बिहार शताब्दी वर्ष समारोह में बाधा पैदा करने को राज ठाकरे ने जिस बेशर्मी और भाषा का इस्तेमाल किया था, उससे तो आशंकाएँ पैदा हो ही गई थी, लेकिन मुख्यमंत्री नीतीश कुमार न केवल वहाँ गए, बल्कि शानदार समारोह का आयोजन हुआ। महाराष्ट्र की जनता ने भी खुले दिल से उसमें शिरकत की और सहयोग किया। वहाँ के एक दर्जन से अधिक बड़े उद्योगपतियों ने मुख्यमंत्री से मिलकर बिहार में निवेश की इच्छा जताई।

ये तमाम ऐसे उदाहरण हैं, जो बताते हैं कि राज और उद्धव दरअसल बाल ठाकरे के पिटे हुए मोहरे हैं। वैचारिक कसौटी पर खोखले इन 'बाल अवतारों' को ठाकरे जहाज के डूबने की तरफ बढ़ने का एहसास है। इसलिए वह अब अपनी नकारात्मक सत्ता कायम कर मुंबई के अर्थ जगत् के शोषण की रणनीति पर काम कर रहे हैं। इसके लिए उन्हें इजी टारगेट चाहिए और वह उन्हें पूर्वी भारत और खासकर बिहार के लोग दिखते हैं। उनका हथियार उनकी बहसी भाषा है। वे यही चाहते हैं कि जब वह विष उगलें तो उसे विस्फोटक बनाकर परोसा जाए। ताकि दहशत का माहौल बने। उन्हें उनकी भाषा में नहीं; महात्मा गांधी की भाषा में जवाब की दरकार है। उनका दहशत उद्योग तो उसी दिन ढह जाएगा, जिस किसी दिन पूर्वी भारत के लोगों ने वहाँ हड़ताल या काम बंद करने की घोषणा कर दी। न तो वहाँ सड़कों पर टैक्सियाँ दौड़ती नजर आएँगी, न खेतों में फसलें लहलहातीं और न उद्योगों से धुआँ निकलता नजर आएगा। वैसे भी इन्हें पता है कि बिहार विकास की अपनी रफ्तार बनाए रखकर जिस दिन बिजली समेत अन्य इन्फ्रास्ट्रक्चर हासिल कर लेगा, महाराष्ट्र में काम करनेवाले मजदूरों से लेकर मैनेजमेंट स्तर तक अकाल पड़ जाएगा। तब इनकी दुकानदारी का क्या होगा? इसलिए डूबते को तिनके का सहारा, कहावत इन पर फिट बैठती है। हाँ, अगर किसी को चिंता करनी चाहिए तो कांग्रेस और एन.सी.पी. गठबंधन को, जिसकी कमजोर नब्ज पकड़कर ये हाथी बने फिर रहे हैं।

(10.09.2012)

❑

केंद्र सरकार की असली परख दिल्ली रैली के बाद

देबानंद कुँवर को किसी दूसरे राज्य का राज्यपाल बनाए जाने की चर्चा साल भर से चल रही थी, लेकिन केंद्र सरकार फैसले को टालती रही। फैसला लिया भी तो तब, जबकि पानी सिर के ऊपर से बहने की नौबत आ गई। श्री कुँवर ने अपने करीब सवा तीन साल के कार्यकाल में न केवल नए विवाद को आकार दिया, बल्कि खुद विवादों में घिरते गए। परंपरा और संवैधानिक प्रावधान के तहत वी.सी. और प्रो. वी.सी. की नियुक्ति में राज्य सरकार से परामर्श आवश्यक है, लेकिन उन्होंने इस मामले में राजभवन का एकाधिकार कायम किया। सुप्रीम कोर्ट और हाईकोर्ट के फैसलों और दिशा-निर्देशों की भी परवाह नहीं की। इससे भी दुःखद तो यह कि विशेषाधिकार की अपनी व्याख्या के तहत भी उन्होंने जो फैसले किए, वे कभी निर्विवाद नहीं रहे। उन पर ऐसे सवाल उठे, जो राज्यपाल जैसे मर्यादा के पद को शोभा नहीं देते। श्री कुँवर ने एक भी ऐसा वी.सी. और प्रो. वी.सी. बहाल नहीं किया, जिसे वह मिसाल के बतौर पेश कर पाते। विधानमंडल के चालू सत्र में राज्यपाल के अभिभाषण के दौरान वी.सी. और प्रो. वी.सी. बहाली पर कांग्रेस समेत अन्य विरोधी दलों की नारेबाजी के निहितार्थ कम गंभीर नहीं थे।

श्री कुँवर ने 2010 में पहली बार मगध और वीर कुँवर सिंह विश्वविद्यालय में वी.सी. की नियुक्ति की। उनके हाथों हुई पहले खेप की इस बहाली से ही विवादों ने जन्म ले लिया। इसे हाईकोर्ट और सुप्रीम कोर्ट ने अवैध करार दिया। इसके बाद 2011 में 5 अस्थायी या सात माह बाद 6 स्थायी वी.सी. की नियुक्ति भी विवादों से परे नहीं रही। हाईकोर्ट ने 7 दिसंबर, '12 को इसे अवैध करार दे दिया, लेकिन श्री कुँवर ने 9 फरवरी, '13 को अपनी पसंद के पुराने पैनल से ही 7 वी.सी. नियुक्त कर डाले और एक प्रो. वी.सी. को वी.सी. में प्रमोशन दे दिया। इस सूची में ऐसे नाम भी शामिल हैं, जिनके खिलाफ गड़बड़ियों के आरोपों की निगरानी जाँच चल रही है। सुप्रीम कोर्ट ने अभी हाल में निगरानी जाँच में फँसे लोगों को वी.सी. नियुक्त करने पर आश्चर्य जताया। सिर्फ वी.सी. और प्रो. वी.सी.

बहाली ही नहीं और भी अनेक ऐसे मुद्दे थे, जिससे श्री कुँवर विवादों के केंद्र में रहे, मसलन ज्यादातर वक्त बिहार से बाहर गुजारना, विधानमंडल से पारित उच्चतर शिक्षा से संबंधित विधेयकों को रोके रखना, विवेकाधीन फंड बाँटे जाने और ठेके पर बहाली को लेकर पी.ए.जी. की आपत्ति, आदि अनेक ऐसे मुद्दे हैं, जो सुर्खियों में रहे। हश्र हुआ कि विकास में मिसाल कायम करने के बावजूद उच्चतर शिक्षा के क्षेत्र में राज्य के कदम ठहर से गए। मुख्यमंत्री नीतीश कुमार आमतौर पर ऐसे विवादों को लेकर सार्वजनिक टिप्पणी करने से परहेज करते हैं, लेकिन उन्होंने भी ताजा बहाली के बाद तीखी प्रतिक्रिया व्यक्त की, साथ ही उच्चतर शिक्षा के क्षेत्र में कुछ नहीं कर पाने का मलाल भी व्यक्त किया। बहरहाल, डी.वाई. पाटिल बिहार के नया राज्यपाल नियुक्त किए गए हैं। श्री पाटिल त्रिपुरा में राज्यपाल थे। वहाँ सी.पी.आई. की सरकार है। गैर–कांग्रेसी सरकार के साथ कार्य करने का अनुभव उन्हें है। विधान पार्षद देवेश चंद्र ठाकुर का कहना है कि श्री पाटिल को महराष्ट्र में शिक्षण सम्राट् कहा जाता है। महाराष्ट्र में अनेक स्थान पर इनके प्रतिष्ठित इंजीनियरिंग, मेडिकल और अन्य तकनीकी कॉलेज हैं। श्री पाटिल शिक्षा के विकास की अहमियत से वाकिफ हैं। ऐसे में उम्मीद है कि वह बिहार को उच्चतर शिक्षा की बुलंदियों पर पहुँचाने में सकारात्मक भूमिका निभाएँगे। वैसे आर्थिक सर्वेक्षण में विशेष राज्य और बजट में गरीबी निर्धारण के मानकों में बदलाव लाने के प्रस्ताव, प्रधानमंत्री डॉ. मनमोहन सिंह के द्वारा बिहार की विकास दर की जबरदस्त सराहना के बाद राज्यपाल बदलने को केंद्र के नजरिए में सकारात्मक बदलाव माना जा रहा है, लेकिन केंद्र सरकार की असली परख तो 17 मार्च को दिल्ली में आयोजित अधिकार रैली के बाद ही होगी। वह विशेष राज्य और गरीबी निर्धारण का पैमाना बदलने की पहल तेज गति से आगे बढ़ाती है या नहीं, यह ज्यादा अहम सवाल है।

(11.03.2013)

❑

निराधार तर्कों से नहीं बनता मजबूत आधार

प्रेम और युद्ध में सबकुछ जायज है। यह मुहावरा काफी पुराना है। आजाद भारत में युद्ध की जगह राजनीति ने ली। अभी एन.डी.ए. में प्रधानमंत्री पद के उम्मीदवार के सवाल पर द्वंद्व है। करीब साल भर पहले मुख्यमंत्री नीतीश कुमार ने इस मसले पर अपनी राय जाहिर की थी। उनकी राय में प्रधानमंत्री पद का उम्मीदवार धर्मनिरपेक्ष छवि का और पिछड़े राज्यों की पीड़ा महसूस करनेवाला होना चाहिए। इसके बाद एन.डी.ए. में उठे बवंडर से सब वाकिफ हैं। करीब एक माह पूर्व जदयू की राष्ट्रीय कार्यसमिति में नीतीश कुमार ने यह बात दोहराई तो फिर वैसा ही बवंडर। यह इतर है कि दोनों में किसी मौके पर उन्होंने नरेंद्र मोदी का नाम नहीं लिया। हाँ, इस बार यह फर्क जरूर था कि विकास मॉडल पर कुछ ऐसे संकेतों का सहारा लिया गया, जो नरेंद्र मोदी की तरफ साफ इशारा था। श्री मोदी ने खुद यह कहकर मौका भी दिया था कि बिहार के लिए भी विकास का गुजरात मॉडल ही चलेगा। समुद्र के किनारे बसे विकास के दौर में कई दशक पहले आगे निकल चुके गुजरात का मॉडल बिहार में नहीं चल सकता है। साधन-संसाधन से लेकर सामाजिक, आर्थिक परिस्थितियों में भी दोनों राज्यों में बुनियादी अंतर है, यह तो जगजाहिर है, लेकिन जदयू की दिल्ली रैली के बाद बड़ा फर्क गठबंधन की गाँठ को लेकर आया है। राजनीतिक गलियारे में यह तय माना जा रहा है कि यह गाँठ समय के साथ ढीली पड़ रही है। अनेक अनुभवी लोग इसे अब-तब की मानने लगे हैं।

वाकई इस तर्क में कितना दम है कि गठबंधन लोकसभा चुनाव तक नहीं चल पाएगा, यह तो वक्त बताएगा, लेकिन भाजपा के अनेक दिग्गज जब गुफ्तगू में यह तर्क रखने से नहीं चूकते कि 90 फीसदी से ज्यादा पार्टी नेता नरेंद्र मोदी को उम्मीदवार बनाने के खिलाफ हैं, लेकिन कार्यकर्ताओं की तरफ से मोदी को उम्मीदवार बनाने का दबाव है, तो इस अटकल को बल मिलता है कि संघ के दबाव में भाजपा यह निर्णय ले सकती है। ऐसे में जदयू से गठबंधन टूटना भी तय है, ऐसा जदयू के तेवर से साफ है। जदयू की राष्ट्रीय कार्यकारिणी के बाद के घटनाक्रम भी इस अटकल को बल प्रदान करते हैं। इसके

बाद से उप-मुख्यमंत्री सुशील कुमार मोदी के बयानों के निहितार्थ भी रिश्ते दरकने के संकेत रहे हैं। दिल्ली अध्याय के तुरंत बाद श्री मोदी ने कहा था कि कांग्रेस डूबती नाव है, उस पर जो भी सवार होगा, वह भी डूबेगा। इसकी कड़ी जदयू से जुड़ी थी। एक पखवाड़ा पूर्व सुशील कुमार मोदी ने कहा कि देश का अगला पी.एम. भाजपा का अति पिछड़ा नेता होगा। पहले दिन तो किसी नेता का नाम नहीं लिया, लेकिन अगले दिन उन्होंने जो नाम गिनाए, उनमें नरेंद्र मोदी, उमा भारती, शिवराज सिंह चौहान और कल्याण सिंह के नाम शामिल थे। जाहिर है, ऐसे बयानों के निहितार्थ यही हैं कि भाजपा पर नरेंद्र मोदी को पी.एम. उम्मीदवार बनाने का दबाव है, वह चाहे संघ का हो या उसके तर्कों के अनुसार कार्यकर्ताओं का और इसलिए नरेंद्र मोदी की जड़ों को फैलाने के तर्क ढूँढ़े जा रहे हैं।

प्रेम और राजनीति में सब सही है। यहाँ यह मुहावरा तार्किक लगता है। नरेंद्र मोदी को अति पिछड़ा करार देने का आधार क्या है, यह तो भाजपा के नेता ही बता सकते हैं, लेकिन गुजरात से मिली जानकारी बताती है कि वहाँ अति पिछड़ा और महादलित श्रेणी नहीं है। वहाँ जातियों और संप्रदायों का वर्गीकरण चार श्रेणियों में है, मसलन पिछड़ा, दलित, अल्पसंख्यक और सामान्य। इसके अलावा नरेंद्र मोदी जिस गाची जाति से आते हैं, उनका पारंपरिक पेशा कॉटन से तेल की पेराई है और यह जाति बिहार समेत तमाम राज्यों में पिछड़ा की श्रेणी में आती है। बहरहाल, केंद्र में कांग्रेस की दुर्गति के इस दौर में भाजपा के लिए क्या वे मुद्दे कमजोर पड़ गए हैं, जिस पर कांग्रेस मुँह छुपाती फिर रही है ? नरेंद्र मोदी असम, उत्तर प्रदेश और कर्नाटक में कोई करिश्मा नहीं कर पाए। ऐसे में उनका आधार मजबूत करने को निराधार तर्कों का सहारा भाजपा को कितना राहत दे पाएगा ? इस सवाल का जवाब भविष्य के गर्भ में है, लेकिन राजनीति में अगर पी.एम. पद के उम्मीदवार की कोई ऐसी सीमा तय की जाती है तो क्या यह समावेशी राष्ट्रीय चरित्र के प्रतिकूल नहीं होगा।

(13.05.2013)

❑

बिहार में इतिहास ने खुद को दोहराया

जदयू और भाजपा की 17 साल पुरानी दोस्ती टूटने के साथ देश की राजनीति में एक नया मोड़ आ गया है। दो धार्मिक आधारवाले दलों को छोड़कर भाजपा के साथ अब कोई समाजवादी या गैर-कांग्रेसी धड़े का साथी नहीं बचा है। इस नए मोड़ से जो दो राहें निकली हैं, इसमें एक बिहार और दूसरा गुजरात है। रविवार को राजभवन और मुख्यमंत्री आवास के बीच देश के तमाम मीडिया घरानों के दिल्ली से आए वरिष्ठ पत्रकारों का भी जमघट था। इनमें ज्यादातर का मानना था कि आज देश की राजनीति के दो केंद्र बन गए। इन दो केंद्रों से उठे सवाल आगामी लोकसभा चुनावों के शास्त्रार्थ के केंद्र में होंगे। धर्मनिरपेक्षता और पिछड़े राज्यों का मुद्दा गरमाएगा। ममता बनर्जी, नवीन पटनायक और बाबू लाल मरांडी जैसे नेताओं की इस सवाल पर एक फ्रंट बनाने की पहल का ओर-छोर इसी से जुड़ा है।

कहते हैं इतिहास खुद को दोहराता है। ताजा राजनीतिक घटनाक्रमों ने इसे सच साबित किया है। दूसरी बार ऐसा हुआ है, जब भाजपा को अपना एजेंडा आगे बढ़ाने की राह में बिहार में पहला झटका लगा। 1990 में अरसा बाद दूसरी बार बिहार में कांग्रेस विरोधी लहर चली थी। वह सत्ता से बाहर हो गई। लालू प्रसाद के नेतृत्व में जनता दल की सरकार बनी। उसे बाहर से भाजपा का समर्थन हासिल था। उस समय नीतीश कुमार भी जनता दल के प्रमुख नेताओं में एक थे। तब अयोध्या आंदोलन के नेता लालकृष्ण आडवाणी का राम रथ बिहार में रोका गया। इसके आठ साल बाद केंद्र में भाजपा के नेतृत्व में बनी एन.डी.ए. सरकार का मुखिया आडवाणी नहीं बन सके। सहयोगी दलों को आडवाणी पसंद नहीं थे। क्योंकि भाजपा को अकेले दम पर बहुमत हासिल नहीं था। उसे अपने एजेंडे को अलग रखना पड़ा। नेशनल एजेंडा फॉर गवर्नेंस के आधार पर एन.डी.ए. सरकार बनी। पी.एम. नहीं बन पाने का मलाल आडवाणी को था। बाद में उन्होंने इसे जाहिर भी किया। आडवाणी ने 6 दिसंबर, 1997 को कहा था कि अयोध्या आंदोलन से भाजपा को फायदा हुआ, लेकिन मुझे व्यक्तिगत नुकसान हुआ।

भाजपा में ताजा परिवर्तन का छोर संघ परिवार से जुड़ा है। संघ को अब आडवाणी में वह ओज नहीं दिख रहा है। उसे एक ऐसे चेहरे की तलाश थी, जो हिंदुत्व के एजेंडे को धार दे सके। इस अर्थ में उसकी पहली पसंद नरेंद्र मोदी हैं। संघ के निर्णय से बाहर जाना भाजपा के लिए मुमकिन नहीं है। ऐसे में नरेंद्र मोदी को अपना चेहरा बनाना भाजपा की मजबूरी भी थी। दूसरी तरफ जदयू ने मोदी को कभी पसंद नहीं किया। उन्हें पी.एम. प्रत्याशी के बतौर स्वीकार करने को वह कतई तैयार नहीं था। गोवा में जिस अंदाज में नरेंद्र मोदी को राष्ट्रीय चुनाव अभियान समिति का अध्यक्ष बनाया गया और भाजपा के कुछ उत्साही नेताओं ने जिस तेवर में बयानबाजी की, उससे जदयू में बेचैनी बढ़ी। भाजपा दरअसल जदयू को यह भरोसा देने की स्थिति में थी ही नहीं कि नरेंद्र मोदी को पी.एम. प्रत्याशी घोषित नहीं किया जाएगा। ऐसे में जदयू का अलग होना स्वाभाविक था, लेकिन 1990 की तरह यह फैसला आसान नहीं था। उस समय भाजपा ने परिस्थिति के मद्देनजर जनता दल सरकार को बाहर से समर्थन दे रखा था, लेकिन जदयू के साथ परेशानी थी कि उसका भाजपा से गठबंधन 17 साल पुराना था। भाजपा बिहार की एन.डी.ए. सरकार की प्रमुख पार्टनर थी।

जदयू ने ताजा परिस्थिति के मद्देनजर भाजपा से नाता तोड़ लिया है। उसने एक तरह से बड़ी चुनौती भी स्वीकार की है। मुख्यमंत्री नीतीश कुमार ने कहा भी कि हम उसूलों से समझौता नहीं कर सकते, अब अंजाम चाहे जो हो। बहरहाल उन्हें मजबूत विपक्ष का सामना करना होगा। जदयू के लिए यह जरूरी होगा कि वह अपने जनप्रतिनिधियों और कार्यकर्ताओं का सम्मान बढ़ाने की पहल जल्द करे। बहरहाल, भाजपा को भी एक सवाल धर्मसंकट में डालेगा कि विकास के बिहार या गुजरात मॉडल में वह किसे बेहतर करार देती है। नरेंद्र मोदी ने कोलकाता में कहा था कि गुजरात मॉडल ही बिहार में भी चलेगा, जबकि सुशील कुमार मोदी ने इसे खारिज कर दिया था। इसी तरह पिछड़े राज्यों की, जिस लड़ाई का बिगुल बिहार ने फूँका है, उसके बारे में उसका स्टैंड क्या होगा।

(17.06.2013)

❑

काश! चर्चा इस समय शहीदों की वीर गाथा पर केंद्रित होती

यह कैसी विडंबना है? यह समय अपने चार वीर सपूतों के बलिदान पर गर्व और गम साझा करने का है। सीमा पर अंतिम साँस तक वह देश की रक्षा के लिए लड़े और कुरबानी दी। अभी वह परिदृश्य भी सामने नहीं आ पाया है कि उस मनहूस समय में इन्होंने किन पस्थितियों का सामना किया। किस तरह बहादुरी के साथ दुश्मनों से जूझते रहे और कुरबानी देकर भी उनके नापाक इरादे कामयाब नहीं होने दिए। उनकी इस वीर गाथा पर चर्चा ज्यादा जरूरी है, क्योंकि देश के लिए मर-मिटने का जज्बा ऐसी गाथाओं से युवा पीढ़ी में पैदा होता है। देश इससे मजबूत होता है, लेकिन अफसोस कि चर्चा के केंद्र में कुछ और है। ऐसी चर्चा से कम-से-कम राज्य की छवि निखरने वाली नहीं है, यह तय है। युवाओं के मन-मिजाज पर इसका क्या असर होगा, यह सवाल इतर है। कुछ ऐसे संवेदनशील मोर्चे या अवसर होते हैं, जब जरूरत होती है, एकता के प्रदर्शन की, एक स्वर में संदेश देने की। आजादी के आंदोलन से अब तक बिहार के सपूतों ने यह साबित किया है कि जब-जब देश को जरूरत पड़ेगी, कुरबानी देने में हम आगे रहेंगे।

मुख्यमंत्री ने सूचना मिलते ही इन शहीदों का अंतिम संस्कार राजकीय सम्मान के साथ करने की घोषणा की। इनके परिजनों को दस-दस लाख रुपए मुआवजा देने की घोषणा भी इसी के साथ की गई, लेकिन शहीदों के पार्थिव शरीर पटना एयरपोर्ट पर पहुँचने के साथ इन घोषणाओं के प्रतिकूल विवाद की आँधी चल पड़ी। शुरुआत राज्य सरकार के किसी मंत्री के हवाई अड्डा नहीं पहुँचने के सवाल पर हुई और उसकी अगली कड़ी बनी ग्रामीण कार्य मंत्री डॉ. भीम सिंह की अमर्यादित प्रतिक्रिया। अगर पत्रकार के सवालों ने डॉ. सिंह को गुस्सा भी दिलाया तो भी उन्हें मर्यादा की सीमा नहीं लाँघनी चाहिए थी। यह याद रखना चाहिए था कि वे एक जवाबदेह पद पर हैं और उनकी अमर्यादित प्रतिक्रिया सरकार के लिए भी परेशानी का सबब बन सकती है। संयम खोने की इजाजत एक मंत्री को नहीं होती है। एक चैनल से उनकी बातचीत के जो अंश मुख्यमंत्री ने देखे, वह उन्हें

भी नागवार गुजरे। तत्काल दिल्ली से फोनकर माफी माँगने का निर्देश दिया। डॉ. सिंह ने ऐसा किया भी, लेकिन एक बात और उन्होंने कही कि बातचीत के अंश को तोड़-मरोड़कर पेश किया गया। उनकी अशोभनीय प्रतिक्रिया पर विवाद का ताबा गरम रखने की कवायद अभी ठंडी भी नहीं पड़ी कि कृषि मंत्री नरेंद्र सिंह की प्रतिक्रिया ने आग में घी का काम कर दिया। ऐसी प्रतिक्रियाओं से आहत सरकार की एक महिला मंत्री की पीड़ा गौरतलब है कि ऐसे मौकों पर भी लोग संयम और समझदारी क्यों नहीं दिखा सकते हैं ?

गौरतलब है कि बिहार के चार वीरों के साथ पुंछ में महाराष्ट्र के एक सपूत ने भी कुरबानी दी। उनके अंतिम संस्कार में वहाँ के गृह मंत्री समेत अन्य मंत्री शामिल हुए। भाजपा और शिवसेना के नेता भी इस मौके पर श्रद्धांजलि देने पहुँचे। महाराष्ट्र ने गर्व और गम साझा किया। किसी ने इस मौके पर किसी तरह की न तो ऐसी कोई चूक की और न किसी ने किसी को उकसाने की कोशिश की। न ही किसी राजनीतिक दल ने इस अवसर में राजनीति की गुंजाइश तलाशी। भाजपा नेता गोपी नाथ मुंडे ने प्रतिक्रिया में थोड़ी चूक भी की तो किसी ने इसे हवा नहीं दी। बिहार में भी राज्य सरकार के अलग-अलग मंत्री अंतिम संस्कार के दिन शहीदों के गाँव गए।

एक बात और। अकसर यह सवाल क्यों उठता है कि मीडिया ने बयान को तोड़-मरोड़कर पेश किया। बीते दिनों राजद सुप्रीमो लालू प्रसाद भी ऐसे एक वाकये से दुःखी हुए थे। नरेंद्र मोदी के बारे में सवाल पर उन्होंने जो कुछ कहा, उसके अंश को मीडिया ने अपनी सहूलियत के हिसाब से पेश कर दिया। जो उनके राजनीतिक धरातल के प्रतिकूल था। हम मीडिया के लोग किसी भी तरह की अंकुश की बात आती है, यहाँ तक कि आदर्श आचार संहिता की तो उसे पचा नहीं पाते हैं, लेकिन क्या किसी व्यक्ति, समूह या तबके में ही सही ऐसी धारणा बन जाए कि मीडिया पूर्वग्रह से प्रेरित होकर काम कर रहा है, तो क्या यह हमारी सेहत के लिए ठीक है ? मीडिया की ताकत इसकी विश्वसनीयता है, इसे कभी नहीं भूलना चाहिए। उकसाने या औकात दिखाने वाले अंदाज भी हमारी मर्यादा के प्रतिकूल हैं।

(12.08.2013)

❑

भटकल की गिरफ्तारी और राजनीतिक जंग

इंडियन मुजाहिदीन के कमांडर यासीन भटकल और उसके सहयोगी असादुल्लाह अख्तर की नेपाल सीमा पर हुई गिरफ्तारी के बाद बिहार में राजनीति का अखाड़ा सज गया है। भाजपा के आरोपों के केंद्र में वोट बैंक की राजनीति है। इसके निहितार्थ और ध्वनि क्या हैं? किसी बिरादरी से ऐसे मसलों को जोड़कर देखना, क्या राज्य और देश हित में उचित है? राहत देने वाली बड़ी खबर तो भटकल की गिरफ्तारी है। अगर सुरक्षा या रणनीति के लिहाज से गिरफ्तारी का वास्तविक स्थान छिपा ही लिया जाता तो क्या यह कोई अपराध या छल हो जाता या फिर भटकल की गिरफ्तारी का महत्त्व कम हो जाता, लेकिन ऐसा नहीं हुआ। बिहार पुलिस ने दोनों बातें स्वीकार कीं—पहला तो यह कि भटकल की गिरफ्तारी केंद्रीय एजेंसियों के इनपुट पर और उसके सहयोग से संभव हुई और दूसरा उसे बिहार में नेपाल सीमा के करीब से गिरफ्तार किया गया। वैसे भाजपा के इस आरोप पर भी कि भटकल की ससुराल समस्तीपुर में है और दरभंगा, मधुबनी में उसकी गतिविधि रही हैं, फिर भी उसे रिमांड पर नहीं लिया गया, पुलिस महानिदेशक को स्थिति साफ करनी चाहिए। इस अर्थ में उससे पूछताछ क्यों जरूरी नहीं थी, क्या मोतिहारी और पटना में की गई पूछताछ में उसे इतनी जानकारी मिल गई कि आगे की पूछताछ जरूरी नहीं थी या फिर एन.आई.ए. से पूरे संदर्भ में पूछताछ के आधार पर इनपुट मिलने की अपेक्षा है? बिहार में उसके खिलाफ कोई मामला दर्ज नहीं होने के तर्क पर भी सवाल उठ रहे हैं।

आतंकवाद के खिलाफ मुहिम में बीते एक पखवाड़े में दो बड़ी सफलताएँ मिली हैं। पहली उत्तर प्रदेश में और दूसरी बिहार में। उत्तर प्रदेश में सपा सुप्रीमो मुलायम सिंह यादव पर आरोप लगा कि उन्होंने केंद्र पर दबाव बनाया कि वह बम बनाने के माहिर आतंकी अब्दुल करीम टुंडा की गिरफ्तारी उत्तर प्रदेश में नहीं दिखाए। यह आरोप कितना सही है, पता नहीं। अगर मुलायम ने ऐसा किया भी तो उसे सिर्फ वोट की राजनीति से जोड़कर कैसे देख सकते हैं? कई बार बड़ी कामयाबी के बाद उसकी अवांछित प्रतिक्रिया सामने

आने का खतरा भी तो रहता है। ऐसे मामलों में कामयाबी का ढिंढ़ोरा पीटना अक्लमंदी नहीं होती, बल्कि पुलिस के लिए अपनी रणनीति पर आगे बढ़ते रहना, ज्यादा मुफीद होता है। बिहार पुलिस तो संसाधनों के मामले में अभी भी काफी पिछड़ी है। आधुनिकीकरण के मोर्चे पर काम चल रहा है, लेकिन अभी बहुत कुछ किया जाना बाकी है। आतंकी नेटवर्क तो दुनिया के विकसित देशों से भी दो-दो हाथ करने को तैयार रहता है। ऐसे में सावधानी हटी, दुर्घटना घटी के नारे पर अमल करना ही मुनासिब है।

भाजपा का आरोप है कि एन.आई.ए. ने दो महीना पूर्व आतंकियों की जो सूची बिहार पुलिस को सौंपी थी, उस सूची में शामिल आतंकियों को गिरफ्तार करने की ठोस पहल नहीं की गई। गौरतलब है कि उस सूची में भटकल का नाम भी शामिल था। उसकी गिरफ्तारी में बिहार पुलिस ने अहम रोल प्ले किया है। बाकी के बारे में खबर है कि वे भी भारतीय सीमा में रक्सौल के पास आते-जाते हैं। संभव है बिहार पुलिस केंद्रीय एजेंसियों के सहयोग से उनकी गिरफ्तारी का जाल बुन रही होगी। पुलिस महानिदेशक ने भी इस तरफ इशारा किया है, लेकिन पुलिस अपनी रणनीति का खुलासा कैसे करेगी, क्या उसे ऐसा करना चाहिए? राज्य सरकार या मुख्यमंत्री का इस सवाल पर कोई सार्वजनिक प्रतिक्रिया देना क्या उचित होगा ? अभी जबकि आतंकियों की बिहार की सीमा के आर-पार गतिविधियों की सूचना है तो ऐसे समय में संयम, परस्पर सहयोग और संवेदनशीलता क्या जरूरी नहीं है ? ऐसे अनेक सवाल हैं, जिन पर विचार किया जाना चाहिए। जदयू के कुछ नेताओं ने कुछ समय पहले इशरत जहाँ को बिहार की बेटी कहा था। बेटा या बेटी अगर आतंकी हो जाए तो क्या कहेंगे ? कुल कलंक ! या ऐसा ही कुछ, लेकिन इस आधार पर यह तर्क देना कि हो सकता है कि जदयू भटकल को बिहार का दामाद करार दे देगा, क्या मर्यादा के दायरे में है ? भाजपा तो दो माह पहले तक इसी सरकार का हिस्सा थी। अगर आतंकवाद पर बिहार पुलिस का रवैया उदार या नरम रहा तो उसे इसका विरोध सरकार में रहते भी करना चाहिए था। सरकार का हिस्सा होते हुए कोई उसके कामकाज की जवाबदेही से कैसे बच सकता है ? बहरहाल, आतंकवाद जैसे संवेदनशील मसले पर राजनीति उचित नहीं है।

(02.09.2013)

❑

रेड कारपेट के रास्ते नहीं बन सकता रेड कॉरिडोर

वामपंथ को गरीबों और मेहनतकशों के पैरोकार का प्रतीक माना जाता है। कालांतर में इस पंथ के अनेक चेहरे उभरकर सामने आए। इनका वर्गीकरण इनकी कार्यशैली और अंदाजे बयाँ के आधार पर होता गया—उग्र, मध्यमार्गी और समन्वयवादी। वामपंथ को माननेवालों ने अपने सोच और पसंद के आधार पर वाम दलों और संगठनों का चयन किया। कॉडर के आधार पर बने राजनीतिक दलों में देश में अव्वल वामपंथी ही रहे। एक दौर ऐसा भी आया, जब देश के अनेक हिस्सों में वाम दल गैर-कांग्रेसी राजनीति की धुरी बनकर उभरे। अनेक राज्यों में या तो इनकी सरकारें बनी या सरकारें बनाने में इनकी भूमिका अहम रही। पश्चिम बंगाल, केरल, त्रिपुरा इनके गढ़ में तब्दील हो गए। बिहार में भी इनका सिक्का चला, लेकिन बात आगे नहीं बढ़ी और दिल्ली दूर रह गई। इस देश ने वामपंथ की आस्था दरकने का दौर देखा। बिहार में वामपंथियों के एक बड़े गुट ने सत्ता मोह में क्या किया, किसी से छिपा नहीं है। वाम दलों के अवसरवादी राजनीतिक समझौतों से इनकी वैचारिक प्रतिबद्धता पर सवाल उठे। अंदर के भटकाव और टकराव ने ऐसा पासा पलटा कि वामपंथ की नींव हिलती नजर आने लगी।

नक्सली संगठनों की बुनियाद भी वामपंथ के झंडाबरदारों ने ही रखी। रेड कॉरिडोर बनाने का सपना बुननेवाले यही लोग हैं, लेकिन रेड कारपेट के शौकीन बन चुके नक्सली गरीबों और मेहनतकशों के पैरोकार होने के दावे कैसे कर सकते हैं? यह कोई नई खबर नहीं है कि नक्सली लेवी वसूलते हैं। जबसे इन्होंने जंगली इलाकों में अघोषित समानांतर सत्ता का संचालन शुरू किया, तभी से यह मान्यता रही है कि लेवी वसूलना इनकी फितरत है। जमीन और जंगल पर कब्जे की मुहिम से जनाधार या जन समर्थन हासिल करने की इनकी रणनीति एक दौर में कामयाब रही। सामंतों को जन अदालत में कोड़े से पीटने या उनके टुकड़े-टुकड़े कर देने जैसी सजा देकर इन्होंने एक तरह से समानांतर राज कायम किया। फिर भी उस दौर में इन्हें आलोचना के साथ सहानुभूति और प्रचार भी मिले।

जमींदारी प्रथा के खिलाफ बने माहौल ने इन्हें स्थापित होने की जमीन मुहैया कराई। ये शोषितों के बीच मसीहा बनकर उभरे। उनकी आस्था दरअसल संसदीय राजनीति से मिली लंबी निराशा का प्रतिफल थी, लेकिन नक्सली संगठन भी अपनी वह छवि कहाँ बरकरार रख पाए। आज इनको लेकर जो सवाल उठ रहे हैं, वे किस तरह के हैं? नक्सलियों की मुहिम से कितनों को इंसाफ मिला या कितनों की जिंदगी बदली, ये सवाल भी मौजूद हैं।

इंसाफ की लड़ाई के इन वाम झंडाबरदारों के बारे में जो खबरें आज सामने आ रही हैं या अलग-अलग इलाकों में इनके जो प्रतीक चेहरे हैं, उनको लेकर जो धारणा है, उससे क्या वामपंथ की भद नहीं पिट रही है। ताजा खबर है कि नक्सली निर्माण एजेंसियों से करोड़ों में लेवी वसूल रहे हैं। ऐसी कंपनियों के खाते से नक्सलियों के खाते में पैसे भेजे जा रहे हैं, लेकिन ज्यादा अहम सवाल तो यह है कि पुलिस के सख्त पहरे में काम करनेवाली ये एजेंसियाँ इन संगठनों को करोड़ों में लेवी देने के प्रति इतनी उदार क्यों हैं और जब ये लेवी देती ही हैं तो फिर इनके कैंपों पर हमले क्यों होते हैं, मशीनें क्यों फूँक दी जाती हैं? जानकार बताते हैं कि इस खेल में बहुत सारे दाँव-पेच हैं। इसमें आपसी समझदारी भी एक पहलू है। इसमें बीमा कंपनियों से क्षतिपूर्ति और काम में बाधा के नाम पर सरकार से निर्माण लागत बढ़वाने के प्रपंच भी शामिल है, ठीक वैसे ही जैसे खदानों का ठेका लेने वाली कई एजेंसियाँ लाइसेंसी विस्फोटकों का एक हिस्सा नक्सलियों तक पहुँचाती रही हैं, जबकि किसी दल के कार्यकर्ता या जनप्रतिनिधि की ओर से चंदे में मोटी रकम की माँग कर देने पर रंगदारी का केस दर्ज कराने में इन्हें किसी तरह का भय नहीं सताता है। पुलिस के मुताबिक अनके नक्सली धन कुबेर बन चुके हैं। उनकी संपत्ति जब्त करने और आमदनी के स्रोत पर वार करने की रणनीति तैयार की गई है। सिक्के का दूसरा पहलू है कि बिहार में आज भी सवा करोड़ से ज्यादा परिवार गरीबी रेखा से नीचे हैं। बहरहाल, मूल्यों के प्रति समर्पित वामपंथी दलों, संगठनों और नेताओं के लिए अब आत्ममंथन का समय आ गया है। उन्हें अपने किसी एक्शन की रणनीति से ज्यादा उनकी परिणति के बारे में सोचना चाहिए। रेड कॉरिडोर के पैरोकारों को यह नहीं भूलना चाहिए कि उनकी ऐसी हरकतों से भगवा कॉरिडोर का ख्वाब देखनेवालों के हौसले मजबूत होते हैं।

(07.10.2013)

❑

विधानमंडल का ताजा सत्र भी हंगामे की भेंट चढ़ेगा?

बिहार विधानमंडल के शीतकालीन सत्र का आगाज हो चुका है। सत्र के पहले दिन जो माहौल दिखा, उसके संकेत सकारात्मक नहीं थे। मुद्दों और जनहित के सवालों पर पारदर्शी चर्चा के लिए सरकार और विरोधी दलों में परस्पर सहयोग की समझदारी कायम होने के आसार कतई नहीं हैं। विधानमंडल का एक और सत्र हंगामे की भेंट चढ़ेगा। पिछले अनुभवों से भी इस अंदेशे को बल मिलता है। निचली ही नहीं, ऊपरी सदनों का भी यही हाल होता नजर आने लगा है। ऐसे में यह सवाल लाजिमी है कि क्या विधानमंडल और संसद् के सत्र हंगामे के लिए ही होते हैं, क्या हंगामों से किसी भी सवाल पर किसी निष्कर्ष तक पहुँचा जा सकता है ? अगर सत्र की बैठकों को निरर्थक बनाने और अपनी-अपनी जिद पर कायम रहने का यह सिलसिला जारी रहा तो क्या संसदीय लोकतंत्र के प्रति आस्था मजबूत बनी रह पाएगी, नई पीढ़ी के दिलो-दिमाग पर इनका क्या असर होगा ? ऐसे अनेक सवाल हैं, जिन पर दलीय और राजनीतिक प्रतिद्वंदिता से ऊपर उठकर सोचने की आवश्यकता समय की माँग है। यह नहीं भूलना चाहिए कि जन प्रतिनिधियों की सुख-सुविधा से लेकर सदनों की काररवाई पर जो पैसा खर्च होता है, वह जनता की जेब से उसकी गाढ़ी कमाई से आता है।

विरोधी दलों ने जिन मुद्दों को सत्र के दौरान गरमाने की रणनीति अपनाई है, उनमें ज्यादातर पुराने हैं। इन मुद्दों की आड़ में पहले से वे जन सभाओं, पार्टी की बैठकों और पत्रकार सम्मेलनों में सरकार पर वार करते रहे हैं। सत्ता पक्ष भी अपने अंदाज में इनका जवाब देता रहा है। अब सवाल है कि इन मुद्दों पर भी क्या सदन के अंदर शास्त्रार्थ संभव होगा या सत्र के दौरान भी सदन के बाहर ही वार-पलटवार का सिलसिला चलेगा। राजनीति में दाँव-पेच कोई नया नहीं है। हर कोई अपने विरोधी को धोबीपाट देने का मंसूबा लेकर चलता है, लेकिन दाँव-पेच क्या सत्र की काररवाई को भटकाने, उलझाने या इसे बाधित रखने के लिए भी उचित है ? बिहार में राजनीतिक दलों के नेताओं के पास

भी संसदीय परंपरा का अच्छा-खासा अनुभव है। ज्यादातर ऐसे जनप्रतिनिधि हैं, जो लंबे समय से किसी-न-किसी सदन के सदस्य रहे हैं। उन्हें पता होता है कि कैसी माँग किस सवाल पर विधानसभा के अध्यक्ष या विधान परिषद् के सभापति स्वीकार करेंगे और किसे खारिज कर देंगे। माँग करना गलत नहीं होता है, लेकिन माँग पर जिद ठानकर सदन की काररवाई बाधित कर देना क्या उचित है? इस सवाल पर राजनीतिक दलों को स्थिति साफ करनी चाहिए, क्योंकि जनता को यह जानने का हक है।

इधर एक नई परंपरा को जन्म देने की कोशिश हो रही है। इसकी शुरुआत भाजपा ने की है। बीते सत्र में अपनी बात कहने के बाद उसने सदन का बहिष्कार कर दिया। वह सरकार का जवाब सुनने से मुकर गई। इस बार उसका ऐलान है कि वह वैसे विभागों के सवालों का जवाब स्वीकार नहीं करेगी या नहीं सुनेगी, जो विभाग मुख्यमंत्री के पास हैं और सत्र की काररवाई के लिए मनोनीत प्रभारी मंत्री उनका जवाब देंगे। इस सत्र में विधान परिषद् में समानांतर सत्र का संचालन कर भी भाजपा ने एक नई शुरुआत की है। यह तो तय है कि ऐसी कोई भी पहल किसी एक स्थान से ही होती है, लेकिन उनका विस्तार अन्य स्थानों तक नहीं होगा, यह कहना कतई उचित नहीं है। जाहिर है, जिस तरह की शुरुआत बिहार में हो रही है, अन्य राज्यों में भी उसे आजमाया जा सकता है। ऐसे में क्या होगा? कई राज्यों में मुख्यमंत्री के पास अनेक विभाग हैं। बिहार में यह स्थिति छह महीने से बनी है, जब भाजपा से जदयू ने नाता तोड़ा और भाजपा कोटे के मंत्रियों को सरकार से बाहर किया गया, लेकिन अनेक राज्यों में तो सबकुछ सामान्य रहते भी मुख्यमंत्री के पास अनेक विभाग रहे हैं। एक समय था, जब आलोचना, जंबो साइज मंत्रिपरिषद् बनाने को लेकर होती थी। अब तो हर राज्य में इसकी सीमा तय है। ऐसे में मंत्रिपरिषद् के विस्तार की माँग राजनीतिक मुद्दा हो सकता है, लेकिन इस वजह से सदन में काररवाई से अलग होना कितना उचित होगा? तीखे प्रहार, पलटवार के लिए अनेक मौके होते हैं। सदन को अगर जनहित में स्वस्थ शास्त्रार्थ का प्लेटफार्म बनाया जाए तो शायद राजनीति में लोगों का भरोसा बढ़ेगा और संसद् या विधान मंडलों के सत्रों का औचित्य समझ में आएगा। इसे निरर्थक बनाने की बजाय, ज्यादा सार्थक बनाने पर प्रमुख दलों की पहल राजनीति को सकारात्मक छवि और दिशा देगी।

(09.02.2013)

❑

चुनावी शास्त्रार्थ को मुद्दों से भटकाने के प्रपंच भी

पाँच राज्यों के विधानसभा चुनावों का परिणाम आने के बाद अब लोकसभा चुनावों की शतरंज बिछने लगी है। दलों में आयात-निर्यात शुरू हो गया है और यह टिकट की तिकड़म के साथ और तेज ही होगा। बिहार में यह चुनाव कई अर्थों में अहम होगा। बिहार इकलौता राज्य है, जहाँ नरेंद्र मोदी को प्रधानमंत्री का उम्मीदवार बनाने पर एन.डी.ए. बिखर गया। नीतीश कुमार ने साल भर पहले ही इसके संकेत दिए थे और उस दिशा में भाजपा ने कदम बढ़ाए तो वे अलग हो गए। जाहिर है, नेतृत्व के मोर्चे पर यह चुनाव बिहार बनाम गुजरात भी होगा। भाजपा ने यहाँ अपनी पूरी ताकत झोंक दी है। गठबंधन टूटते ही भाजपा ने नीतीश कुमार पर हमलावर तेवर अपना लिये और वे समय के साथ और कड़वे होते गए है। हुंकार रैली में नरेंद्र मोदी ने यहाँ कांग्रेस से अधिक नीतीश कुमार पर तीखे प्रहार किए।

लालू प्रसाद के जेल जाने से राजद का मनोबल गिरा था। लोजपा से उसके गठबंधन जारी रहने पर भी सवाल उठने लगे थे, लेकिन लालू की रिहाई के साथ फिर से दोनों दलों के सुर बदले हैं। कांग्रेस ने अपने पत्ते नहीं खोले हैं। राजनीतिक गलियारों में राजद से कांग्रेस के गठबंधन की अटकलों के केंद्र में सोनिया गांधी हैं। तर्क है कि पाँच राज्यों में पार्टी का हश्र देख सोनिया गांधी ने फिर से कमान सँभाल ली है। वे लालू प्रसाद से तालमेल की हिमायती रही हैं। राहुल गांधी ने जब दागी सांसदों की सदस्यता बनाए रखने के प्रस्तावित विधेयक का सार्वजनिक विरोध किया था तो लोगों ने माना था कि इसके पीछे राजनीतिक संदेश भी है, यानी बिहार में कांग्रेस राजद के साथ नहीं जाएगी। इधर कांग्रेस नेताओं के सुर बदले हैं। प्रदेश कांग्रेस नीतीश सरकार पर हमलावर हुई है। नक्सली समस्या पर बिहार के बारे में गृहमंत्री सुशील कुमार शिंदे के बयान के भी अलग निहितार्थ निकाले जा रहे हैं। करीब तीन महीना पहले प्रदेश कांग्रेस अध्यक्ष, अशोक चौधरी ने एक प्रेस कॉन्फ्रेंस में कहा था कि विशेष राज्य के दर्जे पर बिहार को जल्द ही शुभ समाचार

मिलेगा। उसके बाद ही रघुराम राजन कमेटी ने अपनी सिफारिशें केंद्र सरकार को सौंपी थीं, लेकिन इस मसले पर अब कांग्रेस और केंद्र सरकार दोनों मौन हैं।

जदयू ने अब तक किसी से गठबंधन के संकेत नहीं दिए। पार्टी के राष्ट्रीय अध्यक्ष शरद यादव कांग्रेस से गठबंधन की अटकलों को खारिज करते रहे हैं। मुख्यमंत्री नीतीश कुमार का जोर देश में तीसरे विकल्प पर रहा है। पाँच राज्यों का नतीजा आने के बाद भी उन्होंने अपनी प्रतिक्रिया में यही कहा कि तीसरा विकल्प ही देश की जनता की पहली पसंद है। दिल्ली चुनाव के नतीजों का हवाला देकर उन्होंने कहा कि जहाँ कांग्रेस से सीधी टक्कर है, वहीं भाजपा को लाभ मिल रहा है। जहाँ तीसरा विकल्प मौजूद है, जनता उसे प्राथमिकता दे रही है। मसलन बिहार में जदयू संभवत: एकला चलो की राह अपनाएगा। संकल्प रैलियों को व्यापकता देने के पीछे भी उसका यह मकसद हो सकता है। इससे बिहार में लोकसभा की जंग तीन या चार ध्रुवीय होने के आसार हैं। कई दल जीवन-मरण की चुनौती मानकर इस जंग में उतरेंगे।

इन सबसे इतर एक खतरनाक कोशिश अंदरखाने हो रही है। वह है—लोकसभा चुनावों को जातीय और धार्मिक गणित में उलझाने की तिकड़म। इन दिनों राजनीतिक दलों के कई नुमाइंदें जातीय ध्रुवीकरण की कसौटी पर नफा-नुकसान के तर्क-कुतर्क गढ़ने में सक्रिय हैं। इससे जातीय विद्वेष बढ़ने और काम के आधार पर वोट की कसौटी के कमजोर होने का खतरा है। अनेक क्षत्रप जाति विशेष के मठाधीश बनकर मोल-तोल में जुट गए हैं। ऐसे नेता भी हैं, जो निजी नफा-नुकसान को जातीय सम्मान-अपमान का प्रतीक परिभाषित कर अपनी गुंजाइश तलाश रहे हैं। यह प्रयास बिहार में स्वस्थ चुनावी शास्त्रार्थ के आसार धूमिल करेगा। ऐसे प्रयासों को नाकाम करने की जवाबदेही समाज पर है। जातीय क्षत्रपों से तीन सवाल पूछे जा सकते हैं—क्या वे खुद के निर्माण में अन्य जातियों के अलग-अलग तरह के योगदानों को खारिज करते हैं? क्या यह संभव है कि कोई भी व्यक्ति जातीय दायरे में ही रहकर शिक्षा-दीक्षा हासिल करने समेत अपनी सफलता की पटकथा पूरी कर सकता है? तीसरा, जातीय मठाधीश होने के दावेदार यह बता सकते हैं कि अपनी ही जाति के कमजोर और जरूरतमंद कितने लोगों को आगे बढ़ाने में उनका कितना और किस-किस तरह का योगदान रहा है? दरअसल जातीय उन्माद के दौर में खुद को राम और कृष्ण का अवतार घोषित करवानेवाले अनेक क्षत्रपों का असली चेहरा बिहार ने पहले भी देखा है। इसलिए जरूरी है कि चुनाव को जातीय गणित में गुमराह करने की साजिशों पर जनता अपनी पैनी नजर रखे।

(16.12.2013)

❑

ताकि विशेष राज्य के दर्जे के संघर्ष की धार कुंद न हो

विशेष राज्य के दर्जे पर राज्य के अंदर एक बार फिर सियासत तेज हो गई है। लोकसभा चुनाव करीब आने के साथ यह और तेज और तीखी होगी। जदयू ने इसे सबसे बड़ा चुनावी मुद्दा बनाने का ऐलान कर दिया है। उसका तर्क है कि इस मुद्दे पर केंद्र सरकार का रुख अब बदला नजर आ रहा है। बिहार कांग्रेस इस मुद्दे पर केंद्र का बचाव करती नजर आ रही है। उसका तर्क है कि अभी मामला योजना आयोग के विचाराधीन है। केंद्र सरकार के समक्ष जब यह मसला आएगा तो वह फैसला करेगी। इसलिए जदयू चिंता न करे। भाजपा इस बहाने कांग्रेस और जदयू दोनों को निशाने पर ले रही है, साथ ही दावे कर रही है कि केंद्र में उसकी सरकार बनेगी तो बिहार को विशेष राज्य का दर्जा मिलेगा। राजद का आरोप है कि जदयू इस मुद्दे पर राजनीति कर रहा है, यानी ताजा चुनावी शास्त्रार्थ के मायने साफ हैं कि यह बिहार का एक अहम मुद्दा बन चुका है। इसे अब कोई खारिज नहीं कर सकता है।

केंद्र सरकार ने 2012 में बिहार की माँग पर अंतर मंत्रालयी समूह का गठन किया था। उस समूह ने वर्तमान मानकों पर बिहार की माँग को परखा और उसे खारिज कर दिया, लेकिन उसने भी माना कि बिहार तमाम सूचकांक पर सबसे पिछड़ा राज्य है और इसे विशेष आर्थिक सहायता दी जानी चाहिए। इसके बाद मुख्यमंत्री नीतीश कुमार ने प्रधानमंत्री और वित्त मंत्री को विस्तार से पत्र लिखा और बिहार की माँग का औचित्य साफ किया। जदयू ने पटना और दिल्ली में अधिकार रैली कर केंद्र से मानक बदलने की माँग की। इसके बाद वित्त मंत्रालय ने पिछड़ापन तय करने के लिए रघुराम राजन कमेटी का गठन किया। उसकी रिपोर्ट आने के बाद उम्मीद की जा रही थी कि केंद्र सरकार इस मुद्दे पर जल्द कोई फैसला लेगी, लेकिन ऐसा नहीं हुआ। जानकारों का मानना है कि कांग्रेस ने इसे लोकसभा चुनाव तक टाल दिया है।

राजन कमेटी की रिपोर्ट आने के बाद दो तरह की प्रतिक्रिया हुई थी। मुख्यमंत्री नीतीश

कुमार ने कहा था कि यह बिहार की सैद्धांतिक जीत है। पहली बार देश में राज्यों की श्रेणी तय की गई है। हालाँकि उन्होंने यह अफसोस भी जताया कि अगर प्रति व्यक्ति आय को आधार बनाया गया होता तो बिहार सबसे पिछड़ा राज्य माना जाता, लेकिन कमेटी ने प्रति व्यक्ति खपत को आधार बनाया। बहरहाल, उनका तर्क था कि राजन कमेटी ने पिछड़े राज्यों के लिए विशेष प्रावधान करने की सिफारिश कर दी है। इसमें विशेष दर्जे या इसके समान सुविधा-सहूलियत दी जा सकती है। विरोधी दलों ने नीतीश कुमार पर निशाना साधा था कि उनकी विशेष दर्जे की माँग ठुकरा दी गई। भाजपा इस मुद्दे पर द्वंद्व में रही। पूर्व उप-मुख्यमंत्री सुशील कुमार मोदी ने एक दौर में यहाँ तक कह डाला कि विशेष दर्जा मिलने से ही बिहार में उद्योग नहीं लगेंगे। वे विशेष पैकेज पर जोर देते रहे। हालाँकि बाद में उनका सुर बदला और अब वे विशेष दर्जे के साथ विशेष पैकेज की माँग कर रहे हैं।

अब, जबकि जदयू की प्रमंडलों में हो रही संकल्प रैलियों में नीतीश कुमार इस हक को हासिल करने का संकल्प लेने की अपील कर रहे हैं तो फिर से इस सवाल पर राजनीति गरमा रही है, लेकिन यह न तो सिर्फ चुनावी मुद्दा है और न जदयू का राजनीतिक हथियार भर। यह बिहार के भविष्य और अस्मिता से जुड़ा मुद्दा है। कांग्रेस भले ही यह सफाई दे कि अभी केंद्र सरकार के समक्ष यह मामला नहीं आया है, लेकिन इस तर्क में कितना दम है, इसका अंदाजा उन्हें भी है। यह सवाल समय के साथ ज्यादा अहम होता जा रहा है कि जब बारी बिहार के हक या हित की आती है तो अनेक बहाने क्यों ढूँढ़े जाने लगते हैं ? एक आदेश से भाड़ा समानीकरण कर खनिज के अपार भंडार के लाभ से बिहार को वंचित किया जा सकता है। परंपरा तोड़कर किसी राज्य को विशेष दर्जा दिया जा सकता है। किसी आपदा के समय या किसी चुनौती से निपटने के लिए कई राज्यों को आनन-फानन में हजारों करोड़ की मदद की जा सकती है, लेकिन कोसी महाप्रलय हो या हक का सवाल बिहार के साथ क्या ऐसा ही व्यवहार हो पाता है ? यह तो शुक्र मनाइए कि दक्षिण-पश्चिम के राज्यों की तरह बिहार में उप-राष्ट्रवाद अभी उतना मजबूत नहीं हुआ है। आज भी बिहारी पहचान या अस्मिता को लेकर लोग-बाग उतने संवेदनशील नहीं हैं, अन्यथा इस तरह बिहार के हक और हितों से खिलवाड़ इतना आसान नहीं होता। विशेष दर्जे की लड़ाई जदयू लड़ रहा है तो और दलों को ऐसा करने से किसने रोका है ? इसमें भी कोई बुराई नहीं कि कोई दल इसको लेकर राजनीति कर रहा है। बुराई तो इस लड़ाई की धार को कुंद करने में है। जरूरी है कि बिहार के हक के सवाल पर सभी एक जैसे स्वर में मुखर हों।

(30.02.2013)

❑

ब्रांडिंग और वास्तविकता के बीच गठबंधन की डोर

दो अलग वैचारिक धरातल की पार्टियाँ भाजपा और जदयू के बीच गठबंधन की गाँठ अब प्रधानमंत्री पद का उम्मीदवार बनता जा रहा है। जदयू ने अपना स्टैंड इस सवाल पर साफ कर रखा है। पार्टी की राष्ट्रीयकारिणी की बैठक में भी पहले से घोषित स्टैंड पर ही मुहर लगी है। न तो पहले और न इस बैठक में नरेंद्र मोदी का नाम आया। हाँ, पहली बार ऐसा जरूर हुआ है कि पार्टी की प्रेस ब्रीफिंग में केसी त्यागी ने कहा कि 2002 के गुजरात दंगों पर काबू पाने में नरेंद्र मोदी ने सक्रियता नहीं दिखाई। वैसे जब नीतीश कुमार ने एक अंग्रेजी अखबार को दिए इंटरव्यू में कहा था कि एन.डी.ए. के प्रधानमंत्री पद का उम्मीदवार धर्मनिरपेक्ष छवि का होना चाहिए और जो पिछड़े राज्यों की पीड़ा को समझ सके, तो उस समय इसका यही अर्थ निकाला गया कि उनका इशारा नरेंद्र मोदी की तरफ है। नीतीश कुमार से जब भी पूछा गया कि उनका इशारा नरेंद्र मोदी की तरफ है, तो हर बार जवाब मिला कि उन्होंने किसी का नाम नहीं लिया, यानी उन्होंने अपनी कसौटी बताई। ताजा बैठक में भी नाम लिये बगैर जब यह बात दुहराई गई, तो भी इसका निहितार्थ वही निकला। तीसरी बार पार्टी के राष्ट्रीय अध्यक्ष चुने जाने के बाद शरद यादव ने भी कहा है कि जदयू का किसी व्यक्ति से नहीं, सिद्धांत से सरोकार है, यानी जदयू की तरफ से जब धर्मनिरपेक्ष छवि की शर्त रखी जाती है, तो अन्य दलों और मीडिया समेत भाजपा को भी उसका निहितार्थ नरेंद्र मोदी ही समझ में आता है। इस समझ के निहितार्थ क्या साफ नहीं हैं?

भाजपा ने हालाँकि प्रधानमंत्री पद के उम्मीदवार पर अभी अपने आधिकारिक पत्ते नहीं खोले हैं। अपनी शैली में उसने नरेंद्र मोदी की ब्रांडिंग जरूर शुरू की है और उन्हें राष्ट्रीय फलक पर अपनी धाक जमाने की जमीन भी मुहैया कराई है। लेकिन, श्री मोदी की लोकप्रियता पर भाजपा को अगर इतना ही भरोसा था तो उन्हें कर्नाटक में नहीं आजमाने के निहितार्थ क्या थे? वैसे भाजपा में ही अगले चुनावी महाभारत के अर्जुन के सवाल

पर मतभेद की खाई काफी चौड़ी है। एक खेमा लालकृष्ण आडवाणी या सुषमा स्वराज को सबसे बेहतर मानता है। सवाल तो यह भी उठ रहे हैं कि अगर बेहतर फरफॉरमेंस ही आधार है, तो मध्य प्रदेश में शिवराज सिंह चौहान और छत्तीसगढ़ में रमन सिंह के कार्यों का उल्लेख उतनी मजबूती से क्यों नहीं आता? या फिर केशूभाई पटेल ने गुजरात को और आगे ले जाने की, जो ठोस नींव रखी, उसे क्यों भुला दिया गया? केंद्र में कांग्रेस शासन की कमजोरियाँ और नाकामी से अगले चुनावों में वापसी की उम्मीद लगाए बैठी भाजपा की चुनौतियाँ भी कम बड़ी नहीं हैं। जिन सहयोगियों से गठबंधन की बुनियाद पर वह सत्ता में आई थी, उनमें से ज्यादातर आज अलग हैं। तमिलनाडु, पश्चिम बंगाल, ओडिशा और हरियाणा इसकी मिसाल हैं। खास बात यह है कि भाजपा से अलग होने के बाद ममता बनर्जी, जयललिता और नवीन पटनायक अपने बूते अपने-अपने राज्यों में सत्ता में है। बिहार और पंजाब में भाजपा का गठबंधन बरकरार है और वह साझा सरकार में सहयोगी के बतौर शामिल है। जदयू उसका सबसे पुराना भरोसेमंद पार्टनर है। अभी, जबकि साथ छोड़ गए सहयोगी दलों को मनाने और उन्हें वापस एन.डी.ए. में लाने की मुहिम में भाजपा जुटी हुई है तो ऐसे में पहले से साथ निभा रहे पार्टनर को गँवाने का खतरा वह कैसे मोल ले सकती है। सवाल यह भी मौजूँ है कि क्या भाजपा का कोई भी नेता इस मुकाम पर है कि वह उसे गठबंधन सहयोगियों के बिना केंद्र में सत्ता में ले आए?

जहाँ तक नरेंद्र मोदी का सवाल है, उन्होंने भी वह बड़प्पन नहीं दिखाया, जो एक बड़े नेता से अपेक्षा की जाती है। बिहार के संदर्भ में उनके बयान पर तीखी प्रतिक्रिया होती रही है। अभी कोलकाता में जब उन्होंने गुजरात मॉडल को सर्वश्रेष्ठ करार देते हुए पूरे देश और खासकर बिहार के लिए भी उसे उपयोगी करार दिया, तो उप-मुख्यमंत्री सुशील कुमार मोदी ने भी इसे नकार दिया। कुछ समय पहले नरेंद्र मोदी ने प्रहार किया था कि जातिवादी नेताओं ने बिहार को बरबाद कर दिया। इसी तरह एक टी.वी. चैनल के कार्यक्रम में जब उनसे पूछा गया कि गुजरात में शहरी गरीबी बढ़ी है, तो उनका जवाब था कि हम गरीबी आयात करते हैं। यह सभी जानते हैं कि बिहार के लोग बड़ी संख्या में रोजगार के लिए गुजरात जाते हैं। बहरहाल, गठबंधन की राजनीति तालमेल से चलती है। बिहार में गठबंधन दोनों दलों की आवश्यकता है। यही इन्हें जोड़े भी रख रहा है। फिलहाल भाजपा के शीर्षस्थ नेताओं ने उदारता दिखाते हुए विवाद को बढ़ने से रोक लिया है कि किसी भी मसले पर मतभेद का समाधान जदयू के साथ मिल-बैठकर निकाल लेंगे, लेकिन, लगता है पी.एम. पद का उम्मीदवार गले में फँसी हुई हड्डी की तरह है।

(15.04.2013)

❑

आप के प्रति आकर्षण की गहराइयों में झाँकें

इन दिनों बिहार समेत पूरे देश में राजनीति की संस्कृति पर एक तरह से शास्त्रार्थ छिड़ गया है। इस शास्त्रार्थ के केंद्र में आम आदमी पार्टी (आप) की सफलता है। दिल्ली की सफलता ने आप का मनोबल बढ़ाया है। इसका आकर्षण भी काफी बढ़ा है। बिहार में भी इसका सदस्य बनने की होड़ है। इसकी वजह क्या है? आज अगर कोई पूछे कि आप की आर्थिक-सामाजिक विकास, शिक्षा, स्वास्थ्य, कृषि, मानव विकास या विदेश नीति क्या है, या भ्रष्टाचार से लड़ने की उसकी रणनीति क्या है तो इसकी तरफदारी करनेवाला कोई नेता या कार्यकर्ता भी शायद ही कोई साफ तस्वीर पेश कर पाए। लाइव बहस में आप के नेता ऐसे सवालों के तकनीकी चक्रव्यूह में फँसने से बचते हैं। फिर भी यह आकर्षण क्यों?

राजनीतिक दल चुनावों के समय अपनी नीतियों और कार्यक्रमों पर चुनाव घोषणा-पत्र जारी करते रहे हैं। यह परंपरा आजादी के बाद से ही चली आ रही है। वैचारिक प्रतिबद्धता भी चुनावी घोषणा-पत्रों में प्रतिबिंबित होती है। वाम, समाजवादी और उदार या मिश्रित अर्थव्यवस्था की पैरोकार पार्टियों की पहचान इसी से तय होती है, लेकिन इन चुनावी घोषणा-पत्रों को शासन का एजेंडा बनाने की प्रतिबद्धता कितने दलों ने दिखाई। अगर नीतियों और कार्यक्रमों की साख बनी रहती तो समीकरणों और गठबंधनों का फॉर्मूला तलाशने की माथापच्ची नहीं करनी पड़ती। राष्ट्रीय दलों का दायरा इस कदर नहीं सिकुड़ता और क्षेत्रीय जन आकांक्षा का ऐसा उभार सामने नहीं आता। तुलसीदास ने रामायण में लिखा है—समरथ को नहिं दोष गोसाईं। अगर विकास की नीति में यह परिलक्षित नहीं होता तो आज पिछड़े इलाके या जमात में बेचैनी नहीं रहती।

आज बिहार जैसे पिछड़े राज्यों को छोड़ दें तो विकसित राज्यों में मध्य वर्ग का आकार बड़ा है। बिहार में बीपीएल का औसत 55 फीसदी से ज्यादा है। यहाँ मध्यवर्ग का औसत कम है, लेकिन विकसित राज्यों में बीपीएल आबादी कम है। देश में बीपीएल आबादी का औसत 22 फीसदी बताया जा रहा है, जबकि मध्य वर्ग करीब 30 फीसदी है, लेकिन राज्यवार यह औसत और बदल जाता है। दिल्ली समेत अनेक राज्यों में मध्यवर्ग

का आकार बड़ा है। राजनीति की भाषा और नेताओं के आडंबर ने इस वर्ग में नाराजगी बढ़ाई है तो विकास में असंतुलन की नीतियों और सामाजिक विषमता ने पिछड़े इलाके और समाज में क्षेत्रीय उभार पैदा किया। आप हकीकत में मध्यवर्गीय महत्त्वाकांक्षा का उभार है। जहाँ मध्यवर्ग ज्यादा असरदार है, वहाँ इसे पाँव पसारने में आसानी होगी।

बहस में एक खास दल के लोग सवाल भी उठा रहे हैं कि आप में जो लोग शामिल हो रहे हैं, वे एक खास तबके से आते हैं। उनका इशारा टेक्नोक्रेट, ब्यूरोक्रेट और विभिन्न क्षेत्र के बड़े ओहदेवाले नौकरी-पेशा लोगों की तरफ है। हालाँकि इस दल ने ही सबसे पहले नौकरशाहों, टेक्नोक्रेट और विभिन्न क्षेत्र की हस्तियों को राजनीति में लाकर अपनी ब्रांडिंग कराई थी। तब इनका दावा था कि साफ-सुथरी राजनीति के लिए अच्छे लोगों का राजनीति में आना जरूरी है। अब आप की राह पकड़ रहे ऐसे लोगों को खास तबके का बताकर वे क्या साबित करना चाहते हैं। बीते कई दशकों से यह चिंता गहरी होती गई कि राजनीति दबंगों, बाहुबलियों, जातीय क्षत्रपों, मठाधीशों, धनकुबेरों के हाथ गिरवी पड़ गई है। तब यह तर्क सामने आया कि अगर विचार प्रधान पढ़े-लिखे लोग राजनीति में नहीं आएँगे तो यह बेहतर कैसे बनेगी। बिहार इसकी एक मिसाल है—आठ साल पहले जब सत्ता की कमान एक टेक्नोक्रेट सोशलिस्ट नेता के हाथ आई तो तस्वीर बदलनी शुरू हुई। निराशा के बादल छँटे, उम्मीदें जगने लगीं। समावेशी विकास की आवाज बुलंद हाने लगी। आज जब पढ़ा-लिखा तबका राजनीति के अखाड़े में उतर रहा है तो इसे नकारा कैसे जा सकता है?

आप की ताकत आम आदमी जैसी सहजता और सादगी भी है। अरविंद केजरीवाल ने जनता दरबार का आयोजन किया। उसमें उम्मीद से कई गुना अधिक भीड़ उमड़ पड़ी। इस पहलू पर पहले गौर नहीं किया गया और न उस नजरिए से तैयारी की गई। बिहार में जनता के दरबार में मुख्यमंत्री कार्यक्रम बीते आठ सालों से बेहतर तरीके से संचालित हो रहा है। केजरीवाल ने बिना किसी लाग-लपेट के स्वीकार कर लिया कि जनता दरबार के प्रबंधन में गलती हुई। आगे से इसका आयोजन बेहतर तरीके से किया जाएगा। हिंदू रक्षा दलों के आप के दफ्तर पर हमले के बाद भी उनका बयान आम आदमी के डायलॉग जैसा था। जाहिर है, आप की आलोचना करने या इसे मौसमी करार देने से बेहतर है कि उसकी अच्छाइयों से राजनीतिक दल सीख लें। यह तो साफ है कि आप की राह भी आसान नहीं है। खुद के अनेक फैसलों और दावों पर कायम रहना उसके लिए भी आसान नहीं होगा, लेकिन सरकारी कामकाज में पारदर्शिता और सहजता भी आ जाए तो बड़ी कामयाबी होगी। मंत्री, जनप्रतिनिधि, नौकरशाह, दफ्तरों के बाबू और पुलिस अपने-अपने हिस्से की ड्यूटी ईमानदारी से बजाने लगें तो क्या आम आदमी की जिंदगी आसान नहीं हो जाएगी?

(13.01.2014)

❑

दोस्ती और वैचारिक व्रत टूटे राजनीति ने नई परिभाषा गढ़ी

बीते एक सप्ताह में राजनीति ने बिहार के लोगों को बार-बार चौंकने पर मजबूर किया। राजद में टूट और जूट, लोजपा का भाजपा से गठबंधन, कांग्रेस और राजद की दोस्ती में खटास ऐसे तमाम घटनाक्रमों ने राजनीतिक उथल-पुथल पैदा कर दी है। यू.पी.ए. को सबसे बड़ा झटका इस दौर में लगा है। उसके एक दशक पुराने पार्टनर लोजपा सुप्रीमो रामविलास पासवान छलाँग लगाकर एन.डी.ए. में चले गए। उन्हें अपने परिवार और कुनबे की चिंता थी। पार्टी ही नहीं, परिवार में भी बगावत का खतरा था। खुद, बेटा और भाई के लिए तीन सीटें तो चाहिए ही थीं, लंबे समय से सिपहसालार रहे सूरजभान, रामा सिंह, सत्यानंद शर्मा के लिए भी टिकट की दरकार थी। श्री पासवान ने कांग्रेस को मौका दिया। समय-सीमा भी बता दी। कह दिया कि 31 जनवरी तक वह फैसला कर ले, लेकिन कांग्रेस अनिर्णय की स्थिति में रही।

कांग्रेस त्रिकोणीय गठबंधन (राजद, लोजपा, कांग्रेस) का सूत्र सुलझाने में उलझ गई। दोनों सहयोगी दलों की सीटों की शर्त भारी पड़ी। लोजपा के छिटकने के बाद बची राजद से गठबंधन की गुंजाइश। राजद ने कह दिया कि 11 सीट ही छोड़ेंगे। वे सीटें भी ऐसी, जहाँ जीत मुश्किल। राजद की इस जिद में कांग्रेस के दो दिग्गजों की सीटों की कुरबानी की शर्त भी शामिल है। इसमें कांग्रेस के एक ऐसे दिग्गज की सीट भी फँसी है, जो राजद से गठबंधन के सबसे बड़े पैरोकार रहे हैं। दूसरे नेता राजद सुप्रीमो के रडार पर हैं, जिन्होंने कमजोर पड़ने पर पार्टी छोड़ दी थी। लालू प्रसाद ने साफ कर दिया है कि कांग्रेस को अगर 11 सीटें मंजूर है तो ठीक, नहीं तो अब गठबंधन की बारी।

नई परिभाषा गढ़ना सबसे आसान राजनीति में है। पहले भी अनेक राजनेताओं ने इसे बार-बार साबित किया है, इस बार भी। कुछ महीना पहले तक लोजपा सुप्रीमो की चिंता के केंद्र में नरेंद्र मोदी थे और उनके खिलाफ धर्मनिरपेक्ष दलों का गठबंधन वे जरूरी मानते थे। जदयू को यह कहकर सांप्रदायिक करार देते रहे कि वह गोधरा के बाद भी भाजपा

से गठबंधन में बना रहा। करीब महीना भर पहले सुर बदला और उन्होंने साफ किया कि जदयू से कोई शिकायत नहीं है, क्योंकि नरेंद्र मोदी को पी.एम. प्रत्याशी बनाने के विरोध में नीतीश कुमार ने भाजपा से गठबंधन तोड़ दिया। गौरतलब है कि नीतीश कुमार ने करीब डेढ़ साल पहले ही साफ कर दिया था कि पी.एम. पद का प्रत्याशी धर्मनिरपेक्ष छवि का ही स्वीकार होगा। उनका इशारा नरेंद्र मोदी की तरफ ही था। भाजपा से गठबंधन तोड़ने का उनका मकसद साफ था।

लोजपा के कांग्रेस और जदयू से गठबंधन की संभावनाएँ जताई जाने लगीं, लेकिन लोजपा मार्च शुरू होते-होते भाजपा की तरफ मार्च कर गई। अब लोजपा का तर्क है कि नरेंद्र मोदी को कोर्ट ने क्लीन चिट दे दी है। भाजपा से गठबंधन के बाद भी बगावत हुई, लोजपा के एकमात्र विधायक जाकिर हुसैन ने जदयू का दामन थाम लिया, अन्य कई नेताओं ने भी पार्टी छोड़ी। भाजपा के कई कद्दावर नेता लोजपा से गठबंधन के खिलाफ थे। इनमें डॉ. सी.पी. ठाकुर, अश्विनी कुमार चौबे, गिरिराज सिंह आदि ने अपना विरोध सार्वजनिक भी कर दिया, लेकिन उनकी आवाज दब गई। इनका दावा था कि नरेंद्र मोदी की आँधी चल रही है। ऐसे में मोदी को सांप्रदायिक कहनेवालों से गठबंधन ठीक नहीं है।

राजद सुप्रीमो दिल्ली में लोकसभा चुनाव के गठबंधन का गणित सुलझाने में व्यस्त रहे और इधर पटना में पार्टी में महाभारत का चक्रव्यूह रचा जा था। पार्टी के कई नेता ऐसे हैं, जिन्होंने ठान लिया कि उन्हें लोकसभा का चुनाव लड़ना ही है। उन्हें कहीं से यह भरोसा नहीं था कि सामान्य स्थिति में उनकी बात गंभीरता से सुनी जाएगी। महाभारत इसलिए भी जरूरी था। तैयारी 15 की थी, यानी दो तिहाई। 13 के हस्ताक्षर हो गए। इस बीच पार्टी नेतृत्व को भनक लगी। डैमेज कंट्रोल शुरू हुआ। महाभारत के अर्जुन को अपना निशाना सधता नजर आया। उधर बात बनती नजर आई तो महाभारत को नतीजा आने तक टालने की कवायद शुरू हुई। कुछ ऐसे भी थे, जिनके सामने सवाल था कि उन्हें क्या मिलेगा? सो 13 पर ही भंडुल कर दिया। ऐसे में 9 को वापस लाने की भूमिका अहम थी। अर्जुन वही, जो निशाना साध ले। राजद के वापस लौटे विधायकों का यह तर्क खुद कई सवाल खड़े करता है कि धोखे में उनसे हस्ताक्षर कराए गए। कांग्रेस से रिश्ते में खटास का ओर-छोर पार्टी में महाभारत से भी जुड़ा है। बहरहाल, इस बार क्षत्रपों को भी सबक सिखाने में सहयोगियों का दाँव या दबाव कामयाब रहा। लोजपा को धारा बदलने और राजद को सीटों पर अड़ने के लिए बाध्य होना पड़ा है। इस तरह दोस्ती ही नहीं, वैचारिक व्रत भी टूट रहे हैं, यह भी चौंकाने वाली बात है।

(03.03.2014)

❑

जनहित के मुद्दों पर मंथन ज्यादा जरूरी

जनतंत्र के महापर्व का शंखनाद हो चुका है। पाँच साल बाद सत्ता फिर मतदाताओं के हाथ आई है। किसे सौंपना है, यह फैसला सुनाने की तारीखें मुकर्रर हो चुकी हैं। मतदान से पहले का समय जनअदालत में सुनवाई का है। मुद्दों पर शास्त्रार्थ छिड़ गया है। सभी पक्ष अपनी-अपनी दलीलें पेश कर रहे हैं। वार-पलटवार के रोचक दौर से हम गुजर रहे हैं। तेवर आक्रमक होते नजर आ रहे हैं। खुद को बीस साबित करने के हर हथकंडे सभी दल आजमा रहे हैं, लेकिन राजनीतिक अखाड़े की यह कोई आदर्श स्थिति नहीं है।

कमर से नीचे वार करने पर महाभारत में भी मनाही थी। भीष्म पितामह पर छल से कमर के नीचे हुए प्रहार को आज भी लोग आदर्श नहीं मानते। रामायण काल के राम-रावण युद्ध में विभीषण का अहम रोल रहा। उसने लंका जलाने की तरकीब सुझाकर राक्षसों से संतों को निजात दिलाने में राम की मदद की, लेकिन उसके छल को आज तक सामाजिक मान्यता नहीं मिली। किसी ने रामायण काल के बाद शायद ही अपने बच्चे का नाम विभीषण रखा, यानी धर्म युद्धों में सामाजिक हितों के लिए किए गए छल और प्रपंचों को भी नैतिकता का आवरण और सामाजिक मान्यता नहीं मिल पाई। ऐसे में आज के सत्ता संघर्ष में सबकुछ जायज कैसे हो सकता है ? लेकिन हमारी राजनीति बार-बार यही साबित करने का कुचक्र रचती है। ऐसे में मतदाताओं की जवाबदेही भी कमतर नहीं हैं। किसी भ्रम, महिमा, गलतफहमी, छल-प्रपंच, पूर्वग्रह, प्रलोभन या उत्तेजना में आकर लिये गए फैसले की कीमत हमें पाँच साल तक चुकानी है, यह कतई नहीं भूलना चाहिए। जनतंत्र में सरकार जनता की, जनता के लिए और जनता द्वारा चुनी होती है। ऐसे में मताधिकार का उपयोग नहीं करना भी एक तरह का नैतिक अपराध है।

बाकी चुनावों से यह थोड़ा अलग चुनाव है। कांग्रेस के अखंड राज का दौर लदा, लेकिन केंद्र में उसकी जगह किसी ने नहीं ली। अयोध्या आंदोलन से भाजपा का ग्राफ बढ़ा, लेकिन अपने बूते केंद्र में सरकार बनाने की ताकत उसकी नहीं बन पाई। एन.डी.ए. का

गठन भाजपा नेतृत्व की दूरदर्शिता थी। उसने अपने विवादित एजेंडों को किनारे किया, तब समाजवादी दलों को वह जोड़ पाया। केंद्र की सत्ता में भाजपा को एन.डी.ए. ने ही काबिज कराया। 2004 में फील गुड के कारण कई साथी एन.डी.ए. से दूर हो गए। कांग्रेस अध्यक्ष सोनिया गांधी ने 2004 के चुनावों से पहले ही गठबंधन की अहमियत को स्वीकार करते हुए यू.पी.ए. के गठन की पहल की। वे एन.डी.ए. के कई साथियों को तोड़कर यू.पी.ए. में शामिल कराने में कामयाब रहीं। इसी का नतीजा था कि कांग्रेस की सत्ता में वापसी हुई, लेकिन 2014 के चुनाव की तस्वीर जुदा है। एन.डी.ए. और यू.पी.ए. दोनों के वैसे अनेक साथी आज उनसे दूर हैं, जो पैदाइशी थे। यू.पी.ए. को टी.एम.सी. और लोजपा जैसे साथियों का अभाव खल रहा होगा तो एन.डी.ए. को बिहार में जदयू, ओडिशा में बीजद, पश्चिम बंगाल में टी.एम.सी., उत्तर प्रदेश में बसपा और हरियाणा में आईएनएलडी की कमी खल रही होगी। बड़बोलापन अलग बात है, लेकिन जमीनी सच कुछ और। इस आईने में इतना तो साफ है कि अग्निपरीक्षा कांग्रेस और भाजपा की ही होनी है।

इस बार के लोकसभा चुनावों से पहले के एक साल में कई ऐसे बड़े सवाल राष्ट्रीय क्षितिज पर आकार ले चुके हैं, जो न केवल पिछड़े राज्यों की सेहत से जुड़े हैं, बल्कि देश हित में भी हैं। राज्यों का पिछड़ापन आँकने के लिए रघुराम राजन कमेटी का गठन शौकिया या अनायास नहीं था, बल्कि यह बिहार से उठी पिछड़े राज्यों के हक की लड़ाई के दबाव का नतीजा था। राजन कमेटी की रिपोर्ट पर जिन कारणों से भी फैसला टला, लेकिन अब समावेशी विकास बड़ा मुद्दा बन चुका है। कांग्रेस को इस सवाल पर स्थिति साफ करनी होगी कि जब उसने समावेशी विकास की अवधारणा को स्वीकार कर लिया तो इस रास्ते पर वह उसी गति से आगे क्यों नहीं बढ़ पाई? बिहार जैसे पिछड़े राज्यों का अनुभव दक्षिण और पश्चिम के विकसित प्रदेशों के केंद्रीय मंत्रियों और नेतृत्व को लेकर भी अच्छा नहीं रहा है। 1960 के दशक में कांग्रेसी केंद्र सरकार के मंत्री टी. कृष्णमचारी का भाड़ा समानीकरण और बीते दशक में कार्यकाल में यू.पी.ए. सरकार की गन्ना से सिर्फ एथनॉल तैयार नहीं करने की शर्त और मक्का निर्यात के मौसम के चयन ने पिछड़े राज्यों के किसानों को नुकसान पहुँचाया। पूर्वी राज्यों में दूसरी हरित क्रांति का आगाज भी छोटे बजट के कारण नहीं हो सका। ऐसे में पश्चिमी प्रदेश गुजरात से आनेवाले नरेंद्र मोदी पिछड़े राज्यों के साथ इंसाफ कैसे करेंगे, इस सवाल पर भरोसा दिलाना भाजपा की भी चुनौती होगी। बहरहाल, यह चुनाव मुद्दों पर केंद्रित रहे और उसी पर मंथन से अमृत हासिल करने की तमन्ना वोटरों की रहे तो चुनाव बाद की तस्वीर उनके हित में होगी।

(10.03.2014)

❑

चिंता कल की करें या आनेवाले कल की?

होली के बाद लोकतंत्र के महापर्व का रंग चढ़ने लगा है। शहर के नुक्कड़ों से लेकर गाँवों की चौपालों तक चुनावी शास्त्रार्थ छिड़ चुके हैं। आम आदमी भी राजनीति की कितनी गहरी समझ रखता है, इसका एहसास इस शास्त्रार्थ से होता है। प्रतीकों, संकेतों, मुहावरों, लोकोक्तियों और तुकबंदियों के सहारे राजनीतिक परिदृश्य पर इतनी गहरी और सटीक टिप्पणी तो संभवत: बिना सोचे-समझे राजनीतिक विश्लेषकों के दिमाग में भी शायद ही उपजे। नेताओं को भले ही लगता है कि वे दाँव-पेंच से राजनीतिक परिदृश्य बदलने की कूवत रखते हैं और पाला बदल से चोला बदल तक उनका विशेषाधिकार है, लेकिन सच इतना सहज नहीं है। आम आदमी की डिक्शनरी में ऐसे करतबों के लिए ढेर सारी उपमाएँ और प्रतीकात्मक तमगे हैं। कथनी और करनी के फर्क को भला उससे बेहतर कौन जान सकता है। सिक्के का दूसरा पहलू है—राजनीतिक रंगमंच। इस मंच की मान्यता है कि अभिनय और अदाओं के जादू से मैदान लूटा जाता है। भ्रमजाल से शब्दजाल तक लोगों को मोहित करने के शस्त्र हैं, लेकिन क्या ये वाकई सही हैं?

इस चुनाव के मुद्दे क्या हैं, वायदों पर भरोसे का आधार क्या हो? अगर महँगाई, भ्रष्टाचार, गरीबी, अशिक्षा या सामाजिक, आर्थिक या क्षेत्रीय विषमता इस चुनाव के मुद्दे हैं तो पिछले चुनावों में इससे इतर क्या मुद्दे थे, क्या देश ठहर गया है, क्या देश की दिशा पर चुनाव हो या नई दिशा पर, अगर दिशा गलत है तो नई दिशा क्या होगी, शास्त्रार्थ बीते हुए कल पर हो या आनेवाले कल के लिए हो, सिर्फ आईना दिखाने की कसरत हो या कल का एजेंडा सामने लाने की? इससे कौन इनकार कर सकता है कि हिंदुस्तान ने आजादी के छह-सात दशकों में तरक्की की मिसाल कायम की है। हमने अनेक क्षेत्रों में तरक्की के आसमान छू लिये हैं, लेकिन उस तरक्की गाथा के नीचे बिहार और इसके समान तमाम राज्य हैं, जो क्षेत्रीय विषमता के शिकार हुए। इस देश में आज तक जितने भी प्रधानमंत्री हुए, सबने अपने-अपने काल में अपनी सोच के आधार पर एजेंडा तय किया। कामयाबी का औसत कम-ज्यादा हो सकता है।

पं. जवाहर लाल नेहरू, लालबहादुर शास्त्री, इंदिरा गांधी, मोरारजी भाई देसाई,

राजीव गांधी, वी.पी. सिंह, नरसिंह राव, अटल बिहारी वाजपेयी और डॉ. मनमोहन सिंह, सबने अपने-अपने समय में कुछ नया भी किया। पं. नेहरू अगर सार्वजनिक क्षेत्र में ऐसे उद्योगों के पक्षधर रहे, जो उद्योगों का जन्म दें, तो शास्त्रीजी ने जय जवान-जय किसान के नारे से उत्पादन से सुरक्षा तक को अहमियत दी। इंदिरा गांधी ने अनेक साहसी फैसले लिये, मसलन बैंकों का राष्ट्रीयकरण, भूमि हदबंदी, जमींदारी प्रथा का खात्मा जैसे उनके अनेक फैसले इस श्रेणी में आते हैं। सत्ता के विकेंद्रीकरण के लिए पंचायती राज व्यवस्था और संचार क्रांति राजीव गांधी की देन है तो मंडल आयोग की सिफारिशें लागू करने का साहसी फैसला वी.पी. सिंह के खाते में है। पी.वी. नरसिंह राव के कार्यकाल में जिन आर्थिक सुधारों की बुनियाद डॉ. मनमोहन सिंह ने रखी, उसे उन्होंने अपने कार्यकाल में आगे बढ़ाया। आज हिंदुस्तान आर्थिक ताकत बनने की तरफ अग्रसर है तो इसका श्रेय इसी आर्थिक नीति को जाता है। अटल बिहारी वाजपेयी ने मनमोहन की आर्थिक नीति को और बेहतर किया तो चतुर्भुज देश व्यापी सड़क योजना उनकी देन है।

अब सवाल है कि सबने बेहतर और कुछ नया करने की पहल की, फिर भी देश में आज भी आर्थिक, सामाजिक और क्षेत्रीय विषमता क्यों? अगर उन राज्यों पर नजर डालें, जो विकसित होने का दावा करते हैं तो वहाँ भी सामाजिक तस्वीर जुदा नजर नहीं आती है। खाद्य सुरक्षा कानून के तहत राज्यों को गरीबी के आधार पर अनाज का आवंटन होना है। विकसित राज्य महाराष्ट्र की आबादी 11 करोड़ 24 लाख है। इसमें 7 करोड़ आबादी को खाद्य सुरक्षा की दरकार है, यानी 63 फीसदी आबादी गरीब है। इसी तरह आंध्र प्रदेश की साढ़े आठ करोड़ आबादी में चाढ़े चार करोड़ से ज्यादा को, गुजरात की 6 करोड़ की आबादी में 3 करोड़ 82 लाख को, कर्नाटक की 6 करोड़ 11 लाख आबादी में 4 करोड़ को, पंजाब की 2.77 करोड़ आबादी में 1 करोड़ 41 लाख को और तमिलनाडु की 7 करोड़ 21 लाख की आबादी में 3 करोड़ 64 लाख को खाद्य सुरक्षा चाहिए। इस हालात के निहितार्थ क्या हैं; यही कि आधारभूत संरचना और औद्योगिक विकसित प्रदेशों में भी सामाजिक विषमता की जड़ें गहरी हैं। ऐसे में क्या यह नहीं लगता कि कहीं-न-कहीं देश को समग्रता में देखने और महसूस करने में चूक होती रही है। विकास के अवसर पैदा करने में भी भेदभाव होता रहा है। चुनाव में जज्बाती वार और पलटवार का निहितार्थ क्या जमीनी मुद्दों से भटकाना नहीं है, ऐसे में इस बार के चुनावी शास्त्रार्थ को क्या समग्रता में विषमता की चिंता पर केंद्रित नहीं होना चाहिए? बहरहाल, मतदाताओं को न केवल अपने मताधिकार के प्रति सचेत होने की जरूरत है, बल्कि चुनाव से पहले ही उनके लिए यह जानना भी जरूरी है कि हिंदुस्तान की तस्वीर बदलने का एजेंडा किसका क्या है और वह वास्तव में कितना व्यावहारिक है?

(24.03.2014)

❑

दल-बदल की आँधी भी कोई वन वे ट्रैफिक नहीं

स्व. इंदिरा गांधी ने 1969 में राष्ट्रपति के चुनाव में अंतरात्मा की आवाज पर वोट करने का आह्वान किया था। कांग्रेस ने नीलम संजीव रेड्डी को राष्ट्रपति पद का उम्मीदवार बनाया था। रेड्डी उन्हें पसंद नहीं थे। वे वी.वी. गिरी को राष्ट्रपति देखना चाहती थीं। तब इंदिरा गांधी की आलोचना हुई थी। राष्ट्रपति पद के लिए हुए चुनावों के भारतीय इतिहास में पहली बार इतना करीब का मुकाबला हुआ। श्री गिरी यह चुनाव जीत गए थे। इंदिरा गांधी की भद्द पिटती अगर गिरी चुनाव हार जाते। इंदिरा गांधी ने पार्टी के अंदर दिग्गजों के सिंडिकेट के वर्चस्व को तोड़ने और अपनी जगह बनाने की रणनीति के तहत यह कदम उठाया था। वे कामयाब रहीं। इस देश में कामयाबी के गुण–दोषों की विवेचना नहीं होती। कामयाबी को स्वीकार कर लिया जाता है। इस बार कांग्रेस और भाजपा दोनों में पुराने सिंडिकेट को नए नेतृत्व की चुनौती मिल रही है।

यह लोकसभा चुनाव कई अर्थों में निर्णायक होगा। तोड़–जोड़ और तोड़–मरोड़ का जैसा चेहरा इस बार आकार ले रहा है, उसकी जड़ में एक बड़ा कारण यह भी है। राजद, लोजपा और वाम दलों के लिए यह चुनाव सबसे अहम है। इन दलों के ज्यादातर शीर्षस्थ नेताओं के चेहरे साठ के पार हैं। दूसरी–तीसरी पंक्ति के नेताओं का उदय राष्ट्रीय या क्षेत्रीय फलक पर हुआ नहीं या होने नहीं दिया गया, ऐसे में जिसका मोहरा इस बार पिटा, उसके सँभलने के अवसर कमतर हो जाएँगे। पश्चिम बंगाल में साढ़े तीन दशक पुराना वाम किला अगर रेत की दीवार की तरह ढह गया तो इसके पीछे नेतृत्व के मोर्चे पर पीढ़ियों का गैप बड़ा कारण था। बिहार में राजद और लोजपा लोकसभा का एक और विधानसभा के दो चुनाव लगातार हार चुके हैं। अब तक अगली पीढ़ी इन दलों की स्थापित नहीं हो पाई है। राजद और लोजपा सुप्रीमो ने अपनी विरासत अगली पीढ़ी को सौंपने की पहल इस चुनाव में की है। लालू प्रसाद की बेटी मीसा भारती पाटलिपुत्र सीट से चुनाव लड़ रही हैं तो दोनों पुत्र चुनाव प्रचार में सक्रिय हैं। वहीं रामविलास पासवान के पुत्र चिराग पासवान जमुई से

प्रत्याशी हैं। पुत्र मोह में श्री पासवान ने नरेंद्र मोदी को पी.एम. प्रत्याशी कबूल कर कांग्रेस से नाता तक तोड़ लिया। अब अपने फैसले का औचित्य भी उन्हें साबित करना है। इस लिहाज से राजद और लोजपा का भविष्य भी यह चुनाव तय करेगा।

भाजपा की भी इस चुनाव में अग्निपरीक्षा है। एन.डी.ए. के तमाम पुराने पार्टनर उससे अलग हो चुके हैं। बिहार में नीतीश कुमार को सामने रखकर भाजपा चुनावी मोर्चा फतह करती रही है। बीते चुनावों तक नरेंद्र मोदी को बिहार में चुनाव प्रचार की इजाजत तक नहीं दी गई। इस बार नीतीश कुमार और भाजपा आमने-सामने हैं। अब भाजपा मोदीमय हो चुकी है। नरेंद्र मोदी के कंधे पर सवार होकर चुनावी वैतरणी पार करने की रणनीति है। इस लड़ाई में जिस तरह भाजपा ने असाधारण ताकत झोंकी है, वह काबिले गौर है। ऐसे में अगर मोदी पिटे तो आनेवाले चुनावों में भाजपा के सामने चेहरे की चुनौती होगी। यहाँ भी नई पीढ़ी के उदय का संकट है। अटल बिहारी वाजपेयी के दौर के नेताओं ने खुद को किनारे कर लिया है या किनारे कर दिए गए हैं। बड़ी संख्या में दूसरे दलों से नेताओं का आयात कर उन्हें प्रत्याशी बनाया गया है। इससे नाराज अनेक नेताओं ने पार्टी भी छोड़ दी है। अंतरात्मा की आवाज वहाँ भी मुखर हो रही है। ट्रेन बदलने तक ही इसका असर रहे तो ठीक, वी.वी. गिरी के चुनाव जैसा असर किया तो परेशानी और बढ़ सकती है। इस चुनाव से नीतीश कुमार को प्रत्यक्ष कोई नुकसान नहीं होगा, लेकिन कमजोर पड़े तो अप्रत्यक्ष गहरे जख्म हो सकते हैं। वे कह भी रहे हैं कि अगर इस चुनाव में दिल्ली में कमजोर हुए तो बिहार में उनकी सरकार की राह में काँटे बोए जाएँगे। नीतीश कुमार के लिए ज्यादा सीटें जीतना इसलिए भी जरूरी है, क्योंकि विशेष राज्य के दर्जे की लड़ाई को वे मंजिल तक तभी पहुँचा पाएँगे, जब दिल्ली में उनकी मजबूत स्थिति रहेगी। इसके मद्देनजर यह चुनाव उनके लिए भी बड़ी चुनौती है।

बहरहाल, लोकसभा चुनाव में दलबदल की आँधी या महत्त्वाकांक्षा का उभार कोई वन वे ट्रैफिक नहीं है। ऐसा नहीं है कि लोग-बाग टिकट नहीं मिलने के कारण ही दूसरी ट्रेन पकड़ रहे हैं। हो तो यह भी रहा है कि खास रणनीति के तहत एक-दूसरे को पटखनी देने या संदेशों के मोर्चे पर बीस बने रहने के लिए भी प्यादे की तलाश हो रही है। प्रतिद्वंदी दलों के नाराज नेताओं की नब्ज भी टटोली जा रही है। उन्हें प्यादे के बतौर इस्तेमाल भी किया जा रहा है। अब सवाल उठता है कि महत्त्वाकांक्षा के उभार की आँधी में जो लोग बह रहे हैं या जिन्हें अंतरात्मा की आवाज ने झकझोरा है, उनका क्या होगा? ऐसे में उनकी भी अग्निपरीक्षा होगी। अगर वे कामयाब रहे तो फिर बल्ले-बल्ले और अगर पिटे तो उन पर आगे कोई शायद ही दाँव भी लगाने की सोचे।

(02.04.2014)

❑

बिहार की दुःखती रगों पर ही गडकरी ने हाथ रखा!

जिस पेड़ में ज्यादा फल आता है, वह झुक जाता है, ऐसा नहीं होने पर टूट जाता है। फल उसी पेड़ का पकता है, जो झुककर भी प्रकृति के वरदान को सँभालकर रख पाता है। निहितार्थ यह कि अगर अच्छे के संकेत हों तो मुकाम हासिल करने के लिए विनम्र बनना ज्यादा जरूरी हो जाता है। इस बार के लोकसभा चुनावों में भाजपा को अगर अच्छे प्रदर्शन की उम्मीद है तो उसके नेताओं को भी संयम दिखाना चाहिए। नितिन गडकरी भाजपा के राष्ट्रीय अध्यक्ष रहे हैं। उस नाते वे पहले भी बिहार का दौरा करते रहे हैं। ऐसे में बिहार के संदर्भ में उनके द्वारा कही गई बातों को जुबान का फिसलना नहीं कहा जा सकता है। कह सकते हैं कि या तो उनकी धारणा बिहार के बारे में ऐसी ही है या उन्होंने खास रणनीति के तहत ऐसा कुछ कहा। नरेंद्र मोदी से जोड़कर जातीय राजनीति के संदर्भ में पूछे गए एक सवाल पर गडकरी ने पहले कहा कि बिहार के डीएनए में ही जातिवाद है। उनके जवाब को दोहराकर जब पूरक सवाल किया गया तो उन्होंने इसमें थोड़ा संशोधन किया और कहा कि बिहार की राजनीति के डीएनए में जातिवाद है। दोनों बयानों में कोई बुनियादी अंतर नहीं है। राजनीति भी समाज का ही आईना होती है।

उधर, पूर्व मंत्री गिरिराज सिंह ने अपना बयान दोहराया कि जो नरेंद्र मोदी का विरोध कर रहे हैं, उनके लिए इस देश में कोई जगह नहीं है। उन्हें पाकिस्तान चले जाना चाहिए। ऐसा बयान लोकतांत्रिक व्यवस्था के अनुकूल नहीं है। लोकतंत्र में विरोध और आलोचना दोनों का सम्मान किया जाता है। उनके इस बयान का निहितार्थ क्या है, किस रणनीति के तहत वे ऐसा कह रहे हैं और भाजपा उनके इस बयान पर खामोश क्यों है, ऐसे तमाम सवाल आज मौजूँ हैं। गौरतलब है कि तमाम दल मुद्दों पर चुनाव लड़ने के दावे करते हैं। मुद्दे वे गिनाते भी हैं। भाजपा भी मुद्दों पर चुनाव लड़ने का दावा कर रही है। अनेक राष्ट्रीय और क्षेत्रीय मुद्दे उसने उठाए हैं, लेकिन मुद्दों पर शास्त्रार्थ से चुनावी वैतरणी

पार करने का भरोसा उसे अगर होता तो शायद इस तरह के बयानों की आवश्यकता नहीं पड़ती। कांग्रेस-राजद गठबंधन या बिहार की जदयू सरकार के खिलाफ लहर की बात सच थी तो मजबूत विकल्प होने का भरोसा भाजपा को खुद पर क्यों नहीं रहा? उसे क्यों गठबंधन की जरूरत पड़ी? बिहार में भाजपा को लोजपा और रालोसपा से गठबंधन की आवश्यकता चुनावी गणित की गुत्थियाँ सुलझाने के लिए ही पड़ी। भाजपा के उम्मीदवारों में लोजपा सुप्रीमो रामविलास पासवान की सर्वाधिक माँग के केंद्र में भी यही गुत्थी है।

गडकरी ने जब कहा कि बिहार के डीएनए में ही जातिवाद है तो उन्होंने बिहार भाजपा या इसके नेताओं को इससे अलग नहीं रखा। अपने संशोधित बयान में कि बिहार की राजनीति के डीएनए में जातिवाद है, उसमें भी उन्होंने भाजपा को अलग नहीं किया। भाजपा के नेताओं ने भी गडकरी के बयान को खारिज नहीं किया है। इसके निहितार्थ भी बहुत साफ हैं। बिहार के चुनावी दंगल में वोटरों की गोलबंदी के लिए जाति को आधार बनाया जा रहा है, इसमें किसे शक है, गडकरी ने तो सिर्फ आईना दिखाया है। यह आईना उन सबके लिए है, जो जातीय गोलबंदी के आधार पर वोट हासिल करने की तमन्ना रखते हैं, और अगर चुनावों में जातीय या सांप्रदायिक गोलबंदी की पहल राजनीतिक दलों की ओर से होती है तो यह कहना भी कहाँ गलत है कि बिहार की राजनीति के डीएनए में जातिवाद है? गडकरी की आलोचना करने से कुछ नहीं होगा। बिहार को अगर इस कलंक से उबरना है, तो चुनाव में इसका जवाब देना होगा। वोट करने से पहले राजनीतिक दलों और उम्मीदवारों के चरित्र पर मंथन जरूरी है।

एक सवाल और, बिहार में इस बार मुद्दे क्या हैं या क्या-क्या हो सकते हैं, अगर राष्ट्रीय मुद्दों पर यह चुनाव हो रहा है तो गडकरी को ऐसा तर्क क्यों देना पड़ा, नरेंद्र मोदी को बिहार में अति पिछड़ा या चायवाले का बेटा प्रचारित करने के पीछे का निहितार्थ क्या है? इस सवाल का माकूल जवाब देने की बजाय उन्हें बिहार के सामाजिक या राजनीतिक चरित्र पर सवाल क्यों खड़ा करना पड़ा, उन्होंने भाजपा का बचाव किया या बिहार की दुःखती रगों पर हाथ रखा? भाजपा ने नरेंद्र मोदी को गुजरात में किए काम के आधार पर अपना हीरो माना है। उन्हें पी.एम. प्रत्याशी घोषित कर अमेरिकी राष्ट्रपति की तर्ज पर वह लोकसभा चुनाव लड़ रही है। किसी अन्य पार्टी का पी.एम. प्रत्याशी घोषित नहीं है। ऐसे में बिहार में उसे ऐसे नाजुक तारों को छेड़ने की जरूरत क्यों पड़ रही है? बिहार में चुनावी शास्त्रार्थ को काम के आधार पर केंद्रित न होने देने की रणनीति तो एन.डी.ए. और यू.पी.ए. दोनों की है। ऐसे में बचता क्या है, या तो चुनावी शास्त्रार्थ राष्ट्रीय मुद्दे पर केंद्रित हों या फिर जातीय जुगलबंदी पर? जिसे जो रास आए, उसे वह गले लगाए।

(21.04.2014)

❑

घोषणा-पत्र पर जवाबदेही से क्यों मुकर रही हैं पार्टियाँ?

चुनाव घोषणा-पत्रों को लेकर राजनीतिक दल पहले से ज्यादा गंभीर हुए हैं या उनकी नजर में इसकी अहमियत महज परंपरा का निर्वाह भर है? यह एक अहम सवाल है। 7 अप्रैल को असम और त्रिपुरा में लोकसभा के पहले चरण का मतदान होना है, जबकि 6 अप्रैल तक भाजपा, राजद, लोजपा और सी.पी.आई. का घोषणा-पत्र जारी नहीं हो सका है। भाजपा ने 7 अप्रैल को घोषणा-पत्र जारी करने का ऐलान कर रखा है, लेकिन चुनाव आयोग का तर्क है कि मतदान के 48 घंटे के अंदर प्रचार-प्रसार की कोई छपी सामग्री या वीडियो कैसेट जारी नहीं किए जा सकते हैं। इसलिए भाजपा अपना घोषणा-पत्र भी जारी नहीं कर सकेगी। हालाँकि चुनाव आयोग के इस तर्क को भाजपा नेता सुशील कुमार मोदी ने खारिज कर दिया है और उनका दावा है कि घोषणा-पत्र जारी करना राजनीतिक दलों का विशेषाधिकार है और चुनाव आयोग इससे किसी दल को रोक नहीं सकता है। उन्होंने तो ऐलान भी कर दिया है कि उनकी पार्टी 7 को ही घोषणा-पत्र जारी करेगी। अब देखना है कि अगर भाजपा ऐसा करती है तो चुनाव आयोग का अगला कदम क्या होगा।

सबसे अहम सवाल है कि भाजपा खुद को सबसे संगठित और अनुशासित पार्टी होने का दावा करती है। सिद्धांतों को लेकर उसके अंदर कोई विरोधाभास नहीं है। यह अकेली ऐसी पार्टी है, जो चुनाव कार्यक्रमों की घोषणा से करीब सात महीना पहले ही, यानी 14 सितंबर, 2013 को ही प्रधानमंत्री पद का उम्मीदवार घोषित कर चुकी है। वह मोदी लहर का दावा भी कर रही है। ऐसे में घोषणा-पत्र जारी करने में उसके पिछड़ने का कोई तर्क गले नहीं उतरता। अगर चुनाव आयोग ने कड़ा तेवर अपनाया और इस कारण भाजपा को चुनाव घोषणा-पत्र जारी करने की तारीख आगे टालनी पड़ी तो पहले और दूसरे चरण के मतदान में वह बिना घोषणा-पत्र की पार्टी रहेगी। अगर वह 7 को घोषणा-पत्र जारी भी कर देती है तो भी कम-से-कम पहले चरण में असम और त्रिपुरा में इसकी सार्थकता नहीं रहेगी। इसके

अलावा विवाद पैदा होगा, सो अलग।

खबर है कि घोषणा-पत्र जारी करने में इसलिए देर हुई कि पहले इसके प्रारूप में विवादित मुद्दे भी शामिल कर लिये गए थे, जिसे हटाने का निर्णय लिया गया। इसके भी दो निहितार्थ हैं, पहला क्या भाजपा पूर्व के स्टैंड से पीछे हट रही है और उसकी नीतियों में बदलाव आ रहा है या विवादित मुद्दों को चुनाव में उछालने से परहेज कर रही है? अगर इनमें से दोनों अटकलें निराधार हैं और पार्टी का नया स्टैंड और नीतियाँ बिल्कुल साफ हैं तो इतनी सधी टीम वाली इस पार्टी में आखिर चूक कहाँ और कैसे हुई? वैसे काबिले गौर है कि एक तरफ विवादित मुद्दों को चुनाव घोषणा-पत्र से हटाने की खबर आ रही है तो दूसरी तरफ पार्टी के राष्ट्रीय उपाध्यक्ष डॉ. सी.पी. ठाकुर का दावा है कि भाजपा अयोध्या मसले को भूली नहीं है।

वैसे पहले चरण के मतदान से पहले सिर्फ भाजपा ही नहीं, बल्कि काडर पार्टी सी.पी.आई. और सी.पी.एम. के अलावा राजद और लोजपा भी अपना घोषणा-पत्र जारी नहीं कर सकी है। लोजपा अध्यक्ष रामविलास पासवान का तर्क है कि उनकी पार्टी प्रत्येक संसदीय क्षेत्र के लिए अलग-अलग घोषणा-पत्र जारी कर रही है। एन.डी.ए. का एक घोषणा-पत्र सामूहिक जारी होगा। ऐसी परिस्थिति में चुनावी घोषणा-पत्र के प्रति राजनीतिक दलों को गंभीर माना जाए या उदासीन? खासकर तब, जब तमाम तरह की नीतियों और कार्यप्रणाली पर सवाल उठाए जा रहे हैं तो ऐसे में खुद की नीतियों और कार्यक्रमों को सार्वजनिक नहीं करने का निहितार्थ क्या हो सकता है? इस निहितार्थ का एक पहलू यह भी है कि काफी समय पहले बन चुकी इस धारणा कि राजनीतिक दलों के लिए घोषणा-पत्र जारी करना महज एक रस्मी प्रक्रिया है और उनके कामकाज और नीतियों से इनका कोई वास्तविक सरोकार नहीं रह गया है, को तोड़ने की ठोस पहल इस चुनाव में भी नहीं हुई, जबकि इस चुनाव को असाधारण भी करार दिया जा रहा है। वैसे चुनाव आयोग ने उम्मीद जगाई है। उसने घोषणा-पत्र को व्यावहारिक बनाने का दबाव राजनीतिक दलों पर बनाया है। इसे सकारात्मक पहल के बतौर स्वीकार किया जाना चाहिए। घोषणा-पत्र न केवल समय पर जारी हों, बल्कि राजनीतिक दल इसके प्रति जवाबदेह बनें, चुनाव आयोग को इसके लिए गंभीर पहल करनी चाहिए और मतदाताओं को भी इस पहल में साथ खड़ा होना चाहिए। लोकतंत्र की सेहत के लिए यह अच्छा होगा।

(07.04.2014)

❑

गाँवों में ज्यादा दिख रहा वोट का जज्बा

तीसरे चरण में भी मतदाताओं ने उत्साह दिखाया। तपती धूप में वह घरों से निकलकर बूथों पर पहुँचे, कतार में लगे और मतदान किया। 2009 की तुलना में इस बार राज्य के सभी लोकसभा क्षेत्रों में मतदान का औसत 8 से 13 फीसदी तक ज्यादा रहा, लेकिन अब तक तीन चरणों में हुए 20 सीटों के मतदान में यह बात समान रूप से सामने आई कि पुरुषों की तुलना में महिलाओं में मतदान का उत्साह ज्यादा है। इसी तरह शहरी क्षेत्रों से ज्यादा उत्साह ग्रामीण क्षेत्र के मतदाता दिखा रहे हैं। ऐसा क्यों? शहरी लोगों के बारे में धारणा रही है कि वे देश-प्रदेश के हालात के बारे में ज्यादा जागरूक होते हैं और शिक्षित लोगों का औसत भी वहाँ ज्यादा होता है। चुनावी सभाएँ भी शहरों में ही ज्यादा होती हैं। इसलिए उम्मीद तो शहरी लोागों से मतदान में ज्यादा बढ़-चढ़कर हिस्सा लेने की रहती है, लेकिन हकीकत इसके प्रतिकूल है।

तीसरे चरण में भागलपुर और पूर्णिया अपेक्षाकृत दो बड़े शहरी इलाके थे, लेकिन किशनगंज, कटिहार और सुपौल में मतदान का औसत इनसे बेहतर रहा। इतना ही नहीं, नक्सल प्रभावित बांका संसदीय क्षेत्र के मतदाताओं ने इस अर्थ में मिसाल कायम की। वहाँ 2009 की तुलना में दस फीसदी से ज्यादा मतदान हुआ। हालाँकि मतदान का औसत इस बार 2009 की तुलना में हर क्षेत्र में बढ़ा है, यह भारतीय लोकतंत्र की मजबूती के लिए बेहद सकारात्मक पक्ष है, पर यह अफसोस भी लाजिमी ही है कि एक तो आज भी नौकरी-पेशा तबके में मतदान के प्रति गंभीरता अपेक्षा के अनुरूप नहीं है, दूसरा अगर अन्य राज्यों से तुलना की जाए तो बिहार मतदान के औसत में पीछे रहा है। पड़ोसी राज्य पश्चिम बंगाल के अलावा तमिलनाडु और असम में मतदान का औसत काबिले तारीफ है।

उधर, मतदान के दौर ज्यों-ज्यों बीत रहे हैं, बिहार में मौसम से कदमताल करती चुनावी तपिश भी बढ़ती जा रही है। भाजपा के पी.एम. पद के उम्मीदवार नरेंद्र मोदी के बिहार के दौरों के बीच घटते अंतर से भी यह साफ है। अब तक उन्होंने बिहार में 8 दिन के दौरे में 16 चुनावी सभाएँ की हैं। इनमें 3 मार्च की मुजफ्फरपुर और 10 मार्च

की पूर्णिया की सभा छोड़ दें तो पहले चरण के सासाराम, गया, दूसरे चरण के आरा, पाटलिपुत्र, जहानाबाद, तीसरे चरण के भागलपुर, अररिया, सुपौल और कटिहार, जबकि 30 अप्रैल को चौथे चरण के क्षेत्रों मधुबनी, दरभंगा और मधेपुरा के सहरसा में उनकी सभाएँ हो चुकी हैं। दो दौरों के बीच के अंतर पर गौर करने से भी यह साफ है। 3 मार्च को मुजफ्फरपुर की सभा के सात दिन बाद वह 10 मार्च को पूर्णिया आए। इसके बाद 27 मार्च को 17 दिन बाद तीसरे, फिर छह दिन बाद 2 अप्रैल को चौथे, आठ दिन 10 अप्रैल को पाँचवें, पाँच दिन बाद 15 अप्रैल को छठे, चार दिन बाद 19 अप्रैल को सातवें और फिर पाँच दिन बाद 24 अप्रैल को आठवें दौरे पर बिहार आए। आगे भी उनकी कई सभाएँ होनी हैं। कांग्रेस के शिखर नेताओं में सोनिया गांधी का सिर्फ एक दौरा सासाराम में हुआ, जबकि राहुल गांधी दो बार में औरंगाबाद और किशनगंज आए। उधर मुख्यमंत्री नीतीश कुमार मधेपुरा में कैंप कर पूर्वोत्तर बिहार में सभाएँ कर रहे हैं तो राजद अध्यक्ष लालू प्रसाद गिनती के हिसाब से दौरा करने में सबसे आगे हैं। नीतीश कुमार और लालू प्रसाद की ज्यादातर सभाएँ देहाती इलाकों में रही हैं। भाजपा नेता सुशील कुमार मोदी के अलावा लोजपा अध्यक्ष रामविलास पासवान की विपक्ष के नेता नंदकिशोर यादव के साथ चुनावी सभाओं का ग्राफ भी बढ़ता ही जा रहा है। जाहिर है, बढ़-चढ़कर दावों के बावजूद कोई भी दल चुनाव को आसान नहीं मान रहा है और मतदाताओं को आकर्षित करने के लिए हर संभव ताकत झोंक रहा है। तीसरे चरण के मतदान के बाद से चुनावी मिजाज में भी परिवर्तन के संकेत मिल रहे हैं।

मताधिकार के प्रति लोगों के जागरूक होने के साथ बूथ और वोट प्रबंधन के महत्त्व कम होने थे, लेकिन गुजरते वक्त के साथ इनकी अहमियत बढ़ती ही जा रही है, ऐसा क्यों? यह एक अहम सवाल है। इस चुनाव में ग्रामीण इलाकों में चुनावी अध्ययन के दौरान यह मुद्दा भी मुखर नजर आ रहा है कि फलाँ दल का प्रबंधन अच्छा है तो फलाँ को जनाधार रहते सांगठनिक ढाँचे की कमजोरी का नुकसान हो रहा है। बूथ मैंनेजमेंट में कौन सबसे अच्छा रहा, इसकी चर्चा कुछ ज्यादा ही है, यानी चुनाव पर जो जितना खर्च करे, वह उसी अनुपात में अच्छा। एक दिन की चाँदनी फिर अँधेरी रात वाली कहावत क्या ऐसी अपेक्षाओं के कारण भी सार्थक नहीं होतीं? सवाल उठता है कि बूथ मैंनेजमेंट चुनाव आयोग की जवाबदेही है या दलों की, मतदान का सरोकार किसी दल के चुनाव प्रबंधन से हो या नीतियों, कामकाज और उसकी अहमियत से? बहरहाल, शुभ संकेत यही है कि मतदान के औसत में इजाफा हो रहा है। आनेवाले चुनावों में यह और बढ़ेगा और मतदाता अपने मताधिकारों के प्रति ज्यादा जागरूक होंगे, यह उम्मीद की जाने चाहिए।

(28.04.2014)

❑

यूँ ही नहीं फिसल जाती बड़े नेताओं की जुबान

बिहार में लोकसभा चुनावों के चार चरण पूरे हो चुके हैं। 27 सीटों पर लोग अपने मताधिकार का प्रयोग कर चुके हैं। 7 और 12 मई को बाकी दो चरणों में 13 सीटों के लिए वोट डाले जाएँगे। चार चरणों में मतदान का औसत बीते चुनावों से बढ़ा जरूर है, लेकिन यह संतोष करने लायक अब भी नहीं है। अधिकतम 65 फीसदी तक मतदान हुआ है। वैसे ज्यादातर क्षेत्रों में मतदान का औसत 60 फीसदी की सीमा पार नहीं कर पाया। पड़ोसी राज्यों में मतदान का औसत बिहार से कहीं ज्यादा रहा। चौथे चरण के मतदान के दौरान अनेक बूथों पर दोपहर 12 बजे के बाद पसरा सन्नाटा कई सवाल खड़े कर रहा था। इस बार चुनाव आयोग के अलावा विभिन्न क्षेत्र की हस्तियों, अनेक गैर राजनीतिक संगठनों समेत राजनीतिक दलों के शीर्षस्थ नेताओं ने मतदान के प्रति अपनी तरफ से लोगों को जागरूक करने का हर संभव प्रयास किया। बावजदू इन प्रयासों के मतदान के औसत में अपेक्षाकृत इजाफा नहीं पाया। इसके अनेक कारण हो सकते हैं, आवश्यकता है, इनकी पड़ताल करने की।

इस बार का चुनाव कई कारणों से भिन्न है। एक तरफ चुनावी शोरगुल के उलट हर तरफ पसरी खामोशी, प्रचार-प्रसार में सादगी, तो दूसरी तरफ उत्तेजक और अमर्यादित बयानों से चुनावी तापमान चढ़ाने की कोशिशें। ऐसा भी नहीं कहा जा सकता कि नेताजी की जुबान फिसली और वह मर्यादा की सीमा तोड़ गई। सच तो यह है कि ज्यादातर विवादित बयान सोच-समझकर ही दिए गए। यह इतर है कि लोकतंत्र के महापर्व की कसौटी पर वोट की ये तिकड़म खरी नहीं उतरतीं। भाजपा के पूर्व राष्ट्रीय अध्यक्ष नितिन गडकरी की जुबान बिहार आते ही फिसल जाए, यह कैसे संभव है या पार्टी के राष्ट्रीय उपाध्यक्ष डॉ. सी.पी. ठाकुर को दलितों और पिछड़ों का आरक्षण अचानक नागवार लगने लगे। पूर्व मंत्री गिरिराज सिंह अपने क्षेत्र का चुनाव खत्म होने तक संयत रहे और इसके तुरंत बाद वे नरेंद्र मोदी का विरोध करनेवालों के लिए देश में रहने की गुंजाइश ही खत्म कर दें। इसी तरह राजद से जदयू में आए शकुनी चौधरी भागलपुर में जाकर यहाँ तक कह जाएँ कि नरेंद्र मोदी को यहीं की मिट्टी में गाड़ देंगे, क्या ये बयान जुबान फिसलने के नतीजे

हैं, राजद सुप्रीमो लालू प्रसाद जैसे अनुभवी नेता यूँ ही कह गए कि नरेंद्र मोदी के सामने कसाई भी शरमा जाए, या अपना चुनाव खत्म होते ही शरद यादव को नीतीश कुमार और लालू प्रसाद एक जैसे लगने लगे, क्यों? उनके बयान के भी अपने निहितार्थ हैं। हालाँकि मर्यादा की सीमा ध्वस्त करनेवाले ऐसे बयानों के कारण बयानवीर अनेक नेताओं की असंसदीय या अपमानजनक टिप्पणियाँ चर्चा से बाहर हो गईं, जिन्होंने दूसरे दलों के वरिष्ठ नेताओं के बारे में अनेक बार की। बयानबाजी का यह अंदाज क्या राजनीतिक मर्यादा को तार-तार नहीं कर रहा? वैसे बयानबाजी के इस स्तर से इतना तो साफ है कि राजनीतिक दलों और इसके नेताओं का भरोसा मुद्दों पर शास्त्रार्थ में कमजोर पड़ता जा रहा है। व्यक्तिगत आरोप-प्रत्यारोप या उत्तेजक बयानों से मतदाताओं में गलतफहमी और भ्रम पैदा कर वोट हासिल करने के तिकड़म पर भरोसा बढ़ा है।

चुनाव का सकारात्मक पक्ष सामाजिक चेतना है। राज्य में मतदाताओं ने चुनावों को लेकर तमाम तरह के मतभेदों के बावजूद आपसी सद्भाव बनाए रखा है। एक-आध घटनाओं को छोड़कर मतदाताओं के विभिन्न गुटों के आपस में तकरार की अप्रिय खबरें कहीं से नहीं आईं। चुनाव पर जातीय और सांप्रदायिक रंग चढ़ाने की कोशिशें हुईं और मतदाताओं के ध्रुवीकरण का इसे आधार भी बनाया गया। गाँवों, नुक्कड़ों और चौक-चौराहों पर चुनावी शास्त्रार्थ होते रहे। गोलबंदी की मुहिम भी समानांतर चलती रही, लेकिन मतदाताओं ने इन आधारों पर बँटकर आपस में कोई टकराव की नौबत नहीं आने दी, जबकि अतीत के अनुभव इस अर्थ में काफी कड़वे रहे हैं। बिहार में चुनावी हिंसा इन्हीं कारणों से एक बड़ी चुनौती हुआ करती थी। अगर मतदान के दौरान अमन-चैन कायम रहा तो चुनाव आयोग और शासन-प्रशासन की सुरक्षा तैयारियों के अलावा मतदाताओं के मन-मिजाज में आए बदलाव को भी इसका श्रेय जाता है। दल-बदल की आँधी ने मतदाताओं के मन-मिजाज पर गहरा असर किया है। वह अब किसी नेता के लिए आपस में भिड़ने को तैयार नहीं है। हालाँकि इसका यह निहितार्थ नहीं निकाला जा सकता कि बिहार जातीय और सांप्रदायिक गोलबंदी से ऊपर उठकर मुद्दों पर चुनावी शास्त्रार्थ की ओर बढ़ गया है। इस बार के सामाजिक ध्रुवीकरण के ट्रेंड से भी ऐसा कतई प्रतीत नहीं होता है। बहरहाल, इस चुनाव में उम्मीदों को पंख लगाने के प्रयास कुछ ज्यादा ही हो रहे हैं। बिहार में आठ साल में आए बदलाव को खारिज करने के लिए गढ़े जा रहे तर्क भी काबिले गौर हैं। ऐसे में चुनाव बाद केंद्र में नई सरकार बनते ही तमाम परेशानियाँ और चुनौतियाँ खत्म होने के सपने पाले जाने लगे हैं। यह आनेवाले कल की बड़ी चुनौती है। लोग निराश होंगे तो यह भारतीय लोकतंत्र के लिए अच्छा नहीं होगा।

(05.05.2014)

❑

नीतीश के इस्तीफे का फैसला साधारण नहीं

लोकसभा चुनावों में पार्टी के शर्मनाक प्रदर्शन की नैतिक जिम्मेवारी लेते हुए मुख्यमंत्री नीतीश कुमार का इस्तीफा एक साहसिक कदम है। हालाँकि लोकसभा चुनाव के जनादेश से विधानसभा का कोई सीधा सरोकार नहीं होता है, फिर भी पार्टी का चेहरा होने के नाते जदयू के प्रदर्शन का श्रेय नीतीश कुमार के खाते में ही दर्ज होता है, वह चाहे अच्छा हो या बुरा, लेकिन सबसे बड़ी बात है जवाबदेही स्वीकार करना। पड़ोसी राज्यों झारखंड और उत्तर प्रदेश में भी वर्तमान सरकारों के खिलाफ लोकसभा का जनादेश आया है। कई कांग्रेस शासित राज्यों में उसका प्रदर्शन दयनीय रहा, लेकिन किसी राज्य के मुख्यमंत्री ने अब तक इस्तीफा नहीं दिया है। इस्तीफे की बात तो दूर, किसी ने नैतिक जिम्मेवारी भी स्वीकार नहीं की है। ऐसे में नीतीश कुमार ने मिसाल पेश की है, इसमें कोई शक नहीं है, खासकर यह दौर, जबकि सत्ता प्रधान राजनीति के लिए जाना जाता है और तमाम राजनीतिक कसरत के केंद्र में सत्ता ही रहती है, ऐसे में इस्तीफे का फैसला साधारण नहीं है।

एक तरफ जदयू के नए नेता के चुनाव को लेकर तमाम अटकलें लगाई जा रही थीं, उधर नीतीश कुमार इससे बेफिक्र मुख्यमंत्री आवास खाली करने की तैयारी में जुटे थे। उन्होंने नए आवास के लिए आवेदन भी दे दिया था। 7 स्ट्रैंड रोड की साफ-सफाई कर उनके रहने लायक बनाने की कवायद शुरू हो गई। यह पूछने पर कि आप आवास खाली कर रहे हैं, उनका सपाट जवाब था, यह मुख्यमंत्री आवास है, जो नए मुख्यमंत्री बनेंगे वे इसमें रहेंगे। मैं जल्दी ही नए आवास में चला जाऊँगा, लेकिन एक बात और साफ है कि नीतीश कुमार मुख्यमंत्री की कुरसी छोड़ने के बाद भी हाथ-पर-हाथ रख बैठेंगे नहीं, बल्कि वे और मजबूती से जनता के बीच जाएँगे और उसका विश्वास फिर से हासिल करने की कोशिश करेंगे।

लोकसभा चुनाव में जदयू की स्थिति हास्यास्पद हो गई। एक तरफ गुजरात के विकास के हीरो नरेंद्र मोदी पूरे देश के नायक बनकर उभरे और पहली बार भाजपा को

अकेले दम पर जो बहुमत मिला, यह उन्हीं के नाम पर है, दूसरी तरफ बिहार के बदलाव का सेहरा सिर पर बँधा होने के बावजूद नीतीश कुमार अपने ही राज्य में चारों खाने चित हो गए। पूरे चुनाव अभियान के दौरान राज्य भर में जहाँ कहीं भी किसी ने बात की, पूर्वग्रहों को छोड़ ज्यादातर ने यह जरूर कहा कि नीतीश कुमार ने बहुत काम किया है। ज्यादातर मतदाताओं की राय थी कि यह दिल्ली का चुनाव है, इसलिए केंद्र में दो विकल्पों में किसी एक को चुनना है। चुनाव बाद फेडरल फ्रंट या तीसरे मोर्चे के गठन के दावे लोगों के गले नहीं उतरे। बिहार के विशेष दर्जे की लड़ाई को मुकाम तक पहुँचाने के लिए नीतीश कुमार ने जदयू को दिल्ली में मजबूत करने की अपील की, लेकिन नरेंद्र मोदी ने इस अपील की धार यह कहकर कमजोर कर दी कि अगर दिल्ली में उनकी सरकार बनी तो बिहार को उसका हक वे जरूर देंगे। ऐसे में मतदाताओं का फैसला नीतीश कुमार या कांग्रेस के खिलाफ है या नरेंद्र मोदी के पक्ष में यह तय करना थोड़ा कठिन है, लेकिन लोकतंत्र में संख्याबल सबसे अधिक मायने रखता है और इस कसौटी पर लोकसभा चुनाव में जदयू औंधे मुँह गिरा है। नीतीश कुमार कहते हैं, ''मैं वैसे लोगों में नहीं हूँ, जो लोकसभा चुनावों में जनादेश विपरीत जाने पर भी इस तर्क पर कुरसी से चिपका रहूँ कि विधानसभा में बहुमत कायम है।''

अब बड़ा सवाल है कि आखिर जदयू का प्रदर्शन इतना कमजोर क्यों रहा? इसके अनेक ऐसे पहलू हैं, जो परिस्थितियों की उपज तो हैं, कहीं-न-कहीं भाजपा से अलग होने के बाद की तैयारियों में रह गई बड़ी चूक भी है। भाजपा से जदयू के रिश्तों में खटास तो 2010 में ही पैदा हो गई थी। इसके बाद भले ही दरार भरकर साझा सरकार चलती रही, लेकिन पहले वाली मिठास वापस नहीं लौटी। उत्तर प्रदेश का चुनाव हो या पी.एम. प्रत्याशी के सवाल पर नीतीश कुमार की अवधारणा सामने आने का मौका, दोनों दलों की तकरार सामने आई। ऐसे मौकों पर सरकार में मंत्री रहते गिरिराज सिंह, अश्विनी कुमार चौबे के अलावा राजीव प्रताप रूडी, शाहनवाज हुसैन और रामेश्वर चौरसिया ने सीधा नीतीश कुमार पर निशाना साधा, यानी बीजेपी रिश्तों में खटास से चेत गई थी। वह खुद को मजबूत करने की रणनीति पर काम करती रही, लेकिन जदयू की ऐसी कोशिशें सामने नहीं आईं।

दूसरे कार्यकाल में विधायक ऐच्छिक कोष खत्म करना भी आत्मघाती साबित हुआ। वैसे यह फैसला जदयू-भाजपा दोनों का था, लेकिन मुख्यमंत्री के नाते नीतीश कुमार को ही इसका जिम्मेवार माना गया। इस फैसले के पीछे का तर्क कि यह फंड राजनीतिक कार्यकर्ताओं को ठेकेदार बना रहा है, आदर्श स्थिति के लिए ठीक है, लेकिन वर्तमान हालात में कुतर्क। उधर, गठबंधन टूटने के बाद भी जदयू ने अपने सांगठनिक आधार को विस्तार और मजबूती देने और कार्यकर्ताओं को सत्ताधारी दल का एहसास दिलाने की

ठोस पहल नहीं की। डिलीवरी प्वाइंट पर तैनात ब्यूरोक्रेसी की मनमानी ने भी कम नुकसान नहीं किया है। चुनाव में ये कमियाँ जदयू को खलीं भी। बहरहाल, अभी विधानसभा चुनाव में देर है। जदयू को अपने कार्यकर्ताओं का मनोबल ऊँचा करने और उनमें जोश भरने की ठोस पहल करनी होगी। नीतीश कुमार के इस्तीफे के बाद कार्यकर्ताओं ने जिस जोश के साथ पूरे बिहार में इसका विरोध किया है, वैसे में जदयू के लिए यह असंभव नहीं है।

(19.05.2014)

❑

अब रणनीति के केंद्र में राजनीति की अगली कड़ी

राज्य में राजनीतिक गहमागहमी का दौर गुजर गया है। लोकसभा चुनावों से विधानसभा में मांझी सरकार के विश्वास मत हासिल करने तक राजनीतिक महाभारत जारी रहा। इन तीन महीनों में सरकार के कामकाज की गति भी मंद पड़ी। आचार संहिता के कारण नई परियोजनाओं पर फैसला टला। चुनाव बाद नैतिकता के आधार पर नीतीश कुमार के इस्तीफे से अनिश्चितता की स्थिति बनी, लेकिन हालात अब सामान्य हो गए हैं। जदयू सरकार विधानसभा में अपना बहुमत साबित कर चुकी है, लेकिन राजनीतिक परिदृश्य बदला-बदला सा है। राजद ने फिलहाल जीतन राम मांझी सरकार को बिना शर्त समर्थन दिया है, लेकिन इसे राज्य में एक नए राजनीतिक ध्रुवीकरण का संकेत भी माना जा रहा है। वैसे मुख्यमंत्री ने विधानसभा में सफाई दी कि उनके दल ने राजद से समर्थन माँगा नहीं था, क्योंकि बहुमत का आँकड़ा उनके पास पहले से था, साथ ही उन्होंने समर्थन की पहल के लिए राजद का आभार भी जताया। भाजपा इसे जदयू-राजद में गठबंधन करार दे रही है। पूर्व उप-मुख्यमंत्री सुशील कुमार मोदी ने दावा भी किया है कि अगर यह गठबंधन कायम रहेगा तो विधानसभा की लड़ाई और आसान हो जाएगी।

लोकसभा चुनावों में जदयू को निराशा हाथ लगी, लेकिन कांग्रेस, राजद और एन.सी.पी. गठबंधन ने जो उम्मीदें बाँध रखी थीं, वे भी निराधार साबित हुईं। राजद और कांग्रेस 2009 का आँकड़ा कायम रख पाईं, यही बड़ी उपलब्धि रही, लेकिन एन.सी.पी. को इस अर्थ में वाकई बड़ी सफलता हाथ लगी। महाराष्ट्र आधारित एन.सी.पी. ने कांग्रेस विरोधी इस लहर में भी बिहार में अपनी इंट्री दर्ज करा ली। लोकसभा में मतों का ध्रुवीकरण जिस तरह भाजपा के पक्ष में हुआ, वह बिहार आधारित जदयू और राजद की बड़ी चिंता का सबब तो है ही, कांग्रेस के लिए भी कम बड़ी बात नहीं। कांग्रेस 1989 के बाद से हिंदी पट्टी में अपना पाँव नहीं जमा पा रही है। बिहार में तो वह बैसाखी के सहारे ही चल रही है। 2004 में सोनिया गांधी ने बिहार के दो क्षत्रपों—लालू प्रसाद और रामविलास पासवान

को यू.पी.ए. से जोड़ा। उस चुनाव में यू.पी.ए. का बिहार में बेहतरीन प्रदर्शन रहा। 2009 में बिहार में यू.पी.ए. बिखर गया। नीतीश कुमार के नेतृत्व में एन.डी.ए. ने 32 सीटें जीत लीं। कांग्रेस दो और राजद चार सीटें जीत पाया। रामविलास पासवान की पार्टी का सफाया हो गया। इस बार पासवान एन.डी.ए. में चले गए। राजद और कांग्रेस ने सीटों का तालमेल किया, लेकिन परिणाम विपरीत रहा। इसकी बड़ी वजह कांग्रेस से नाराजगी रही। भाजपा के पक्ष में ऐसी हवा चली कि रालोसपा सभी तीन सीटें और लोजपा सात में छह सीटें जीत गई। नीतीश कुमार चुनाव में हार को बड़ा झटका इसलिए मानते हैं, क्योंकि वह काम के आधार पर वोट माँग रहे थे।

जाहिर है, सोलह–सत्तरह महीने बाद होनेवाला विधानसभा चुनाव जदयू के अलावा राजद और कांग्रेस के लिए भी बड़ी चुनौती होगा। यूपीए और जदयू को लोकसभा चुनावों में मिले मतों के आधार पर एक तर्क यह है कि अगर जदयू, राजद और कांग्रेस का गठबंधन होता है तो भाजपा की राह दुर्गम हो जाएगी, लेकिन बड़ा सवाल तो यह है कि क्या यह गठबंधन आकार ले पाएगा? जदयू ने 2015 में फिर से नीतीश कुमार को अपना मुख्यमंत्री का उम्मीदवार घोषित कर दिया है। क्या राजद और कांग्रेस उनके नेतृत्व को स्वीकार कर विधानसभा के अखाड़े में उतरने को राजी होंगे, दूसरा अहम सवाल है कि क्या जदयू इस नए गठबंधन के लिए तैयार है? इन दोनों सवालों से परदा कुछ समय में उठ जाएगा, लेकिन भाजपा ने अभी से इस संभावित गठबंधन को चुनौती देने की रणनीति पर काम शुरू कर दिया है। उसने जदयू और खासकर नीतीश कुमार को इस संभावित गठबंधन के सवाल पर घेरने की पहल कर दी है। विधानसभा में विश्वासमत प्रस्ताव पर बहस के दौरान प्रतिपक्ष के नेता नंदकिशोर यादव ने इसी पहलू को लेकर नीतीश कुमार पर ज्यादातर निशाने साधे। भाजपा एक तरफ जदयू की गैर कांग्रेसवाद तो दूसरी तरफ राजद विरोध की बुनियाद का सवाल उठाकर इस संभावित चुनौती का सामना करने की तैयारी कर रही है, उधर राजद सुप्रीमो लालू प्रसाद ने भी मंडल और कमंडल का सवाल उठाकर फिर से समाजवादी सामाजिक ध्रुवीकरण कराने की रणनीति का इशारा किया है। वैसे लोकसभा और विधानसभा चुनावों की तस्वीर भी जुदा रहेगी। विधानसभा का चुनाव राज्य के मुद्दों पर होगा।

बहरहाल, चुनाव में अभी देर है और फिलहाल मांझी सरकार की सबसे बड़ी चुनौती डिलीवरी सिस्टम को दुरुस्त करना है। लोकसभा चुनावों से करीब तीन महीना पहले से ही अनेक जिलों में राशन और किरासन गरीबों को क्यों नहीं मिला, इसकी व्यापक जाँच जरूरी है, क्योंकि इसका भी नुकसान जदयू को झेलना पड़ा है। इसके अलावा शौचालयों के लिए अनुदान, कन्या विवाह और छात्रवृत्ति जैसी कल्याण की योजनाओं में मनमानी, इंदिरा आवास से लेकर जमाबंदी तक रिश्वतखोरी ने भी सरकार की साख को बट्टा

लगाया। सेवा के अधिकार के बावजूद रिश्वत वसूलने पर अंकुश नहीं लग रहा है तो इसकी वजह क्या है, इसकी गहराइयों में जाना जरूरी है। विजिलेंस के छापों का भी सकारात्मक असर नजर नहीं आ रहा है। सबसे अच्छा तो यही होगा कि राजनीतिक कार्यकर्ताओं और आम जनों का मनोबल बढ़ाया जाए, ताकि नीतीश कुमार के कार्यकाल में बने कानूनों और अपनाई गई प्रक्रियाओं का लाभ सुनिश्चित हो सके।

(26.05.2014)

❑

गहरा रहा है जदयू का आंतरिक संकट

जनता दल यू इस समय चौतरफा चुनौतियों से घिरता नजर आ रहा है। लोकसभा चुनावों में शर्मनाक पराजय से वैसे ही पार्टी का मनोबल गिरा हुआ है। निचले स्तर पर कार्यकर्ताओं को फिर से चुनौतियों का सामना करने के लिए तैयार करने की सबसे बड़ी चुनौती सामने है तो दूसरी तरफ शानदार सफलता से एन.डी.ए. के दलों का मनोबल ऊँचा है और वे आक्रामक तेवर में हैं। ऐसे में पार्टी के अनेक विधायकों के बागी तेवर से जदयू का संकट गहराता जा रहा है। वैसे बागी विधायकों की नाराजगी के कारण अलग-अलग हैं, लेकिन नेतृत्व के खिलाफ मुहिम में वे एक साथ हो गए हैं, खासकर आधा दर्जन विधायक काफी मुखर हैं और उनके तेवर से साफ है कि वह दो-दो हाथ करने का मन बना चुके हैं। एक पखवाड़ा पहले नीतीश कुमार में सर्वसम्मति से आस्था जताने वाले विधायकों में ये सब भी शामिल थे, लेकिन विधान परिषद् में एक दर्जन सदस्यों के मनोनयन और मंत्रिमंडल का विस्तार होते ही जैसे इनके गुस्से का लावा फूट पड़ा है। मंत्रिमंडल विस्तार को लेकर भी बागी विधायकों का निशाना एक नहीं है। किसी को ललन सिंह को विधान पार्षद और मंत्री, किसी को लेसी सिंह को मंत्री बनाए जाने से गुस्सा है तो किसी को पार्टी में आर.सी. पी. सिंह को मिल रही अहमियत से नाराजगी है। कई ऐसे हैं, जो मंत्रिमंडल में अपनी बर्थ आरक्षित मानकर चल रहे थे और निराशा हाथ लगी, लेकिन बीते एक सप्ताह के घटनाक्रम जदयू की सेहत को और बिगाड़ सकते हैं। जाहिर है, अपने दल की मिट्टी पलीद करने की हद तक जाने को तैयार नजर आ रहे जदयू नेताओं की ऊर्जा के स्रोत और भी हैं। वैसे जदयू के राष्ट्रीय अध्यक्ष शरद यादव ने आक्रामक बागी तेवर दिखा रहे रवींद्र राय पर निलंबन का डंडा चलाकर यह संदेश दिया है कि जदयू नेतृत्व दबाव की राजनीति को स्वीकार नहीं करेगा। इस काररवाई का किस तरह का असर होता है, इस पर भी बहुत कुछ निर्भर करेगा।

नीतीश कुमार ने पराजय की नैतिक जिम्मेदारी लेकर मुख्यमंत्री पद से इस्तीफा दिया तो पार्टी ने सर्वसम्मति से उन्हें दुबारा नेता चुना। मुख्यमंत्री पद पर बने रहने के लिए विधायकों ने उन पर दबाव बनाया, धरने दिए, अनशन का ऐलान किया। बड़ी मुश्किल से विधायकों को मनाया गया, तब जाकर जीतनराम मांझी मुख्यमंत्री बनाए गए। उस समय

ऐसा लग रहा था कि जदयू में विद्रोह जैसी स्थिति के भाजपा के दावे में बहुत दम नहीं है। जीतनराम मांझी के बहुमत प्रस्ताव पर चर्चा के दौरान प्रतिपक्ष के नेता नंदकिशोर यादव ने दावा किया था कि लोकसभा चुनावों में एन.डी.ए. उम्मीदवारों को जदयू विधायकों और नेताओं का भरपूर सहयोग मिला। उन्होंने जदयू में भारी असंतोष की तरफ भी इशारा किया। भाजपा काफी समय से मंत्रिमंडल का विस्तार करने की चुनौती दे रही थी। उसका दावा तो यह भी रहा है कि विस्तार होते ही जदयू में विद्रोह की स्थिति पैदा हो जाएगी। जदयू में विद्रोह जैसी स्थिति अभी भले ही सामने नहीं आई है, लेकिन आधा दर्जन विधायकों के तेवर तो विद्रोही ही हैं। वे नेतृत्व के खिलाफ कमर कसे नजर आ रहे हैं। उनका यह भी दावा है कि नाराज विधायकों की सूची लंबी है और उन्हें समय का इंतजार है। यहाँ यह भी काबिले गौर है कि विक्षुब्ध गुट के विधायक एक-एक कदम आगे बढ़ा रहे हैं। पहले उन्होंने दूसरे दलों से आए विधायकों के विधान परिषद् में मनोनयन के खिलाफ मोर्चा खोला। इसके बाद आर.सी.पी. सिंह और ललन सिंह उनके निशाने पर आए। उसी दौर में पूर्व उपमुख्यमंत्री सुशील कुमार मोदी ने दावा किया कि बिहार में तीन-तीन मुख्यमंत्री एक साथ काम कर रहे हैं। उनका इशारा जीतन राम मांझी के अलावा नीतीश कुमार और आरसीपी सिंह की तरफ था। इसके बाद जदयू के बागी विधायकों ने सीधे नीतीश कुमार को निशाने पर लिया और आरोप लगाया कि वे चापलूसों और दलालों से घिरे हुए हैं। रविवार को बागी विधायकों ने पार्टी के राष्ट्रीय अध्यक्ष शरद यादव से मुलाकात कर अपने गुस्से का इजहार किया। शरद यादव ने रवींद्र राय को निलंबित किया। इसके बाद भी श्री राय के निशाने पर नीतीश कुमार ही थे। इससे साफ है कि विक्षुब्धों का हर कदम सधी हुई रणनीति का हिस्सा है और इसका ओर-छोर अंदर-बाहर दोनों से जुड़ा है।

अभी जदयू नेतृत्व को दो बड़े मोर्चे का सामना करना है। पहला राज्यसभा का चुनाव और दूसरा बजट सत्र। इन दोनों में खेल कराने के प्रयास होंगे। ऐसे में जदयू नेतृत्व इनसे निपटने की क्या रणनीति अपनाता है, इस पर पक्ष और विपक्ष दोनों की नजरें टिकी हुई हैं। जदयू के प्रदेश अध्यक्ष वर्तमान संकट को कोई बड़ी चुनौती नहीं मानते। उनका तर्क है कि मंत्रिमंडल विस्तार के बाद ऐसे छिटपुट असंतोष सामने आते ही हैं, लेकिन जानकारों का मानना है कि जदयू नेतृत्व को बाहर से ऊर्जा हासिल कर अंदर-अंदर आग सुलगाने के प्रयासों को नजरअंदाज नहीं करना चाहिए। समय रहते उसे असंतोष पर काबू पाने के कदम उठाने चाहिए। पार्टी नेतृत्व चाहे तो पारदर्शिता की नीति अपनाते हुए उन असंतुष्ट नेताओं से संवाद कायम कर समस्या का समाधान तलाशे या सख्ती का रास्ता अपनाए। जदयू विक्षुब्धों को भी यह तय करना है कि या तो वे पार्टी की जड़ें खोदने का रास्ता अपनाएँ या अपनी शिकायतों को दूर कराने का।

(09.06.2014)

❑

वैकल्पिक राजनीतिक समीकरण की पहल

ऊँट की तरह राजनीति कौन सी करवट लेगी, यह भविष्यवाणी आसान नहीं है। बीते साल भर में देश के घटनाक्रमों से भी यह साफ है। बिहार में राजनीति की दिशा तेजी से बदलती नजर आ रही है। एक नए ध्रुवीकरण की ओर यह बढ़ सकती है। हालाँकि अभी संभावित समीकरण आकार लेने में समय ले सकता है, लेकिन उस दिशा में पहल हो गई है और इसके निहितार्थ भी साफ हैं। इतना तय है कि आनेवाले दिनों में गैरभाजपावाद समानांतर या वैकल्पिक राजनीति की धुरी बन सकता है। अगर ऐसा होता है तो बिहार समेत देश की राजनीति में यह एक बड़ा परिवर्तन होगा। अब तक गैर कांग्रेसवाद इसका आधार रहा है।

स्वतंत्रता के बाद लंबे समय तक कांग्रेस का कोई सशक्त विकल्प सामने नहीं आया। आजादी के संग्राम से उपजी कांग्रेस देश की रग-रग में रची-बसी थी। 1977 में जेपी की आँधी ने कांग्रेस की जड़ें हिलाईं और 1989 के भागलपुर दंगों से उसका जनाधार सिकुड़ गया। इसके बाद जहाँ कांग्रेस को एक बार भी अपने दम पर बहुमत नहीं मिला, वहीं देश के अलग-अलग हिस्सों में वैकल्पिक राजनीति की जड़ें गहरी होती गईं। 1977 में जनसंघ के जनता पार्टी में विलय से उसके नेताओं को वैकल्पिक धारा की राजनीति में स्वीकार्यता मिली और भारतीय जनता पार्टी बनने के बाद उसी धारा के अलग-अलग धड़ों के क्षत्रपों का हमसफर बनकर वह कामयाबी की सीढ़ियाँ चढ़ती गई। आज नरेंद्र मोदी के नेतृत्व ने अकेले दम पर बहुमत हासिल करने का भाजपा का सपना भी पूरा कर दिया है। वह भी तब, जबकि उसके वजूद में आने के समय के ज्यादातर साथी उससे दूर हो चुके हैं। कांग्रेस हाशिये पर चली गई है, लेकिन नई सदी में सोनिया गांधी ने यू.पी.ए. बनाने की पहल कर, जो दूरदर्शिता दिखाई थी, उसका एक बड़ा फायदा कांग्रेस को भी हुआ, यानी वह भी वैकल्पिक धारा की राजनीति में अछूत नहीं रह गई। यू.पी.ए. का एक दशक का शासन इसी नई राजनीतिक बुनियाद पर खड़ा हुआ और कायम रहा।

भाजपा को इस चुनाव में व्यापकता और विस्तार दोनों मिले हैं। वह एक मजबूत राष्ट्रीय पार्टी बनकर उभरी है। आज दो दर्जन से ज्यादा दल एन.डी.ए. में हैं, लेकिन भाजपा

की निर्भरता सहयोगी दलों पर नहीं है। वह किसी भी तरह का फैसला लेने और उस पर अमल करने में सक्षम है। हिंदी पट्टी ने ही शुरू में भाजपा को मजबूती दी। मध्य प्रदेश और छत्तीसगढ़ में वह अपनी जमीन मजबूत कर चुकी है। अब वह चाहेगी कि बिहार, उत्तर प्रदेश और झारखंड में भी उसकी अपनी सरकार बने। लोकसभा चुनाव में उसे इन तीनों राज्यों में अप्रत्याशित सफलता मिली है। इससे वह उत्साहित भी है। ऐसे में बिहार के ताजा राजनीतिक घटनक्रमों की वह तटस्थ साक्षी क्यों रहना चाहेगी? भाजपा के प्रवक्ता विनोद नारायण झा ने तो साफ कहा भी कि हम विपक्ष में हैं और हम सरकार के सामने चुनौतियाँ पेश करेंगे। यह सत्ताधारी दल का काम है कि वह अपना घर सँभाले और उन चुनौतियों का सामना करे। जाहिर है, जीतन राम मांझी सरकार को अस्थिर बनाए रखना भाजपा की रणनीति का हिस्सा हो सकता है, क्योंकि ऐसे हालात बने रहे तो सरकार के कामकाज पर असर पड़ेगा। ब्यूरोक्रेसी भी मनौवैज्ञानिक दबाव में रहेगी। भाजपा यह दावा तो लगातार कर ही रही है कि सरकार से उसके अलग होने के बाद विकास के कार्य प्रभावित हुए हैं।

लोकसभा चुनाव में जदयू ने सी.पी.आई. से और राजद ने कांग्रेस से गठबंधन किया। लोजपा और रालोसपा से गठबंधन कर भाजपा चुनाव में उतरी। भाजपा गठबंधन को वही सफलता हाथ लगी, जो 2010 में जदयू और भाजपा गठबंधन को मिली थी। इससे साफ है कि सत्ता में रहते भाजपा अपने जनाधार को विस्तार देने की मुहिम में लगी रही और इसमें उसे कामयाबी मिली। कांग्रेस के खिलाफ नाराजगी का भी उसे जबरदस्त लाभ मिला। जदयू चूँकि किसी राष्ट्रीय गठबंधन का हिस्सा नहीं था, इसलिए लोकसभा चुनावों में वह अपनी सार्थकता साबित नहीं कर पाया। बहरहाल, जदयू नेतृत्व सरकार गिराने की ताजा चुनौतियों से उबर भी जाता है, तो भी विधानसभा चुनाव में अब भाजपा की चुनौती बड़ी होगी। नीतीश कुमार के खाते में बिहार में बदलाव लाने का श्रेय दर्ज है, लेकिन इसी आधार पर वोट पड़ेंगे या और भी कारक होंगे? समाजवादी धड़ों के वोट में विभाजन के बावजूद जदयू अपने बूते नैया पार कर पाएगा, ऐसे तमाम बड़े सवाल मौजूँ हैं। लोकसभा चुनावों में जिस तरह की गोलबंदी हुई है, उससे इतना तो साफ हो गया है कि बिहार में उप-राष्ट्रवाद अपनी जड़ें नहीं जमा पाया है। भाजपा के पूर्व राष्ट्रीय अध्यक्ष नितिन गडकरी के दावे को नकारा नहीं जा सकता है कि बिहार की राजनीति के डीएनए में ही जातिवाद है। ऐसे में बिहार में नए राजनीतिक समीकरण की पहल या इसके आकार लेने की संभावनाएँ वैकल्पिक धारा के लिए समय की माँग भी बन सकती हैं। राजनीतिक हालात ने ही तो रामविलास पासवान और उपेंद्र कुशवाहा को भाजपा से गठबंधन के लिए प्रेरित किया। ऐसे में नीतीश कुमार, लालू प्रसाद और कांग्रेस समेत गैर भाजपाई दल एक साथ आ जाएँ तो इसे अप्रत्याशित नहीं कहा जा सकता है।

(16.06.2014)

❑

बिहार में चुनावी महाभारत दो ध्रुवीय होने के आसार

बिहार विधानसभा के चुनावों को लेकर वाम दलों का स्टैंड अभी साफ नहीं हो पाया है। विधान परिषद् के चुनाव में वाम दलों ने आपस में एक मोर्चा जरूर बनाया है। सी.पी.आई., सी.पी.आई.एम.एल. और सी.पी.एम.: तीनों ने आपस में सीटों का बँटवारा कर एक बार फिर वाम एकता की पहल की है। ऐसी पहल पहले भी होती रही है, लेकिन वह लंबे समय तक नहीं चल पाती है। विधान परिषद् के चुनाव नतीजों से भी इस बार की एकता का भविष्य तय हो सकता है। वैसे भी विधान परिषद् के स्थानीय निकाय कोटे के इस चुनाव और विधानसभा के आम चुनाव में बुनियाद अंतर होगा और उसकी रणनीति का आधार भी अलग होगा। हो सकता है, इस बार मोर्चा बनाने का मकसद अपनी जमीनी ताकत को फिर से टटोलना भी हो। इससे इतना तो साफ हो ही जाएगा कि बिहार में वाम दल मिलकर भी कितने पानी में हैं।

वाम दलों के इतर बिहार की राजनीति दो ध्रुवों में बँटती साफ नजर आ रही है। पूर्व मुख्यमंत्री जीतनराम मांझी भाजपा की नाव पर सवार होकर एन.डी.ए. का हिस्सा बन गए हैं। उन्होंने जदयू से बगावत कर अपनी जगह बनाने की कोशिश की। इसमें जदयू सरकार में उनकी कैबिनेट के कई मंत्री भी उनके साथ हो लिये। मुख्यमंत्री पद से इस्तीफा देने के बाद उन्होंने हिंदुस्तानी अवाम मोर्चा (हम) बनाया और अब उसे पार्टी की शक्ल दे चुके हैं। चुनाव आयोग से हमको मान्यता का इंतजार है। श्री मांझी साफ कर चुके हैं कि उनका सिर्फ एक लक्ष्य है, नीतीश कुमार को सत्ता से बेदखल करना। उन्होंने गठबंधन में विधानसभा की 90 सीटों के दावे रखे हैं। मोल-तोल कर कितनी सीटों पर तालमेल होता है, यह वक्त बताएगा।

दूसरी तरफ राजद में लालू यादव का वारिस बनने की कवायद में नाकाम रहने पर राजेश रंजन उर्फ पप्पू यादव ने बागी तेवर अपनाया। उन्हें राजद से बाहर का रास्ता देखना पड़ा। उन्होंने भी पहले जन अधिकार मोर्चा बनाया। अब उसे जन अधिकार पार्टी का नाम

दिया है। उनकी पार्टी को भी चुनाव आयोग की मान्यता का इंतजार है। पप्पू यादव का लक्ष्य लालू प्रसाद के स्वजातीय आधार वोटबैंक में सेंध लगाकर उन्हें कमजोर करना है। वे यही मुद्दा उठा भी रहे हैं कि लालू प्रसाद ने किसी यादव नेता को पनपने नहीं दिया। जदयू, राजद और कांग्रेस महागठबंधन के फिर से आकार लेने के बाद अब उनके लिए भी भाजपा ही विकल्प बची है। वे भी एन.डी.ए. का हिस्सा बन सकते हैं।

दूसरी तरफ जदयू, राजद, कांग्रेस के साथ एन.सी.पी. भी महागठबंधन में शामिल हो गई है। ऐसे में जो तस्वीर बन रही है, वह दो महागठबंधनों के आमने-सामने होने की। एक तरफ जदयू, राजद, कांग्रेस और एन.सी.पी. है। वाम दलों के भी इसमें शामिल होने की संभावना अभी खत्म नहीं हुई है। दूसरी तरफ भाजपा, लोजपा, रालोसपा, हम एक तरफ हो चुके हैं। जन अधिकार पार्टी भी इसमें शामिल हो सकती है। भाजपा के ऑफर और पप्पू यादव की दिल्ली में भाजपा नेताओं से मुलाकात से भी इस अटकल को बल मिलता है। इस बार की विशेषता यह है कि पार्टी के सिद्धांत या अपने पुराने स्टैंड को छोड़ने में संकोच नहीं किया जा रहा है। एक तरफ नीतीश कुमार को बिहार की सत्ता से बेदखल करने का लक्ष्य साधने की तमन्ना रखनेवालों का ध्रुवीकरण हो रहा है तो दूसरी तरफ भाजपा को सत्ता में आने से रोकने के नाम पर परदे के पीछे से जातीय ध्रुवीकरण कराने के मोहरे सजाए जा रहे हैं। लक्ष्य महाभारत को येन-केन-प्रकारेण जीतना है। एक नया राजनीतिक अंदाज और लड़ाई की पृष्ठभूमि तैयार हो रही है। जुबानी जंग और प्रहारों का स्तर आनेवाले दिनों में और गिरेगा, यह भी तय है। छल, प्रपंच और झूठ का खेल भी जारी है। ऐसे में नई पीढ़ी को कैसी राजनीति परोसी जाए, इसकी चिंता ज्यादा जरूरी है। इसके लिए नई पीढ़ी को खुद आगे आना होगा। कहीं ऐसा न हो कि राजनीति सिर्फ सत्ता की लड़ाई तक सिमट जाए। यह परिभाषा लोकतांत्रिक परंपरा पर थोपना उचित नहीं है कि प्रेम और युद्ध में सब जायज है और कामयाबी कैसे हासिल की, यह कौन पूछता है।

(15.06.2015)

❑

शिक्षा विभाग के रवैये से गंभीर बन रहीं चुनौतियाँ

शिक्षा विभाग किसी भी सरकार का चेहरा होता है। यह एक ऐसा विभाग है, जिस पर भावी पीढ़ियों को सँवारने की जिम्मेदारी होती है। इतनी बड़ी तादाद में लोगों का सीधा सरोकार इसके जैसा किसी अन्य विभाग से नहीं होता है, लेकिन बिहार में शिक्षा विभाग को क्या हो गया है? बीते तीन-चार वर्षों से न केवल आम लोगों, बल्कि यह सरकार की परेशानी का भी सबब बनता जा रहा है। इंटरमीडिएट के ताजा रिजल्ट से पैदा हुए विवाद को साधारण समझने की भूल बड़ी महँगी साबित हो सकती है। इस रिजल्ट से जुड़े अनेक ऐसे पहलू हैं, जिस पर जवाब देना आसान भी नहीं है। छात्रों का गुस्सा यूँ ही नहीं फूट पड़ा है। मामला सिर्फ रिजल्ट का ही नहीं है। चाहे शिक्षकों के नियोजन का मसला हो या उनके मानदेय के भुगतान का, या फिर नियोजित शिक्षकों का बैंकों में खाता खुलवाने का, यह विभाग लाचार क्यों नजर आता है? सिर्फ चेतावनी देने भर की इसकी जवाबदेही रह गई है क्या?

साढ़े आठ साल पहले जब बिहार में सरकार बनी थी, उस समय जो प्राथमिकताएँ तय हुईं, उनमें कानून-व्यवस्था, आधारभूत संरचना, शिक्षा, स्वास्थ्य और कृषि को सबसे अधिक तवज्जो दी गई। शिक्षा में सुधार के लिए विशेषज्ञों की कमेटियाँ बनाई गईं। शिक्षकों की बहाली हुई। फिर स्कूल भवनों के निर्माण को प्राथमिकता मिली। कदम-दर-कदम सिलसिला आगे बढ़ता रहा। पोशाक और साइकिल योजना ने देश ही नहीं, विदेशों में भी बिहार को नई पहचान दिलाई। इन प्रयासों का असर है कि स्कूलों में बच्चों की उपस्थिति का औसत बढ़ा। स्कूल छोड़नेवाले बच्चे-बच्चियों की संख्या में गिरावट आई। आज भी बच्चियों को जूडो-कराटे की ट्रेनिंग और कस्तूरबा आवासीय विद्यालयों में सुधार के बिहार शिक्षा परियोजना के प्रयासों को सराहा जा रहा है। जूडो-कराटे का ट्रेनर तैयार करने की चुनौती स्वीकार कर दो लाख बच्चियों को ट्रेंड करने तक का सफर आसान नहीं था।

लेकिन अन्य कई ऐसे मोर्चे हैं, जहाँ बीते वर्षों में विभाग लड़खड़ाता नजर आया है।

अब तो स्कूलों के भवनों के निर्माण की प्रक्रिया भी फाइलों में अटकने लगी है। प्राइमरी से प्लस टू स्कूलों तक बहाली की प्रक्रिया तीन वर्षों में पूरी नहीं हो पाई है। 2011 में टीईटी और एसटीईटी का आयोजन हुआ। इस साल दो नियोजन कैंप भी लगे, लेकिन प्राइमरी में करीब 97 हजार, माध्यमिक में 17 हजार और प्लस टू स्कूलों में 37 हजार पद भरे जाने बाकी हैं। इधर फरवरी में लगे कैंप में बहाल शिक्षकों को मानदेय के लाले पड़ रहे है। विभाग है कि अपने जिला स्तरीय अफसरों को चेतावनियाँ देता फिर रहा है, लेकिन उसका कोई असर होता नहीं दिख रहा है। चुनाव में सरकार के खिलाफ यह भी एक अहम मुद्दा था। अब विभागीय मंत्री को यहाँ तक कहना पड़ गया है कि अगर 30 जून तक जिलों से नव-नियोजित शिक्षकों का ब्योरा नहीं आया तो उनके समेत विभाग के तमाम अफसरों का वेतन रोक दिया जाएगा। यह नौबत क्यों आई, शिक्षा मुख्यालय का अगर अपने ही विभाग पर नियंत्रण नहीं है तो इसके लिए जिम्मेवार कौन है, ऐसे में शिक्षा की क्वालिटी सुधारने या स्कूलों में पढ़ाई के लिए सख्ती जैसे कदम की कल्पना भी कैसे की जा सकती है ?

इंटरमीडिएट के रिजल्ट पर विवाद के अनेक पहलू हैं। अव्वल तो यह कि इस बार ऑब्जेक्टिव प्रश्न का प्रावधान क्यों खत्म कर दिया गया ? इसमें छात्रों को ज्यादा अंक मिलते हैं। जेईई में सफलता हासिल करनेवाले छात्र इंटरमीडिएट में कैसे फेल हो गए ? अगर यह मामला एक-दो तक सीमित रहता तो कोई सवाल नहीं उठता, लेकिन यह संख्या भी काफी ज्यादा है। बीते साल विज्ञान में 91.97 प्रतिशत परीक्षार्थी सफल हुए, इस बार इसमें 25 फीसदी की गिरावट आ गई और 66.1 फीसदी छात्र ही सफल हो पाए। कॉमर्स के रिजल्ट में भी 12 फीसदी की गिरावट है। इतनी बड़ी तादाद में छात्रों का रिजल्ट खराब होने के लिए क्या विभाग जवाबदेह नहीं है ? सीबीएसई परीक्षकों को प्रति कॉपी 20 रुपए देता है, इसके अलावा 180 रुपए प्रतिदिन भत्ता, जबकि बिहार बोर्ड 11 रुपए प्रति कॉपी और 85 रुपए प्रतिदिन भत्ता देता है। जानकारों का मानना है कि कम पारिश्रमिक के कारण कम समय में अधिक-से-अधिक कॉपी निपटा देने की होड़ रहती है, ताकि ज्यादा पैसे बनें। ऐसे में परीक्षार्थियों से इंसाफ कैसे संभव होगा ? विशेषज्ञों का तर्क है कि सीबीएसई, आईसीएसई समेत तमाम राज्यों के बोर्ड का प्रयास होता है कि ज्यादा-से-ज्यादा छात्र कामयाबी हासिल करें, लेकिन बिहार बोर्ड नकारात्मक सोच अपनाता है, लेकिन इसका खामियाजा सीधे तौर पर बच्चों को और परोक्ष रूप से सरकार को भुगतना पड़ता है। ऐसे में यह कहना मुनासिब है कि शिक्षा विभाग पटरी से उतरता जा रहा है। बहरहाल, अब यह जरूरी है कि राज्य सरकार शिक्षा विभाग के ढुलमुल रवैये में सुधार के ठोस कदम उठाए, तभी परिस्थितियाँ बदलेंगी।

(02.06.2014)

❑

काश! इसे संकल्प का दिवस बना पाते

दो दिन बाद शिक्षक दिवस है। हर साल की तरह सर्वपल्ली डॉ. राधाकृष्णन की जयंती पर यह दिवस मनाया जाएगा। स्कूल-कॉलेजों में कार्यक्रम आयोजित होंगे, लेकिन इसके बाद शिक्षकों की अहमियत हम भूल जाएँगे। कुछ दिन पहले मेरी एक प्रतिष्ठित स्कूल के निदेशक से बातचीत हो रही थी। चर्चा का विषय था—छात्र-शिक्षक संबंध-सरोकार और स्कूलों का वातावरण। चिंता थी—तेजी से मूल्यों में दोनों तरफ आई गिरावट। आज न तो शिक्षकों में वह डेडीकेशन है और न छात्रों में वैसा आदर का भाव। छात्रों से शिक्षकों के संवाद क्लास तक सीमित होते गए हैं। पढ़ाई में मोल-तोल और सौदे प्रमुख भूमिका निभाने लगे हैं। साइंस, कॉमर्स और आर्ट्स के जटिल विषयों के शिक्षकों की कोचिंग और घरेलू ट्यूशन में सर्वाधिक माँग है। इस कारण शिक्षक क्लास में बच्चों को अपना श्रेष्ठ नहीं दे पाते हैं। इसका दूसरा छोर अभिभावकों से जुड़ता है। ज्यादातर सक्षम अभिभावक पैसे के दम पर बच्चे को बेहतर स्कूल और बेहतर कोचिंग की सुविधा दिलाने में यकीन करने लगे हैं। शिक्षकों की अहमियत धन के बोझ तले दबती जा रही है।

सरकारी स्कूलों-कॉलेजों की स्थिति ज्यादा खराब है। इनके शिक्षकों की निष्ठा पर सवाल उठाने से भी हम बाज नहीं आते। नीतीश कुमार की सरकार में वर्ष 2006 और 2008, यानी दो खेप में सवा दो लाख शिक्षकों की बहाली हुई। इन शिक्षकों की दक्षता पर सवाल उठने लगे। तब सरकार ने इनकी दक्षता जाँच परीक्षा आयोजित की। बिहार में शिक्षक प्रशिक्षण कॉलेजों का वजूद समाप्त हो चुका था। जाहिर है, इन्हें पढ़ाने के तौर-तरीके के प्रशिक्षण हासिल नहीं थे। इस बार बहाली से पहले ही राज्य सरकार ने शिक्षक पात्रता परीक्षा आयोजित कराई है। इसमें सफल अभ्यर्थियों की बहाली अब नियोजन इकाइयाँ अपनी आवश्यकता के अनुसार करेंगी। इन्हें मिलेंगे सात से नौ हजार रुपए पगार के। कुछेक को छोड़कर निजी स्कूलों में भी शिक्षकों के वेतन कोई बेहतर और आकर्षक नहीं हैं। कॉलेजों में अरसा गुजर गया, शिक्षकों की बहाली हुई ही नहीं।

एक शिक्षक अपनी सेवा के तीस-पैंतीस साल में क्या देता है ? अगर हर दिन उसकी

चार-पाँच क्लास और हर क्लास में 50 बच्चे का औसत माना जाए तो कम-से-कम वह दो सौ छात्रों को प्रतिदिन पढ़ाता है। इस औसत से वह साल में करीब हजार क्लास लेता है। जीवन में कम-से-कम तीस-पैंतीस हजार बच्चों का भविष्य सँवारने में सीधा योगदान करता है। शिक्षकों की अहमियत को हम क्या इस आईने में देख पाते हैं? आज देश भर के शिक्षाशास्त्रियों की चिंता का विषय है—टीचिंग का विलुप्त होता ग्लैमर। शिक्षक के कॅरियर में प्रमोशन की सीढ़ियाँ बहुत सीमित हैं। शिक्षा क्षेत्र की नई प्रबंधन नीति में वेतन वृद्धि के स्कोप भी सीमित हो गए हैं। ऐसे में कोई शिक्षक क्यों बनना चाहेगा? बिहार में रोजगार के अवसर सीमित हैं, इसलिए शिक्षक पात्रता परीक्षा में 30 लाख अभ्यर्थी थे, लेकिन एक प्रतिष्ठित शिक्षक बनने की ललक कितनों में है? रोजगार एक अलग पहलू है, बेहतर शिक्षक बनना अलग।

दरअसल एक शिक्षक को सामाजिक सम्मान, बच्चों का आदर और स्नेह ही अध्यापन से जोड़े रखता है। शिक्षा के व्यासायीकरण के इस दौर में शिक्षकों से यह भी छिनता जा रहा है। ऐसे में आनेवाले समय में क्या अच्छे शिक्षक मिल पाएँगे, अगर नहीं तो फिर आगे की पीढ़ियाँ कौन सँवारेगा? ऐसे अनेक सवाल हैं, जिन पर आज ही चिंतन-मंथन की जरूरत है। अच्छा होता कि शिक्षक दिवस पर स्कूल-कॉलेजों में शिक्षक संस्कार और शिक्षा देने के प्रति अपने समर्पण और बच्चे-अभिभावक उन्हें सम्मान देने का संकल्प लेते, ताकि डॉ. राधाकृष्णन के नए अवतार हमें देखने को मिल पाते। यह अगली पीढ़ियों के अच्छे संस्कार के लिए भी जरूरी है। सामाजिक रिश्तों की जमीन दरकने के क्या-क्या दुष्परिणाम हो सकते हैं, वे आज सामने आने लगे हैं। बच्चों को शिक्षा के साथ स्कूलों में सामाजिक रिश्तों की अहमियत का ज्ञान देना बेहद जरूरी हो गया है।

(03.09.2012)

❑

नर्सरी बंद रही, तो कैसे पनपेगी नई पौध?

विश्वविद्यालयों के छात्र संघों को भविष्य के नेतृत्व की नर्सरी की मान्यता रही है। देश में आज भी जवाहर लाल नेहरू विश्वविद्यालय की अलग प्रतिष्ठा है। वहाँ के छात्र संघ का चुनाव भी उतना ही प्रतिष्ठित रहा है। वैसे बीते वर्ष लिंगदोह आयोग की सिफारिशों को लागू करने के मसले को लेकर वहाँ भी चुनाव नहीं हुए। इस विश्वविद्यालय ने न केवल राजनीति, बल्कि विभिन्न क्षेत्रों में देश को अब तक अनेक बेहतरीन नायक प्रदान किए हैं। दरअसल वहाँ छात्र संघ का चुनाव मुद्दों पर केंद्रित रहा है। प्रत्याशियों को उन पर अकादमिक बहस में शिरकत कर छात्रों को अपने तर्कों से संतुष्ट करना होता है। एक लोकतांत्रिक देश में यह जरूरी है कि छात्र अपना कॅरियर किसी भी क्षेत्र को बनाएँ, लेकिन उन्हें अपनी संसदीय परंपरा, देश के राजनीतिक, सामाजिक, आर्थिक हालात और सरोकारों से वाकिफ रहना चाहिए। बिहार, मध्य प्रदेश, उत्तर प्रदेश, दिल्ली, महाराष्ट्र, पश्चिम बंगाल आदि राज्यों को छात्र राजनीति ने अनेक ऐसे नेता दिए, जो सूझ–बूझ वाले नेता माने जाते हैं। आज बिहार को नया आयाम और पहचान देने वाले मुख्यमंत्री नीतीश कुमार और उनके सहयोगी उप–मुख्यमंत्री सुशील कुमार मोदी भी छात्र राजनीति की उपज हैं।

लोकतंत्र में प्रत्येक नागरिक को समाजवाद, साम्यवाद, पूँजीवाद या अन्य किसी विचारधारा को अपनाने का अधिकार है, लेकिन इसके लिए यह जरूरी है कि वह जिसे अपनाए, उसकी उसे समझ हो। यह समझ किताबी ज्ञान के साथ अकादमिक बहस से गहरी होती है। कॉलेज छात्र के जीवन के अहम पड़ाव होते हैं। यहाँ के परिवेश का उसके जीवन पर गहरा असर रहता है। कॉलेज से विश्वविद्यालय तक की शैक्षिक यात्रा उसके वैचारिक निर्माण की यात्रा भी होती है। बिहार में दुर्भाग्य से बीते दो दशकों में उच्च शिक्षा बदहाल हो गई है। कॉलेजों में पठन–पाठन का स्तर गिरा। एक समय ऐसा भी आया, जब बिहार के इंटर के सर्टिफिकेट पर कई राज्यों ने रोक लगा दी। अब ऐसी स्थिति नहीं है, लेकिन उच्च शिक्षा में सुधार के कारगर प्रयास भी नहीं हो पा रहे हैं। विश्वविद्यालयों

में राज्य सरकार की भूमिका सीमित होती है। कुलपतियों की बहाली में भी राज्य सरकार की सिफारिशों को नजरअंदाज किया गया। सुप्रीम कोर्ट तक इसे गलत करार दे चुका है। ऐसे में सरकार चाहकर भी बहुत कुछ नहीं कर सकती है।

राज्य के विश्वविद्यालयों में करीब ढाई दशक से छात्र संघ के चुनाव नहीं कराए जा रहे हैं। नतीजा सामने है। इस अवधि में छात्र राजनीति से कोई ऐसा व्यक्तित्व उभरकर सामने नहीं आया, जिसमें नेतृत्व की संभावनाएँ नजर आती हों। नीतीश सरकार ने 2006 में भी विश्वविद्यालयों में छात्र संघ के चुनाव कराने का सुझाव दिया था। पटना विश्वविद्यालय के 150वें स्थापना दिवस पर 9 जनवरी को मुख्यमंत्री ने छात्र संघ का निष्पक्ष चुनाव कराने की आवश्यकता बताकर फिर अपना इरादा स्पष्ट कर दिया है। अब विश्वविद्यालयों की जिम्मेदारी है कि वे पहल करें, लेकिन चुनाव कराने से पहले यह सुनिश्चित करना जरूरी होगा कि धनबल और बाहुबल की काली छाया इन चुनावों पर न पड़े। इसके लिए आचारसंहिता बनाई जाए और सख्ती से उसका अनुपालन हो। पूर्व मुख्य चुनाव आयुक्त जेम्स माइकल लिंगदोह की अध्यक्षतावाले आयोग ने अनेक विकृतियों को उजागर कर कई सिफारिशें की है। उनसे भी मदद मिलेगी।

(16.01.2012)

❑

राहतजीवी सोच है विकास में बाधक

हम फख्र से कहते हैं—बिहार ज्ञान की धरती है। हमारा अतीत समृद्ध रहा है। यह वही बिहार है, जहाँ के बच्चे स्कूलों और कॉलेजों में पढ़ाई के दिन बढ़ाने की माँग पर आंदोलन करते थे। एक दौर ऐसा भी आया, जब शिक्षा के मोर्चे पर राज्य काफी पिछड़ गया। अब शिक्षा को पटरी पर लाने की जद्दोजहद चल रही है तो बच्चों और अभिभावकों के स्तर पर कुछ अलग तस्वीर नजर आ रही है। इन दिनों राज्य के अलग-अलग हिस्सों में साइकिल और पोशाक के लिए बच्चे स्कूल बंद करा रहे हैं। मेजें और कुरसियाँ तोड़ रहे हैं। कहीं सड़क जाम तो कहीं घेराव कर रहे हैं। ये वैसे बच्चे हैं, जिन्होंने स्कूलों में 75 फीसदी हाजिरी की शर्त पूरी नहीं की है। अगर अभिभावकों की शह न हो तो बच्चे ऐसा करने का साहस कैसे करेंगे, लेकिन क्या यह विरोध उचित है? मुख्यमंत्री नीतीश कुमार ने साइकिल और पोशाक योजनाएँ बच्चे-बच्चियों को स्कूल जाने में सहूलियत के लिए शुरू कीं। ये इतनी लोकप्रिय हुईं कि बाद में कई राज्यों ने इन्हें अपनाया, लेकिन बिना स्कूल गए ये सुविधाएँ बच्चे या अभिभावक क्यों माँग रहे हैं? क्या ऐसा विरोध उन बच्चों और अभिभावकों के साथ नाइंसाफी नहीं है, जो पढ़ाई के प्रति गंभीर हैं। लाखों अभिभावक ऐसे भी हैं, जो ज्यादा श्रम कर और अपना पेट काटकर बच्चों को पढ़ा रहे हैं। उन्हें पता है कि गरीबी के अभिशाप से शिक्षा ही मुक्ति दिला सकती है।

साइकिल या पोशाक के लिए जितनी राशि दी जाती है, उससे किसी परिवार की किस्मत नहीं बदल सकती है। हाँ, कुछ तात्कालिक जरूरतें पूरी की जा सकती हैं, लेकिन शिक्षा तो बच्चों की जिंदगी बदल देती है। इससे आनेवाली पीढ़ियाँ सँवर जाती हैं। दरअसल अब समय आ गया है कि सामाजिक उत्थान और प्रोत्साहन की योजनाओं के प्रति नजरिया बदले। राहतजीवी सोच और निर्भरता की प्रवृत्ति तरक्की की राह में बाधक है। बाढ़ की सरोजनी की पीड़ा को ही लें। वह अपने परिवार का खर्च उठाने को नौकरी चाहती है। यह वाजिब भी है, लेकिन क्या विधायक, सांसद, मंत्री या मुख्यमंत्री नौकरी दे सकते हैं? ये सब रोजगार के अवसर पैदा करने की नीतियाँ बनाने और उसे लागू करवाने के प्रति

जवाबदेह हैं। हर तरह की वैकेंसी की अपनी शर्तें और कसौटी होती हैं। ऐसे में नौकरी की माँग पर दबाव बनाने को सरोजनी ने जो रास्ता चुना, क्या वह वाजिब है? वैसे भी यह अकेली सरोजनी की पीड़ा नहीं है, लाखों पढ़े-लिखे लोग बेरोजगार हैं, तो लाखों दूसरे प्रदेशों में नौकरी कर रहे हैं। लाखों परिवार दो वक्त की रोटी के लिए संघर्ष कर रहे हैं।

साइकिल और पोशाक योजना को लेकर ऐसे हालात पैदा होने के लिए शिक्षा विभाग भी जिम्मेवार है। अरसे से ढिंढोरा पीटा जा रहा है कि गाँवों की शिक्षा या अभिभावक समितियाँ स्कूलों में पढ़ाई की मॉनिटरिंग करेंगी। वे बच्चों की उपस्थिति और मध्याह्न भोजन की उपलब्धता सुनिश्चित करेंगी, लेकिन हकीकत यही है कि आज भी शिक्षा समितियाँ सक्रिय नहीं हैं। ये समितियाँ सक्रिय होतीं, तो साइकिल और पोशाक वितरण में भी सहयोग करतीं। स्कूलों में सामाजिक उत्सव आयोजित किए गए, लेकिन क्या समाज को इन आयोजनों से जोड़ने के ईमानदार जतन हुए? ऐसे महत्त्वाकांक्षी प्रयास कागजी घोड़े दौड़ाने से नहीं, बल्कि उन्हें हकीकत में बदलने से कामयाब होते हैं। बहरहाल, गरीबों के उत्थान और प्रोत्साहन की योजनाएँ चलती रहें, यह जरूरी है, लेकिन, उससे भी जरूरी है क्षमता विकास (स्किल डेवलपमेंट) की मुहिम। आज बिजली मिस्त्री से लेकर राजमिस्त्री तक, पलंबर से लेकर लकड़ी के सामान तैयार करनेवाले कुशल कारीगरों तक की कमी है। दूसरी तरफ करीब डेढ़ करोड़ परिवार गरीबी रेखा से नीचे हैं। क्या ऐसे परिवारों के युवाओं को ट्रेनिंग और पूँजी देकर आत्मनिर्भर बनाने की पहल नहीं हो सकती है? अगर ये ट्रेंड कारीगर बन जाएँ और इन्हें पूँजी मिल जाए, तो कमाई कर मकान भी बनवा लेंगे और परिवार का पोषण भी अच्छे से कर पाएँगे। तब ये बच्चों की पढ़ाई के प्रति भी सजग रहेंगे। इनकी आमदनी बढ़ेगी, तो राज्य की सेहत भी सुधरेगी।

(04.02.2013)

❑

केंद्रीय विवि पर जिद के निहितार्थ को समझे केंद्र

समावेशी विकास से ही मंजिल मिलेगी, इस आवधारणा पर आज आम सहमति है। केंद्र सरकार भी समावेशी विकास पर जोर दे रही है, लेकिन व्यवहार में क्या ऐसा हो पा रहा है ? केंद्रीय विश्वविद्यालय का मसला अभी सामने है। इस पर लंबे समय से फैसला अटका हुआ है। राज्य सरकार इसे राष्ट्रपिता महात्मा गांधी के सत्याग्रह की भूमि मोतिहारी में स्थापित करना चाहती है और केंद्र सरकार इस प्रस्ताव पर राजी नहीं है। केंद्र सरकार काफी समय बाद पटना से बाहर इसे स्थापित करने का मन तो बना पाई है, लेकिन एक विकल्प के साथ। केंद्र ने अपने स्तर से ही गया में इसकी स्थापना करने का फैसला ले लिया। मुख्यमंत्री नीतीश कुमार और बिहार विधानमंडल ने साफ कर दिया है कि बिहार मोतिहारी में ही केंद्रीय विश्वविद्यालय चाहता है। अब दुबारा गेंद केंद्र के पाले में है।

बिहार में उच्च शिक्षा संक्रमण के दौर से गुजर रही है। इसकी प्रतिष्ठा फिर से बहाल करने की कोशिशें चल रही हैं। इन कोशिशों का एक पहलू शिक्षा में समावेशी विकास भी है। इसकी झलक नालंदा में अंतरराष्ट्रीय विश्वविद्यालय, किशनगंज में अलीगढ़ मुसलिम यूनिवर्सिटी, मधुबनी में मिथिला पेंटिंग डीम्ड यूनिवर्सिटी, पूर्वी चंपारण में केंद्रीय विश्वविद्यालय की स्थापना के फैसले में देखी जा सकती है। बिहार के विकास में शहरीकरण की धीमी रफ्तार भी बड़ी बाधा है। दक्षिणी–पश्चिमी राज्यों के कई इलाके इसलिए भी विकसित हो गए और आवाजाही के केंद्र बने, क्योंकि वहाँ प्रतिष्ठित शिक्षण संस्थान हैं। प्रतिष्ठित शिक्षा संस्थान स्थापित होने से बिहार के इन इलाकों को क्या विकास की मुख्य धारा में आने का अवसर नहीं मिलेगा ? अभी पटना राज्य का इकलौता शहर है, जिस पर आबादी का दबाव बढ़ रहा है। यहाँ पहले से पटना यूनिवर्सिटी, पी.एम.सी–एच., नालंदा मेडिकल कॉलेज है। नीतीश सरकार ने आर्यभट्ट ज्ञान विश्वविद्यालय, चाणक्य लॉ यूनिवर्सिटी की स्थापना की है। आईजीएमएस, बीआईटी मेसरा की ब्रांच स्थापित हो चुकी है। एम्स के उद्घाटन की तैयारी है। इसी तरह गया की पहचान महाबोधि मंदिर और

विष्णुपद मंदिर से है। इसके अलावा वहाँ मगध विश्वविद्यालय और मेडिकल कॉलेज है। इन दोनों शहरों की समान दूरी पर नालंदा है, जहाँ अंतरराष्ट्रीय विश्वविद्यालय की स्थापना का कार्य प्रगति पर है। ऐसे में पटना या गया में केंद्रीय विश्वविद्यालय की स्थापना का अर्थ होगा, विकास की खाई को चौड़ा करना।

समावेशी विकास का लक्ष्य पाना है तो विकास में क्षेत्रीय असंतुलन को पाटना होगा। केंद्र सरकार में बैठे लोगों को यह नहीं भूलना चाहिए कि विकास में असंतुलन का ही नतीजा है कि बिहार, ओडिसा, छत्तीसगढ़, पूर्वी उत्तर प्रदेश और झारखंड जैसे राज्य पिछड़ गए, जबकि इनमें विकास के दौर में आगे निकालने की न केवल अपार संभावनाएँ, बल्कि माद्दा भी है। बिहार आज, जबकि विकास में क्षेत्रीय असंतुलन का मुद्दा भी मजबूती से उठा रहा है, तो वह खुद इसे कैसे बढ़ावा दे सकता है? केंद्र सरकार को बिहार की जिद के निहितार्थ को समझना होगा। मोतिहारी में केंद्रीय विश्वविद्यालय की स्थापना न केवल महात्मा गांधी के सत्याग्रह की भूमि को सम्मान बख्शना है, बल्कि विकास में संतुलन के प्रयास की कड़ी भी है।

(12.03.2012)

❑

वी.सी. नियुक्ति पर लगे नारों के निहितार्थ गंभीर

बजट सत्र के पहले दिन विधानसभा और विधान परिषद् के संयुक्त अधिवेशन में राज्यपाल के अभिभाषण के दौरान राज्य में कुलपतियों की नियुक्ति पर जो सवाल उठे या नारे लगे, उनके निहितार्थ गंभीर हैं। यह सवाल कांग्रेस की तरफ से उठा, यह भी मायने रखता है। राज्यपाल राज्यों में केंद्र के प्रतिनिधि होते हैं। केंद्र में कांग्रेस के नेतृत्व में यू.पी.ए. की सरकार है। एक मुहावरा है—जहाँ धुआँ, वहाँ आग। राज्यपाल सह कुलाधिपति देवानंद कुँवर ने जब से बिहार में राजभवन की बागडोर सँभाली है, कुलपतियों और कुलसचिवों की नियुक्ति विवादों में फँसी रही है। श्री कुँवर के कार्यकाल में कुलपतियों की बहाली को दो बार तो अदालतें अवैध करार दे चुकी हैं। हाईकोर्ट के दिशा-निर्देश पर हुई कुलपतियों की ताजा बहाली भी विवादों से परे नहीं है। खुद मुख्यमंत्री नीतीश कुमार ने पहली बार इस सवाल पर मुँह खोला। कहा कि जो तरीका अपनाया गया, उसे मशविरा नहीं कह सकते। खानापूरी के लिए एक सूची भेज दी गई। कौन सा नाम किस विश्वविद्यालय के लिए है, सूची में इतना भी दर्ज नहीं किया गया, यानी प्रक्रिया की औपचारिकता भर निभाई गई।

कुलपति का पद मर्यादा का है। उनके कंधों पर भावी पीढ़ियों के निर्माण की बड़ी जवाबदेही होती है। विद्वत्ता ही नहीं, दूरदृष्टि और बौद्धिक रचनात्मकता भी उनमें जरूरी होती है। उनका दामन बेदाग और व्यक्तित्व ऐसा होना जरूरी है, जो छात्रों को प्रेरित करे। अच्छाइयाँ सीखने को विवश करे, लेकिन कुलाधिपति ने कुलपति के पदों पर जिन लोगों की बहाली की है, क्या उनमें ये गुण मौजूद हैं, इनमें से किसी का शिक्षा की बेहतरी में कोई बड़ा योगदान रहा है? कुलाधिपति के समक्ष राजनीतिक सत्ता की तरह उपकृत या तुष्ट करने की कोई विवशता नहीं होती है। वे चाहें तो राज्य सरकार से सलाह-मशविरा कर ऐसे लोगों को कुलपति पद पर नियुक्त कर सकते हैं, जो मिसाल बन जाएँ, लेकिन कुलपति बनने के बाद जो आरोपों से घिर गए या जिनके खिलाफ निगरानी जाँच चल

रही हो, उन्हें इस मर्यादा के पद पर बनाए रखने की जिद क्यों? ये बच्चों को किस बूते ईमान और कर्तव्य का पाठ पढ़ा पाएँगे? रामधारी सिंह दिनकर, डॉ. गणेश प्रसाद सिंह, ए.के. धान, डॉ.मदनेश्वर मिश्रा, डॉ. लक्ष्मण झा, डॉ. रमेश प्रसाद सिंह, नागमणि, रामाश्रय यादव, जगन्नाथ ठाकुर जैसे अनेक प्रतिष्ठित नाम हैं, जो बिहार के विभिन्न विश्वविद्यालयों में कुलपति के बतौर अपनी अलग छाप छोड़ गए। बिहार के सपूतों ने कुलपति पद की मर्यादा में दूसरे राज्य में भी चार चाँद लगाए। इलाहाबाद विश्वविद्यालय में पिता सर गंगानाथ झा से कुलपति का पदभार ग्रहण करने का इतिहास रचने वाले सर अमरनाथ झा बिहार के ही थे।

बिहार ज्ञान की भूमि है। यहाँ प्राचीन काल में नालंदा और विक्रमशिला जैसे विश्वविद्यालय थे। आधुनिक भारत में भी इस राज्य को इसकी प्रतिभाओं और ज्ञान के भंडार से जाना जाता है। नालंदा अंतरराष्ट्रीय विश्वविद्यालय को पुनर्जीवित किया जा रहा है, लेकिन आज यहाँ की उच्चतर शिक्षा संक्रमण के दौर से गुजर रही है। विश्वविद्यालयों में पठन-पाठन का बेहतर माहौल नहीं बन पा रहा है। शिक्षकों से लेकर संसाधनों तक की किल्लत है। एक दौर हमने भी देखा है, जब कॉलेज गए बगैर चैन नहीं मिलती थी, लेकिन आज क्या है? कुछ चुनिंदा कॉलेजों को छोड़ दें तो बाकी में अनेक विषयों में एक अदद शिक्षक तक नहीं हैं। आबादी के हिसाब से विश्वविद्यालय और कॉलेज उपलब्ध नहीं हैं। मेडिकल और इंजीनियरिंग कॉलेजों की संख्या तो बहुत कम है। इस परिस्थिति से उबरने के लिए शास्त्रार्थ, संवाद और मंथन उच्चतर शिक्षा में नए अध्याय जोड़ने के लिए जरूरी था। बिहार ने विकास की अपनी क्षमता साबित कर दी है, प्राथमिक से माध्यमिक तक पठन-पाठन की सुविधाएँ मुहैया कराई जा रही हैं। राज्य सरकार हर पंचायत में माध्यमिक विद्यालय खोलने का फैसला कर चुकी है। क्वालिटी एजुकेशन पर ध्यान केंद्रित किया गया है। ऐसे में विश्वविद्यालयों और कॉलेजों की तकदीर और तस्वीर क्यों नहीं सँवर सकती है? जरूरत है, किसी भी फैसले के केंद्र में बेहतरी रहे, न कि निहित स्वार्थ या पूर्वग्रह।

(25.02.2013)

❑

नालंदा विवि की स्थापना में अब उदासीनता क्यों?

नालंदा अंतरराष्ट्रीय विश्वविद्यालय राज्य का एक ड्रीम प्रोजेक्ट है। इससे अतीत का गौरव हासिल होगा। बिहार फिर से ज्ञान का केंद्र बनेगा। बिहार में अध्ययन-अध्यापन समेत शोध और शास्त्रार्थ का माहौल बनेगा। दो वर्ष पहले तक इस परिकल्पना को साकार करने में राज्य और केंद्र सरकार के सुर एक थे, लेकिन अब केंद्र सरकार और विश्वविद्यालय प्रशासन की धीमी गति से लोगों में बेचैनी बढ़ रही है। आशंकाएँ भी घर करने लगी हैं। दो विषयों में पीजी की पढ़ाई इसी साल जुलाई से कराने का निर्णय लिया गया था, लेकिन न तो शिक्षकों की नियुक्ति हुई और न भवन का निर्माण शुरू हो पाया। याद रहे कि इस विश्वविद्यालय की स्थापना में धन की कमी आड़े नहीं आएगी, क्योंकि जापान समेत अनेक बौद्ध देश इसमें दिलचस्पी ले रहे हैं और वे आर्थिक मदद के लिए भी तैयार हैं।

2007 में नोबेल विजेता प्रख्यात अर्थशास्त्री प्रो. अमर्त्य सेन की अध्यक्षता में इसके मेंटर ग्रुप का गठन किया गया था। अगस्त, 2010 में इस विश्वविद्यालय के विधेयक को संसद से मंजूरी मिल गई। 27 नवंबर, 2010 को राष्ट्रपति ने विधेयक को मंजूरी दे दी। इसके पहले विजिटर डॉ. कलाम थे। विधेयक मंजूर होने के बाद केंद्र सरकार ने प्रो. सेन की अध्यक्षता में शासी निकाय का गठन किया। वही इसके चांसलर भी हैं। फरवरी, 2011 में गोपा सभरवाल को पहला वाइस चांसलर बनाया गया। उनकी नियुक्ति पर सवाल भी उठे, लेकिन कुछ समय बाद ही विवाद थम गया। शासी निकाय की फरवरी, 2013 में हुई दूसरी अहम बैठक में कई अहम फैसले लिये गए। मसलन दो विषयों में पीजी की पढ़ाई जुलाई, 2014 से, जुलाई 13 में 26 प्रोफेसर की नियुक्ति, दो महीने में परिसर और भवन का डिजायन तैयार करने को अंतरराष्ट्रीय प्रतियोगिता, इसके बाद आर्टिटेक्ट का चयन आदि। भवन निर्माण नवंबर-दिसंबर 2013 में शुरू होना था, लेकिन अभी तो टेंडर की प्रक्रिया भी शुरू नहीं हुई।

इस सूबे ने अर्श से फर्श तक का सफर तय किया है। एक दौर ऐसा भी आया, जब आजादी के बाद लंबे समय तक देश-दुनिया में प्रतिष्ठित रहे शिक्षण संस्थानों ने भी अपनी पहचान खो दी। हालात ऐसे बन गए कि पढ़ाई करने सात से आठ लाख बच्चों को प्रतिवर्ष दूसरे राज्यों में जाने को विवश होना पड़ा। आज भी सामान्य उच्चतर, तकनीकी और व्यावसयिक शिक्षा के क्षेत्र में स्थिति बहुत नहीं बदली है। कुलपतियों की बहाली के विवाद ने उच्चतर शिक्षा की कमर तोड़ दी है, लेकिन नालंदा अंतरराष्ट्रीय यूनिवर्सिटी, दो सेंट्रल यूनिवर्सिटी, एक सेंट्रल एग्रीकल्चर यूनिवर्सिटी समेत अनेक नए विश्वविद्यालयों की स्थापना के फैसलों और परिकल्पनाओं ने शिक्षा के क्षेत्र में फिर से ऊँचाइयाँ चढ़ने की तमन्ना जगाई है। राज्य में बीते वर्षों में तेजी से सकारात्मक बदलावा आए हैं। इसने तेज गति से बढ़ रहे एक प्रदेश की पहचान हासिल कर ली है। बावजूद इसके आगे की राह आसान नहीं है। आबादी का दबाव, गरीबी, बेरोजगारी, उस अनुपात में राजेगार के कमतर अवसर, अशिक्षा, जैसी चुनौतियाँ बड़ी हैं।

पाँचवीं से ग्यारहवीं सदी तक पूरी दुनिया में बिहार की धाक थी। नालंदा, विक्रमशिला और तिलाधक जैसे विश्वविद्यालय इसकी शान थे। आक्रमण कर इन्हें ध्वस्त कर दिया गया। इसके बाद ऐसी अंतरराष्ट्रीय स्तर की यूनिवर्सिटी इसकी कोख से पैदा नहीं हो पाई। 21वीं सदी का आरंभ इस अर्थ में पुनरुत्थान का प्रतीक जैसा है। नीतीश कुमार ने राज्य की बागडोर सँभालने के बाद इस विश्वविद्यालय को पुनर्जीवित करने की पहल की। प्राचीन नालंदा यूनिवर्सिटी की तर्ज पर अंतरराष्ट्रीय विश्वविद्यालय की स्थापना का प्रस्ताव बिहार ने केंद्र को भेजा। उस समय केंद्र सरकार ने भी गंभीरता दिखाई। बिहार सरकार ने अपने हिस्से का काम कर दिया है। अपेक्षित जमीन का अधिग्रहण कर विश्वविद्यालय को सौंपी जा चुकी है। केंद्र सरकार ने भी पैसे आवंटित करने शुरू कर दिए, लेकिन विश्वविद्यालय प्रशासन उसे खर्च नहीं कर पा रहा है। इससे आवंटन में कटौती शुरू हो गई।

इस यूनिवर्सिटी के लिए सड़कों का जाल बिछाने, नालंदा में एयरपोर्ट के निर्माण पर भी सहमति बन चुकी है। विश्वविद्यालय से आस-पास के दो सौ गाँवों को जोड़ा जाना है, लेकिन फाइलों में सहमति से परिकल्पना साकार नहीं होती है। फैसलों को जमीन पर उतारना होगा। समय-सीमा में काम पूरा कराने के लिए केंद्र सरकार को दबाव बनाना होगा। इस यूनिवर्सिटी की परिकल्पना साकार हुई तो यह सिर्फ बिहार के विकास में मील का पत्थर ही साबित नहीं होगी, बल्कि यह हिंदुस्तान की विश्वस्तरीय धरोहर कहलाएगी।

(20.01.2014)

❑

इसे बिहार की जिद नहीं सत्य का आग्रह मानिए

केंद्रीय मानव संसाधन विकास मंत्री कपिल सिब्बल ने एक बार फिर मोतिहारी में केंद्रीय विश्वविद्यालय की स्थापना के प्रस्ताव को ठुकरा दिया है। उनका तर्क है कि मोतिहारी में हवाईअड्डा नहीं है और न यह शहर आबादी के करीब है। इस तर्क की कसौटी पर समावेशी विकास की अवधारणा का हश्र क्या होगा, इस तर्क पर चलकर क्या हम पिछड़े इलाकों को मुख्यधारा में ला पाएँगे? श्री सिब्बल के तर्क से तो लगता है कि केंद्रीय विश्वविद्यालय में वैसे शिक्षक या छात्र ही रहेंगे, जिनके लिए हवाई यात्रा की सुविधा सबसे जरूरी होगी। केंद्र सरकार को सबसे पहले यह तय कर लेना चाहिए कि शिक्षा के व्यवसायीकरण के इस दौर में सरकारी सुविधा किस तबके और इलाके को मिले। इसके अलावा एक अहम सवाल यह भी है कि इसी केंद्र सरकार ने तीन साल पहले फैसला किया था कि केंद्रीय विश्वविद्यालय राज्यों की राजधानी से बाहर स्थापित होंगे। इसी फैसले के तहत अन्य कई राज्यों में वहाँ की राजधानी से बाहर दूर के जिलों में केंद्रीय विश्वविद्यालय की स्थापना हुई, लेकिन बिहार की बारी आई तो फिर राज्य की राजधानी या इसके आस-पास ही इसे स्थापित करने की शर्त क्यों रखी जा रही है?

श्री सिब्बल शायद यह भूल रहे हैं कि देश की आजादी के लिए सत्य का आग्रह अगर महात्मा गांधी ने कोर्ट में पेश होकर मोतिहारी में किया था, तो उन्होंने शिक्षा का आंदोलन भी चंपारण से शुरू किया था। 14 नवंबर, 1917 को गांधीजी ने पूर्वी चंपारण के बरहरवा लखनसेन में और इसके कुछ समय बाद पश्चिमी चंपारण के भितिहरवा में भी विद्यालय की स्थापना की थी। ये दोनों जिले तब एक थे। इन विद्यालयों में गुजरात समेत कई राज्यों से शिक्षक आए थे। उनमें इंजीनियर बबन गोखले, उनकी पत्नी अवंतिका गोखले से लेकर गांधीजी की पत्नी कस्तूरबा बाई गांधी और पुत्र देवदास गांधी तक खुद पढ़ाया करते थे। तब किसी ने यह सवाल नहीं उठाया था कि बिहार के इस सुदूर इलाके में बाहर के लोग आकर कैसे रहेंगे। आज भी यह सवाल मोतिहारी स्थित सरकारी इंजीनियरिंग कॉलेज, राज्य के सरकारी मेडिकल कॉलेजों, किशनगंज के माता गुजरी मेडिकल कॉलेज या दरभंगा

के डेंटल कॉलेज को लेकर नहीं उठते हैं। वहाँ दूसरे राज्यों के छात्र और शिक्षक दोनों आते हैं और आराम से अध्ययन और अध्यापन करते हैं। यह भी गौरतलब है कि चंपारण 1866 में ही जिला बना था और 1972 में इसे दो जिलों में बाँटा गया।

मोतिहारी आवागमन के लिहाज से भी दुर्गम नहीं है। मोतिहारी तक ट्रेन सेवा पहले से है। पटना में गंगा नदी पर निर्माणाधीन पुल दो वर्ष में तैयार हो जाएगा। इसके बाद पटना से दो घंटे में ट्रेन से मोतिहारी की यात्रा संभव होगी। पोरबंदर से सिलचर तक का ईस्ट–वेस्ट कॉरिडोर पूर्वी चंपारण जिले के पिपराकोठी से गुजरा है और यहाँ से मोतिहारी महज 12 किलोमीटर दूर है। यह सड़क भी एनएच–28 है। ऐसे में आवागमन की चिंता क्यों ? इन पहलुओं की कसौटी पर केंद्र को अपने फैसले को परखना चाहिए, तभी बिहार की भावना की वह कद्र कर सकेगा। मुख्यमंत्री नीतीश कुमार की यह जिद नहीं, एक बार फिर बिहार का यह सत्य का आग्रह है।

(11.03.2012)

❑

इस आईने में चेहरा देखें तो सबका भला

मुख्यमंत्री नीतीश कुमार की सेवा यात्रा के प्रथम चरण का पहला अध्याय पश्चिम चंपारण में लिखा गया। चार दिनों के उनके प्रवास ने जिम्मेदार पदों पर बैठे लोगों को आईना भी दिखाया है, वह चाहे राजनेता हों या अफसर। याद रहे, लोगों के बीच जाना ही काफी नहीं होता है, बल्कि उसके लिए आपको दृढसंकल्प तो होना ही चाहिए, आँख, नाक और कान तीनों खुले होने चाहिए। आपको पद की आत्ममुग्धता से बाहर निकलकर उदार और सहज बनना पड़ता है और इससे भी ज्यादा अहम है आपकी विश्वसनीयता—ऐसा होने पर ही आपके सामने लोग निडर होकर सही तस्वीर पेश करते हैं।

पश्चिम चंपारण के सुदूरवर्ती गाँवों में मुख्यमंत्री के समक्ष दलित, अति पिछड़ा समुदाय की महिलाओं, नौजवानों, किसानों, कटाव पीड़ितों, छात्र-छात्राओं ने जिस बेबाकी से अपनी बात रखी, वह काबिले गौर है। सिकटा प्रखंड की जगन्नाथपुर पंचायत के टेढुआ टोला मुसहरी की महिलाओं ने दोस्ताना संवाद के कारण ही मुख्यमंत्री के लिए पीडीएस सिस्टम में व्याप्त कमियों और खामियों को समझने की राह आसान की। इसी तरह धनहा और भितहा प्रखंडों में सड़क मार्ग से चलते हुए प्रधानमंत्री सड़क योजना की दुर्दशा और उसकी राशि की बंदरबाँट पर उनकी पैनी नजर पड़ी। उन्होंने वहीं रुककर जानकारी ली और फौरन एफआईआर दर्ज करने का आदेश दिया। हवाई मार्ग से गुजरते समय उनकी नजर जमीन पर हो रहे कार्यों पर थी और बरवां में लैंड करते ही उन्होंने जल संसाधन विभाग के प्रधान सचिव से कहा कि तिरहुत नहर में काम होता दिखाई नहीं दे रहा है। आशय यह कि सड़कों से मंत्री, नेता और अधिकारी रोज गुजरते हैं, उनकी नजर इन पर क्यों नहीं पड़ती या योजनाओं के कार्यान्वयन में अंदरखाने क्या कुछ हो रहा है, इसकी तह तक वे क्यों नहीं पहुँच पाते ? जाहिर है, या तो दाल में कुछ काला है या फिर इच्छाशक्ति का अभाव।

पूरी दुनिया मान रही है बिहार में अप्रत्याशित बदलावा आया है। यह राज्य अत्यंत पिछड़ा के कलंक से बाहर निकलकर विकास का मॉडल बन गया है। यह भी सही है

कि मुख्यमंत्री के मार्गदर्शन में इसी तंत्र ने इसे संभव किया है, लेकिन डिलीवरी सिस्टम में अभी सुधार की जरूरत है। बिहार में दिनचर्या के शब्दकोश में तबादला उद्योग, मलाईदार पद, ऊपरी आमदनी, हफ्ता, महीना, फिरौती, थानों की बिक्री जैसे शब्द मशहूर रहे। जंगल राज यूँ ही नहीं कहा जाने लगा। अब इनके उपयोग आम नहीं रह गए हैं, तो इसका अर्थ यह भी नहीं है कि सबकुछ ठीक हो गया है। सेवा यात्रा के दौरान प्रखंड, अंचल, थाना, स्कूल, निर्माण और कटाव स्थल पर जाकर मुख्यमंत्री ने संदेश दे दिया है कि सच पर परदा डालना संभव नहीं होगा। बातें सामने आएँगी। बेतिया में ही लोकसेवकों पर अभियोजन की स्वीकृति देकर उन्होंने अपना मकसद साफ कर दिया है कि सेवा के पदों पर बैठकर मेवा छकते रहने की प्रवृत्ति त्यागनी होगी। राज्य सरकार सिर्फ कानून से ही नकेल नहीं कसेगी, बल्कि उसके असर की पड़ताल भी करेगी। सेवा यात्रा का फालोअप होता रहे, इसीलिए मुख्यमंत्री ने कहा कि अब जिलों के प्रभारी मंत्री गाँवों में पंचायत लगाएँगे।

(14.11.2011)

❑

इच्छाशक्ति ने बनाया कृषि का रोल मॉडल

मुजफ्फरपुर का मीनापुर प्रखंड एक दौर में सर्वाधिक नक्सल प्रभावित इलाकों में शुमार रहा है, लेकिन इसी प्रखंड में आज उम्मीदों की ऐसी किरण भी फूटी हैं, जो बिहार को नई रोशनी दे सकती हैं। इस प्रखंड के मुस्तफागंज गाँव के मनोज कुमार ने वह कर दिखाया है, जो इच्छाशक्ति रहने पर ही संभव है। मुख्यमंत्री नीतीश कुमार ने सेवा यात्रा के दौरान इस गाँव में जाकर न केवल मनोज कुमार और उनके अभियान में शामिल किसानों का मनोबल ऊँचा किया, बल्कि इस गाँव के अभियान को सुर्खियाँ भी दिलाई हैं।

मनोज कुमार की तमन्ना आई.ए.एस. बनने की थी। एक बार वह यू.पी.एस.सी. की परीक्षा में शामिल भी हुए। दूसरे प्रयास की तैयारी में थे कि उन्हें जानकारी मिली कि गाँव में खेती कायदे से नहीं हो पा रही है। उन्होंने फैसला लिया कि गाँव जाकर खेती करूँगा। भूगोल के टॉपर रहे मनोज ने न केवल खेती का बेहतरीन नमूना पेश किया, बल्कि उसे एक नया आयाम और ऊँचाई भी दी है। उन्होंने गाँव में बर्मी कंपोस्ट तैयार कर खाद की जगह उसका उपयोग करना प्रारंभ किया। खुद को मिसाल बनाकर वे गाँव के अन्य किसानों के प्रेरणा स्रोत बने। ग्रामीणों को बर्मी कंपोस्ट तैयार करने में दक्ष किया और उसका नतीजा है कि आज इस गाँव में तीन सौ से अधिक किसान इसका उत्पादन कर खेती कर रहे हैं। खाद और कीटनाशकों के दुष्प्रभाव से यहाँ के खेतिहर उत्पादन तो मुक्त हैं ही, इन पर होनेवाले बेशुमार खर्च और इनके लिए भागमभाग से भी किसानों को फुरसत मिली हुई है। अब तो यह अभियान आस-पास के गाँवों में भी पसर रहा है। मनोज और उनकी टीम ने करीब एक दर्जन गाँवों में किसान क्लब का गठन कराया है। मुख्यमंत्री ने जिस गंभीरता से यहाँ के प्रयासों का जायजा लिया है, उससे जाहिर है कि इस गाँव के अभियान को वे विस्तार देना चाहेंगे।

मुख्यमंत्री नीतीश कुमार की सेवा यात्रा के एजेंडे में कृषि प्राथमिकता में है। इसके अलावा वे आधारभूत संरचना के निर्माण, बाढ़ से बचाव, सिंचाई, शिक्षा, और स्वास्थ्य क्षेत्र की सुविधाओं, आरटीएस, डिलीवरी सिस्टम, प्रशासनिक कार्यशैली का अध्ययन और

साथ ही इन क्षेत्रों में सुधार के अलावा संभावनाओं की तलाश भी कर रहे हैं। इसमें गाँवों और पिछड़े शहरों को मजबूती देने का एजेंडा अहम है। जिला मुख्यालय स्थित सर्किट हाउस में डेरा डालने का मकसद ही है कि आते-जाते शहरों का जायजा लेना। हाल ही में उन्होंने कहा था कि राज्य के अन्य शहरों को भी इस काबिल बनाया जाएगा कि लोग वहाँ उद्योग-धंधा कर सकें। मुजफ्फरपुर शहर में सड़कों की बदहाली पर उन्होंने सख्त तेवर अपनाए। वह किसी एक ऐसे गाँव में भी जा रहे हैं, जहाँ किसी क्षेत्र में कुछ खास हो रहा है। पश्चिम चंपारण में वह थरुहट के गाँव गए, जहाँ की महिलाएँ हस्तशिल्प में माहिर हैं, तो मुजफ्फरपुर में लहठी उत्पादन के लिए प्रसिद्ध चैनपुर और इस्लामपुर गए। सेवा यात्रा का तात्कालिक लाभ तो सामने है, प्रखंड, थाना, पीएचसी और स्कूल भवनों का न केवल रंग-रोगन हो गया है, बल्कि वहाँ बहुत कुछ व्यवस्थित हो गया है। जाहिर है, यात्रा में मिले तमाम अनुभव आनेवाले समय में सरकार के कामकाज में परिलक्षित होंगे।

(21.11.2011)

❑

समारोहों से बने माहौल को विस्तार देना होगा

शताब्दी वर्ष की विदाई और नई सदी के स्वागत को आयोजित तीन दिवसीय बिहार दिवस समारोह की गूँज अरसा बाद तक सुनाई देगी। बिहार के अलावा अन्य राज्यों की राजधानी समेत देश के बाहर भी इस मौके पर समारोह आयोजित किए गए। यह बिहारी पहचान स्थापित करने और सामाजिक मनोविज्ञान बदलने की दिशा में एक अहम प्रयास है। मुख्यमंत्री नीतीश कुमार ने राज्य के लोगों का आह्वान भी किया कि ईद, दशहरा, दीवाली और छठ की तरह बिहार दिवस भी उल्लास से मनाएँ। लोगों ने भी दो कदम आगे बढ़कर उत्साह दिखाया। पटना के गांधी मैदान से लेकर जिलों में आयोजित समारोहों तक लोगों की अच्छी-खासी भीड़ जुटी। 22 मार्च को पटना के ऐतिहासिक गांधी मैदान में बिहार के मान-सम्मान, स्वाभिमान और अरमानों की आवाज गूँजती रही और जनसमूह ने जोशीले नारों और तालियों से अपने मनोभाव प्रदर्शित किए। इससे समारोह की सार्थकता सदृश होती नजर आई।

सभी पर्व-त्योहारों के अपने-अपने संदेश होते हैं। दशहरा अगर असत्य पर सत्य की जीत का तो ईद आत्मशुद्धि का पैगाम देता है। बिहार दिवस का भी अपना संदेश और निहितार्थ है, बल्कि इसका दायरा धार्मिक-सामाजिक अनुष्ठानों से कहीं बड़ा है। बिहारी पहचान की डोर अस्मिता से ही नहीं, बल्कि आम आदमी के जीवन की बेहतरी से भी जुड़ी है। अतीत के अनेक कालखंडों में बिहार की पहचान अलग-अलग रही। कभी शिक्षा, तो कभी धर्म-प्रवर्तकों की, कभी पहला गणतंत्र तो कभी वर्ग संघर्ष और कभी सामाजिक सुधार की भूमि होने का गौरव इसे हासिल हुआ। सामाजिक असमानता के खिलाफ लड़ाई के सार्थक नतीजे सामने आए, लेकिन आर्थिक और संसाधनों के मोर्चे पर राज्य पिछड़ गया। नतीजा गरीबी, कुपोषण, अशिक्षा बढ़ती गई। सबसे बुरा था, शासन का कमजोर पड़ना। इसका नतीजा था कि बाहुबलियों की समानांतर सत्ता कायम हो गई। बड़ी संख्या में लोग बिहार छोड़ गए। इन सबने बिहारी पहचान को शर्म का पर्याय बना दिया। बिहार के पास उत्थान-पतन के अनुभवों का खजाना है।

यह दौर बिहार के नव-निर्माण का है। राज्य कम समय में विकास की मिसाल बनकर उभरा है। इस नई पहचान की जड़ें गहरी और मजबूत हों, यह ज्यादा महत्त्वपूर्ण है। बिहार दिवस के आयोजनों से जो माहौल बना है, उसे विस्तार देना होगा। यह सिर्फ राज्य सरकार की जवाबदेही नहीं है, इसके लिए हर स्तर पर पहल जरूरी है। शासन, प्रशासन और नागरिक सेवाओं से जुड़े शीर्ष से सतह तक के लोकसेवकों को भी अपने कार्य और व्यवहार में यह दिखाना होगा कि वे नव-निर्माण को समर्पित हैं। एक गरीब या अशिक्षित व्यक्ति इसे महसूस करे, यह ज्यादा जरूरी है। गरीबी, अशिक्षा और कुपोषण के कलंक से मुक्ति दिलाने के गर्व के सामने बड़ी इमारतों और गाड़ियों का दंभ बहुत बौना होगा। बड़ा लक्ष्य हासिल करना हो, तो छोटे स्वार्थ त्यागने पड़ते हैं। यह भी नहीं भूलना चाहिए कि नव-निर्माण के यज्ञ में जो उदासीन रहेंगे या बाधा बनेंगे, उन्हें अगली पीढ़ी माफ नहीं करेगी। मुख्यमंत्री ने समारोह में पते की बात कही—जो बदलाव आया है, उसे बिहार में रहकर लोग जितना महसूस कर रहे हैं, उससे कई गुना ज्यादा राज्य के बाहर रहनेवाले बिहारी महसूस करते हैं।

(26.03.2012)

❑

बिहार की धरोहर है धरहरा

बिहार के लिए यह कम बड़ा गौरव नहीं है कि गणतंत्र दिवस पर राजपथ पर देश दुनिया को नई दिशा और प्रेरणा देती बिहार की झाँकी दिखी। भागलपुर जिले के धरहरा गाँव में करीब एक सदी पूर्व वहाँ के ग्रामीणों ने बेटी के जन्म लेने पर कम-से-कम दस फलदार वृक्ष लगाने की परंपरा को जन्म दिया था। धरहरा ने उस समय कल्पना भी नहीं की होगी कि उसकी यह पहल सौ साल बाद देश-दुनिया की प्रेरणा का स्रोत बनेगी, ठीक उसी तरह अपने सौ साल पूरा करते हुए यह राज्य बुलंदियों को छूने की तरफ तेजी से बढ़ा रहा है। झंझावातों का पहाड़, विश्वास और उम्मीदों के पहाड़ में तब्दील हो चुका है।

करीब तेरह महीने पहले धरहरा गाँव की इस अनोखी परंपरा की जानकारी मुख्यमंत्री नीतीश कुमार को मिली तो उन्होंने तत्काल 6 जून, 2010 को विश्वास यात्रा पर धरहरा गाँव जाने का फैसला लिया। वहाँ जाकर विश्वास दिलाया कि इस गाँव का संदेश न केवल पूरे प्रदेश में, बल्कि प्रदेश की सीमा से बाहर देश-दुनिया में फैलाएँगे। इसे सच साबित किया। वाशिंगटन के एक सेमिनार में ग्लोबल वार्मिंग से निपटने की एक राह के बतौर इस गाँव की परंपरा को देखा गया। पर्यावरण दिवस पर 5 जून, 2011 को धरहरा रवाना होने से पहले नीतीश कुमार ने राज्य भर के स्कूलों में वृक्ष लगाने की योजना का श्रीगणेश किया। एक राजनीतिक दल के बतौर सामाजिक जिम्मेदारी स्वीकारी और 11 अगस्त, 2011 को अपने पैतृक गाँव कल्याण बिगहा में पेड़ लगाकर जदयू का हरित बिहार अभियान शुरू किया। 3 सितंबर को जदयू के प्रदेश कार्यालय से हरित बिहार अभियान रथ रवाना किया। जिस तरह धरहरा में बेटी के जन्म लेने पर वृक्ष लगाए जाते हैं, उसी तरह जदयू का सदस्य बनने और सदस्यता के नवीकरण पर पेड़ लगाना अनिवार्य है। कृषि रोडमैप में वृक्षारोपण एक अहम अध्याय है। गणतंत्र दिवस पर धरहरा की झाँकी उसी की अगली कड़ी है।

धरहरा की परंपरा में अनेक संदेश अंतर्निहित हैं। आज लड़कों की तुलना में लड़कियों का औसत कई राज्यों और देशों में बहुत कम है। इससे अनेक समस्याएँ पैदा

होने लगी हैं। हरियाणा में प्रति एक हजार लड़कों पर 877 और पंजाब में 893 लड़कियाँ हैं। बिहार इस अर्थ में धनी है, यहाँ यह औसत 916 है। इसमें धरहरा और मुजफ्फरपुर के मुस्तफागंज जैसे गाँवों की परंपरा का भी योगदान है, जो प्रेरणा देती है। बेटी के जन्म लेने पर जहाँ लोग मायूस होते हैं, वहीं इन गाँवों में उत्सव का माहौल रहता है। बेटी बोझ नहीं, वरदान है, बशर्ते बेटे की तरह उसके निर्माण और तरक्की की योजना बने। बेटी के साथ पनपनेवाले वृक्ष जब फल देते हैं तो उससे आमदनी होती है और वह जमा होते-होते उसकी पढ़ाई और शादी के समय एक मोटी रकम बन जाती है। इससे बचत की प्रवृत्ति भी पैदा होती है। पर्यावरण असंतुलन आज की बड़ी चुनौती है। वृक्ष लगाकर संतुलन कायम किया जा सकता है। कृषि प्रधान इस राज्य में इंद्रधनुषी क्रांति का सपना साकार करने में इससे आसानी होगी। बहरहाल, धरहरा ने और नीतीश कुमार ने अपना-अपना धर्म निभाया, अब बारी राज्य के लोगों की है। धरहरा के संदेश को हम जिस किसी रूप में भी जितना ही फैलाएँगे, हरियाली और खुशहाली उसी अनुपात में हमारी झोली में आती जाएगी।

(29.11.2012)

❑

समय की माँग है शर्तों में संशोधन

विशेष दर्जे की माँग पर विचार के लिए गठित अंतरमंत्रालयी समूह ने बिहार को निराश किया है। उसने पहले से तय कसौटियों पर इस माँग को परखा और कह दिया कि फिट केस नहीं है। उसके न करने के तीन तर्क हैं—बिहार पर्वतीय राज्य नहीं है, यहाँ आबादी अपेक्षाकृत कम सघन नहीं है और आदिवासी आबादी भी नहीं है। समूह ने तय शर्तों के आईने में आँकड़ों का अध्ययन किया और रिपोर्ट तैयार कर ली। जाहिर है, समूह को इन बातों से कोई सरोकार नहीं था कि अंतरराष्ट्रीय सीमा से लगे बिहार में बाढ़ की तबाही और गरीबी की चुनौतियाँ कितनी गंभीर हैं? आधारभूत संरचना, मानव विकास, बिजली उत्पादन, औद्योगिक विकास, आवागमन की सुविधा का औसत क्या है, आजादी के बाद से यहाँ केंद्रीय निवेश का औसत क्या रहा, आज बिहार विकसित राज्य बनने की जद्दोजहद कर रहा है तो इसे सहूलियतों की जरूरत है? अगर नीयत ठीक होती तो यह कहा जा सकता था कि निर्धारित शर्तों की तकनीकी कसौटी पर बिहार की माँग भले ही पूरी तरह फिट नहीं है, लेकिन इसके हालात ऐसे हैं कि इसे ऐसी सहूलियतें दी जानी चाहिए। इसके लिए शर्तों में संशोधन किया जा सकता है।

विशेष राज्य का दर्जा देने का प्रावधान संवैधानिक नहीं है। जिस तरह भाड़ा समानीकरण का फैसला था, उसी तरह पर्वतीय, सीमायी और आदिवासी बहुल पिछड़े राज्यों को विकास की मुख्य धारा में लाने के लिए विशेष दर्जे का प्रावधान केंद्र ने किया। पहले फैसले से बिहार को अपने ही खनिज भंडार के लाभ से वंचित होना पड़ा और दूसरे से उन राज्यों को लाभ हुआ। इस पर किसी का विरोध भी नहीं रहा, लेकिन इसका निहितार्थ यह कैसे हो सकता है कि आधारभूत संरचना और मानव विकास के तमाम पायदानों पर पिछड़े किसी राज्य को ऐसी सहूलियतें दी ही नहीं जा सकती हैं। देश के संविधान में 62 वर्षों में सौ के करीब संशोधन हो सकते हैं तो विशेष दर्जे की शर्तों में क्यों नहीं? संशोधन चाहे संविधान में हो या शर्तों में, वे समय की माँग पर आधारित होते हैं। आज समावेशी विकास समय की माँग है।

समूह की रिपोर्ट पर मुख्यमंत्री नीतीश कुमार ने तीखी प्रतिक्रिया व्यक्त की। बिहार का हक पाने के लिए वे पटना और दिल्ली में बिहारियों का जुटान करेंगे। उन्होंने लोकसभा चुनाव का नतीजा आने से पहले घोषणा की थी कि जो गठबंधन बिहार की यह माँग पूरा करेगा, वे उसे समर्थन देंगे। एन.डी.ए. का पार्टनर रहते, इस घोषणा का संदेश साफ था कि इस हक को पाने के लिए वे किस तरह का कठिन फैसला तक करने को तैयार हैं। सवा करोड़ बिहारियों का हस्ताक्षर जुटाना भी आसान नहीं था। राजनीतिक दाँव-पेच तो चलते रहते हैं। अब यह सवाल कितना वाजिब है कि जब नीतीश कुमार केंद्र सरकार में थे तो उस समय यह माँग क्यों नहीं उठाई? ऐसे सवाल तो उन सबको लेकर खड़े हो सकते हैं, जो केंद्र की सत्ता में अरसे तक निर्णायक भूमिका में रहे और आज भी देश की राजनीति को अपने कद और अनुभव से प्रभावित करते हैं। ज्यादा महत्त्वपूर्ण यह है कि पहली बार राज्य के नेतृत्व ने इस माँग को इतनी मजबूती से रखा, उसे प्रभावी बनाने के अनेक जतन किए और राज्य में इस पर सर्वानुमति कायम हुई। कांग्रेस समेत तामाम विपक्षी दल इसके समर्थन में खड़े हैं, तो इसका निहितार्थ यही है कि यह माँग बिहार की अस्मिता से जुड़ गई है।

(07.05.2012)

❑

इसमें बिहार का भी पुनर्जन्म निहित है

बिहार की ऐतिहासिक और पुरातात्त्विक धरोहरों के गर्भ में मानव सभ्यता के इतिहास और पौराणिक गाथाओं का खजाना दफन है। नालंदा के प्राचीन विश्वविद्यालय के खँडहर इसकी उम्दा मिसाल हैं। दुनिया के अनेक ऐसे देश हैं, जहाँ प्राचीन धरोहरों की संख्या नगण्य है, लेकिन वहाँ की जनता और सरकार की सक्रियता ने उन गिनी-चुनी धरोहरों को भी दुनिया भर में अलग पहचान दिलाई। उनमें कई ऐसी भी हैं, जिन्हें विश्व धरोहर की सूची में स्थान मिला। बिहार, जिसके हर हिस्से में न केवल ऐतिहासिक, पौराणिक और पुरातात्त्विक महत्त्व के स्थल बिखरे पड़े हैं, बल्कि इनमें अनेक ऐसे हैं, जिनका विश्व और मानवता के विकास के इतिहास से सीधा सरोकार है। राज्य के धर्मस्थलों की भी अपनी अहमियत है। सैकड़ों वर्ष पुराने मंदिर, वहाँ मौजूद मूर्तियाँ और उनकी दीवारों की कलाकृतियाँ इतिहास के अनेक काल-खंडों की प्रतिनिधि हैं। कई मंदिरों में तो तंत्र आधारित कलाकृतियाँ दुनिया के लिए दुर्लभ मिसाल हैं। जैन, सिख और बौद्ध धर्म माननेवालों की आस्था के केंद्र यहाँ हैं। हिंदू धर्म में पूर्वजों के मोक्ष के लिए पिंड दान की मान्यता है। यह कर्मकांड भी गया में होता है। फिर भी इस राज्य को पर्यटन और वैश्विक शोध के मानचित्र पर उभारने की ईमानदार कोशिशें आजादी के बाद न तो राज्य के नेतृत्व ने कीं और न केंद्र सरकार ने दिलचस्पी दिखाई। इस अर्थ में नालंदा विश्वविद्यालय का पुनर्जन्म दरअसल बिहार का पुनर्जन्म साबित होगा। इस बहाने बिहार एक बार फिर पूरी दुनिया के आकर्षण का केंद्र बनेगा।

नालंदा अंतरराष्ट्रीय विवि के भवन निर्माण समेत वहाँ तमाम साधन-संसाधन मुहैया कराने की प्रक्रिया अब शुरू होनेवाली है। कुछेक महीनों में शुरुआती प्रक्रिया पूरी होने के बाद निर्माण की प्रक्रिया शुरू होगी। अगले कुछ वर्षों में विश्वविद्यालय ज्ञान की रोशनी बिखेरने में जुट जाएगा। आईसीसीआर की ओर से आयोजित अंतरराष्ट्रीय सेमिनार में मुख्यमंत्री नीतीश कुमार ने नालंदा विश्वविद्यालय की चर्चा के क्रम में मधुबनी के बलिराजगढ़ और भागलपुर के विक्रमशिला प्राचीन विश्वविद्यालय का उल्लेख किया।

मई के अंत में सेवा यात्रा पर वे भागलपुर गए थे, उस दौरान उन्हें विक्रमशिला भी जाना था। वे वहाँ के खँडहरों और भौगोलिक स्थिति का जायजा लेते। भारत बंद के कारण वे नहीं जा सके। उन्होंने वहाँ के लोगों को आश्वस्त किया कि वे विक्रमशिला का जायजा लेने के लिए खासतौर से आएँगे। अंतरराष्ट्रीय सेमिनार के मंच से इन दो अति प्राचीन धरोहरों का उल्लेख करते हुए उन्होंने बिहार के तमाम पुरातात्त्विक और प्राचीन स्थलों के महत्त्व को जिस अंदाज में रेखांकित किया, उससे जाहिर है कि अब अन्य स्थलों का सवाल भी मजबूती से उठेगा।

प्राचीन काल से बिहार यात्रा के लिए भी प्रख्यात रहा है। भगवान् बुद्ध, भगवान् राम, आदि गुरु शंकराचार्य, चीनी यात्री ह्वेन शांग की बिहार यात्रा न केवल पूरी दुनिया में मशहूर है, बल्कि इनकी यहाँ की यात्राएँ बड़े मकसदों के लिए हुईं। अररिया जिले में भीम से जुड़े अनेक स्थल हैं, जिनके बारे में कहा जाता है कि अज्ञातवास के दौरान पांडव उंधर से भी गुजरे थे। इन यात्राओं को अगर एक कड़ी में पिरोकर देखें तो पर्यटन और शोध-शास्त्रार्थ के मोर्चे पर इस राज्य की अहमियत का एहसास होता है। इसका एक निहितार्थ यह भी है कि प्राचीनकाल से ही बिहार पर्यटकों और शिक्षाविदों के आकर्षण का केंद्र रहा है। ऐसे में यहाँ पर्यटन और शोध की अपार संभावनाओं से मुँह कैसे मोड़ा जा सकता है, भारतीय पुरातत्त्व सर्वेक्षण और केंद्र सरकार इन संभावनाओं पर मंथन क्यों नहीं करती? बहरहाल, उम्मीद की लौ नालंदा ने एक बार फिर से जगाई है। अपेक्षा की जा सकती है कि आनेवाले समय में बिहार को पर्यटक स्थलों या यात्रियों का प्रदेश बनाने की पहल और तेज होगी।

(21.07.2012)

❑

क्या बिहार का दर्द भी कोई समझेगा?

केंद्रीय कोयला मंत्री ने बरौनी बिजलीघर की 250 मेगावाट की विस्तारीकरण परियोजना पर ग्रहण लगा दिया है। इसके लिए कोल लिंकेज देने के प्रस्ताव को ठुकरा दिया। बिहार की आवश्यकता, उत्पादन और बिजली की उपलब्धता को ध्यान में रखकर ही केंद्रीय ऊर्जा मंत्री ने भी कोयला मंत्रालय से इसकी सिफारिश की थी। बिहार के सर्वदलीय प्रतिनिधिमंडल ने 6 अप्रैल को प्रधानमंत्री से मिलकर बिहार को कोल लिंकेज देने का अनुरोध किया था। मुख्यमंत्री नीतीश कुमार ने प्रधानमंत्री से हस्तक्षेप करने का अनुरोध किया है, देखना है, वे पहले की तरह मौन साधे रहते हैं या कोई पहल करते हैं?

काबिले गौर है कि जब बिहार को कोल लिंकेज नहीं देने का मामला दिल्ली में गूँजा तो जायसवाल का जवाब था कि बिहार का कोई प्रस्ताव नहीं आया है। प्रस्ताव आने पर 12वीं पंचवर्षीय योजना में कोल लिंकेज देने पर विचार किया जाएगा। अब वे नया तर्क दे रहे हैं। पहला कि 2003, 2008 और 2010 में क्रमश: 1000, 390 और 1980 मेगावाट क्षमता की नवीनगर और कांटी परियोजनाओं के लिए कोल लिंकेज दिया गया, दूसरा कि 12वीं पंचवर्षीय योजना में 38 हजार मेगावाट के लिए ही कोल लिंकेज देने का प्रावधान है, जबकि 80 हजार पर पहले से काम चल रहा है। उन्हें यह भी बता देना चाहिए कि इसमें किन-किन राज्यों में कितने पर काम चल रहा है, उन राज्यों में पहले से बिजली का उत्पादन कितना है। इस 80 हजार मेगावाट में बिहार में कितने पर काम हो रहा है, बिहार की तीन परियोजनाओं को क्यों कोल लिंकेज मिला? सच तो यह है कि इनमें दो सेंट्रल एजेंसी की हिस्सेदारी वाली हैं और एक रेलवे की। बिहार की अपनी स्वतंत्र परियोजना इनमें से एक भी नहीं है। इनसे आधी बिजली ही बिहार को मिलेगी। वैसे यह भी कैसा इंसाफ है कि विकसित राज्यों को कोल लिंकेज और बिहार को कोल ब्लॉक? कोल ब्लॉक को विकसित करने पर धन और समय दोनों खर्च होते हैं।

मुख्यमंत्री नीतीश कुमार के जिस बयान को पिछले पखवाड़े बवंडर बनाया गया, उसका एक अंश यह भी था कि देश का प्रधानमंत्री ऐसा होना चाहिए, जो विकसित

राज्यों का ही विकास नहीं करे, पिछड़े राज्यों के दर्द को भी समझे। बयान के इस पहलू पर आज बहस को विस्तार देने की जरूरत है। एकतरफ समावेशी विकास की दुहाई दी जा रही है तो दूसरी तरफ सुविधाएँ देने में भेदभाव। आज दो तरह के राज्यों को ज्यादा सुविधाएँ और सहूलियतें दी जा रही है। इनमें वे हैं, जो लाभ का अवसर सृजित किए जाने के कारण विकास की दौड़ में काफी आगे निकल गए। दूसरे वे हैं, जो प्राकृतिक-प्रायोजित आपदा-आफत से ग्रसित हैं। बिहार ने अमन-चैन कायम कर, सीमित संसाधनों के बावजूद कुछ वर्षों में समावेशी विकास का मॉडल पेश कर देश का भी मान बढ़ाया है। आज यहाँ विकास की रफ्तार को तेज करने की बेचैनी है, तो तमाम शर्तें और बाधाएँ इस पर ही थोपी जा रही हैं।

ऐसे हालात में पिछड़े राज्यों के दर्द का क्या होगा? देश ने जब-जब जैसी आवश्यकता महसूस की, कानून में संशोधन किए गए या नए कानून बनाए गए। जायसवाल बिहार के कोल लिंकेज के अनुरोध को तकनीकी तर्क पर खारिज करने की बजाय, व्यावहारिक नजरिया अपनाते तो कोई बाधा नहीं आती। बिहार का हक है कि बिजली उत्पादन में काफी आगे निकल चुके राज्यों की वे बराबरी करे। केंद्र का सहयोग इसमें जरूरी है। अब बिहार कांग्रेस की परीक्षा है। केंद्र जब वाजिब हक या हिस्सा भी बिहार को देता है तो कांग्रेस नेता केंद्रीय मदद का ढोल पीटने से बाज नहीं आते। कोल लिंकेज के लिए जो प्रतिनिधिमंडल पी.एम. से मिला, उसमें कांग्रेस के नेता भी शामिल थे। उन्हें आज स्पष्ट करना चाहिए कि वे किसके साथ हैं, जायसवाल के इस फैसले के साथ या बिहार हित के साथ? यह नहीं भूलना चाहिए कि बिजली उत्पादन से कृषि विकास और औद्योगीकरण की डोर जुड़ी है। बिहार में हरित क्रांति अब देश की जरूरत है।

(02.07.2012)

❑

पवार साहब! बिहार का अपराध क्या है?

देश के कई राज्य इस साल सूखे की चपेट में है। केंद्रीय कृषि मंत्री शरद पवार की अध्यक्षता में गठित अधिकारप्राप्त 11 मंत्रियों के समूह ने सूखे से निपटने के लिए दो हजार करोड़ रुपए का पैकेज घोषित किया है। जिन पाँच राज्यों को इसमें शामिल किया गया, वे हैं—महाराष्ट्र, गुजरात, राजस्थान, कर्नाटक और हरियाणा। इन राज्यों को सूखा पैकेज मिला, इसमें किसी को आपत्ति नहीं है, लेकिन यह भी सही है कि इन पाँच राज्यों की आर्थिक-सामाजिक सेहत से पूरा देश वाकिफ है। इन राज्यों में न केवल सिंचाई की आधारभूत संरचना बेहतर है, बल्कि बिजली की भी पर्याप्त उपलब्धता है, लेकिन सूखा-प्रभावित जिन राज्यों को पैकेज से बाहर रखा गया, वे हैं—बिहार, झारखंड और उत्तराखंड। इन राज्यों के हालात भी किसी से छुपे नहीं हैं। ऐसे में यह सवाल लाजिमी है कि किसी संकट के समय सहायता मुहैया करने की केंद्र की कसौटी क्या है ?

बिहार की स्थिति इन सब में भी ज्यादा विकट है। नेपाल के निचले हिस्से में बसा है उत्तर बिहार। उस तरफ गंगा नदी तक ढलान है, जबकि इस तरफ गंगा के पार चढ़ाई। इस कारण दक्षिण बिहार ऊँचाई पर है। नेपाल में तीन बड़ी नदियों-कोशी, कमला और बागमती समेत चार दर्जन से अधिक नदियों का उद्गम है। इन नदियों का पानी सरपट उत्तर बिहार के सीमावर्ती जिलों में प्रवेश करता है। गंडक, बागमती से पश्चिमी उत्तर बिहार, कमला से उत्तर बिहार का मध्यवर्ती इलाका और कोशी से पूर्वी उत्तर बिहार सीधा प्रभावित है। इसके अलावा भूतही बलान, कनकई समेत अधवारा समूह की चार दर्जन से अधिक नेपाली नदियाँ हैं, जो उत्तर बिहार में फैली हुई हैं। इन नदियों का पानी गंगा में आकर गिरता है। इसलिए बरसात के मौसम में गंगा उफनाती है और कई जिलों में प्रचंड रूप धारण कर लेती है। यहाँ काबिले गौर यह है कि चार दर्जन से अधिक नदियों का पानी गंगा तक आकर सिमट जाता है और इसके उस पार ही तांडव मचाता है और इसके बाद गंगा का पानी दूसरे राज्यों में चला जाता है, जबकि ऊँचाई की वजह से दक्षिण बिहार तक इन नदियों का पानी पहुँच नहीं पाता है। नतीजतन दक्षिण बिहार में बारिश नहीं

होने पर सूखे का संकट पैदा हो जाता है। विरोधाभास तो यह है कि उत्तर बिहार आनेवाली नेपाली नदियाँ उफनती रहती हैं, कई इलाकों में तबाही मचाती रहती हैं, लेकिन खेतों में पानी के अभाव में खरीफ की बुआई रुकी रहती है। यह सब नहर प्रणाली और समग्रता में इनके नेटवर्किंग के अभाव में होता है। केंद्र सरकार ने कोशी नहर प्रणाली का निर्माण तो छह दशक पहले शुरू कर दिया, लेकिन आज तक उसे पूरा नहीं करा पाई। नेपाल में बहुद्देशीय हाईडैम के प्रस्ताव पर लंबे समय से रस्मी बैठकें और चर्चा ही हो रही हैं।

इस हालात का जिम्मेवार कौन है? बिहार शुरू से आधारभूत संरचना में पिछड़ा राज्य रहा है। पानी के बड़ा स्रोत होने का खमियाजा इसे भुगतना पड़ता है, लेकिन उसका लाभ नहीं मिल पाता है। राज्य सरकार ने छह साल पहले अपनी सीमा की सभी नदियों को जोड़ने, जगह-जगह छोटे डैम बनाकर पानी का स्टोरेज करने की योजना बनाई। इससे उत्तर बिहार का सरप्लस पानी दक्षिण बिहार के खेतों तक पहुँचाया जा सकता है। बारिश के बाद के मौसम के लिए पानी का भंडार किया जा सकता है। नदियों को जोड़ने की परियोजना का प्रस्ताव केंद्र सरकार के विचाराधीन है और उसने इसके एक पार्ट की मंजूरी हाल-फिलहाल में दी है। हर मामले में बिहार के साथ नाइंसाफी क्यों? न डैम बनाने में दिलचस्पी दिखाएँगे, न नदियों को जोड़ने की परियोजना को मंजूरी देंगे, कोशी नहर परियोजना के निर्माण की रफ्तार धीमी रखेंगे। 2008 जैसे प्रलय को राष्ट्रीय आपदा घोषित कर एक अद्धी की मदद नहीं देंगे, सूखे से दो दर्जन जिलों में गंभीर सूखा संकट रहते पैकेज से बिहार को बाहर रखेंगे, क्यों, बेहतर होगा कि शरद पवार यही बता दें कि बिहार का अपराध क्या है?

(06.08.2012)

❑

यह बिहार के हक की लड़ाई है

दो दिन बाद यानी बुधवार से मुख्यमंत्री नीतीश कुमार की अधिकार यात्रा चंपारण से शुरू हो रही है। यह 4 नवंबर को पटना में प्रस्तावित अधिकार रैली के जरिये विशेष राज्य की माँग पर बिहारी अवाम की गोलबंदी के प्रदर्शन की तैयारी की कड़ी है। बिहार से पहले भी आंदोलनों का आगाज होता रहा है। महात्मा गांधी ने सत्याग्रह का बिगुल बिहार के चंपारण से ही फूँका था। जेपी ने संपूर्ण क्रांति का आह्वान इसी धरती से किया। समाज सुधार के अनेक आंदोलनों की बुनियाद यहीं पड़ी, लेकिन बिहार ने अपना हक पाने का कोई बड़ा आंदोलन आज तक नहीं किया। वैसे कई दलों ने सवाल उठाया है कि यह बिहार के हक की लड़ाई है, इसे किसी दल के बैनर तले नहीं लड़ा जाना चाहिए।

प्रजातंत्र में सरकार की अपनी भूमिका और जवाबदेही होती है और राजनीतिक दलों की अपनी-अपनी। किसी मसले पर सर्वानुमति बनाने की पहल राज्य या केंद्र सरकार करती है। विशेष राज्य के दर्जे की माँग पर सर्वानुमति बनाने की पहल 4 अप्रैल, 2006 को विधानसभा में प्रस्ताव लाकर की गई। इसे सर्वसम्मति से पारित किया गया। इस माँग के समर्थन में राजद गठबंधन की सरकार के समय भी 2000 और 2004 में विधानसभा में प्रस्ताव लाया गया और सर्वसम्मति से पारित कर केंद्र को भेजा गया। केंद्र ने बिहार की आवाज तब भी नहीं सुनी और न छह साल पहले ही। राज्य सरकार के स्तर पर ऐसी पहल का नतीजा सिफर रहा। किसी मसले पर अपनी आवाज बुलंद करने की राज्य सरकारों की एक सीमा और मर्यादा होती है। उसी दायरे में कुछ किया जा सकता है, लेकिन राजनीतिक दल जनहित के मुद्दों पर जन संघर्ष छेड़ने को आजाद होते हैं।

नीतीश कुमार ने जदयू के बैनर तले विशेष राज्य के दर्जे की माँग पर अधिकार रैली का ऐलान अचानक नहीं किया है। इससे पहले 10 मई, 2010 से राज्यभर में माँग के समर्थन में हस्ताक्षर अभियान चलाया गया। 14 जुलाई, 2011 को सवा करोड़ बिहारियों के हस्ताक्षर का ज्ञापन प्रधानमंत्री को सौंपा गया। प्रधानमंत्री ने माँग पर विचार के लिए अंतरमंत्रालयी समूह का गठन किया। अंतर मत्रालयी समूह ने जिस दिन माँग को खारिज

किया, उसी दिन नीतीश कुमार ने ऐलान कर दिया कि पटना के गांधी मैदान और दिल्ली के रामलीला मैदान को बिहारियों से पाट देंगे। कोई राजनीतिक दल अगर राज्य के हक की लड़ाई का अपना धर्म निभाता है तो इसे स्वार्थ की राजनीति कैसे करार दे सकते हैं? और फिर प्रजातंत्र में अगर जनता किसी दल के बैनर तले इकट्ठा होकर अपना हक माँगे तो इसे गैरवाजिब कैसे कहा जा सकता है। अन्य दलों ने ऐसी पहल आगे बढ़कर नहीं की तो इसके लिए जिम्मेदार कौन है? वैसे जल संसाधन मंत्री विजय कुमार चौधरी का तर्क है कि बिहार ने छह वर्षों में खुद को साबित किया है। अपने बूते विकास की गाड़ी को पटरी पर लाकर अब हक की माँग की जा रही है। पहले तो जो पैसा मिलता था, वह भी खर्च नहीं होता था।

एक सवाल यह भी उठाया जा रहा है कि अन्य कई राज्यों से भी इस माँग की आवाज मुखर हो सकती है, लेकिन क्या बिहार इसकी चिंता कर अपने हक की माँग छोड़ दे, दूसरे राज्य अगर ऐसा महसूस करते हैं तो उन्हें रोका क्यों जाए? सबसे बड़ा सवाल तो विकास में असंतुलन है। अगर आजादी के बाद से इलाका, वर्ग, समूह सबका समान विकास होता तो यह सवाल छह दशक बाद उठता ही क्यों? इंसाफ सिर्फ बिहार को ही नहीं, बल्कि उन तमाम राज्यों-इलाकों को भी चाहिए, जो विकास की दौर में पिछड़ गए हैं, बल्कि बिहार को विकास में असंतुलन की खाई को पाटने की लड़ाई का आगे बढ़कर नेतृत्व करना चाहिए। इस सच से कोई कैसे मुँह फेर सकता है कि भारत तब तक महाशक्ति नहीं बन पाएगा, जब तक सभी इलाके विकसित न हो जाएँ? 'हिंदुस्तान' का 'बिहार माँगे इंसाफ' अभियान भी राज्य के हक की आवाज बुलंद करने का अभियान है।

(17.09.2012)

❑

कोई भी विचार अंतिम या अनुपयोगी नहीं होता

विचारों के समंदर में डुबकी लगाना और उन्हें मथकर अमृत निकालने की कवायद करना आसान नहीं होता है। नेपाल के प्रधानमंत्री बाबूराम भट्टराई के हाथों उद्घाटन से शुरू हुआ ग्लोबल समिट ऑन चेंजिंग बिहार का समापन रविवार को प्रख्यात विचारक गोपाल कृष्ण गांधी के सारगर्भित भाषण के साथ हुआ। इस दौरान देश-विदेश के करीब डेढ़ सौ जाने-माने वुद्धिजीवियों, समाजसेवियों, अर्थशास्त्रियों, शिक्षाविदों, रंगकर्मियों, राजनेताओं, पत्रकारों और विभिन्न क्षेत्र के विशेषज्ञों ने विकास के स्वरूप पर चिंतन-मनन किया। इस प्रयास को सिर्फ स्वस्थ्य परंपरा भर करार देना उचित नहीं है। यह एक विजनरी और साहसी कदम है कि आपने जो किया है, जो कर रहे हैं और जो करने जा रहे हैं, यह तस्वीर सामने रखकर यह जानने की कोशिश करें कि भूत और वर्तमान में हम कितना सही रहे और भविष्य का हमारा एजेंडा कितना दुरुस्त है। यह दृढ इच्छाशक्ति से ही संभव है। कोई भी विचार या सुझाव अंतिम नहीं होता। देश-प्रदेश, काल, परिस्थितियों के अनुसार उनकी उपयोगिता होती है। इसीलिए नीतियाँ बनाते समय उन्हें उस साँचे में ढाला जाता है।

बिहार के बदलाव की आहट बाहर रह रहे बिहार के लोग या यहाँ से सरोकार रखनेवाले किस-किस तरह से महसूस कर रहे हैं, इसकी दो बानगी-यूनाइटेड नेशन में हेड ऑफ गवर्नेंस सूरज कुमार सात-आठ साल पहले बिहार आए। होटल पहुँचे तो कमरा रिजर्व रहने के बावजूद उन्हें ठौर नहीं मिला। बताया गया कि सत्ता के बाहुबलियों ने कमरों पर कब्जा जमा लिया है। उन्हें अन्यत्र जाना पड़ा। तीन-चार वर्षों में वे जब भी आए, ऐसी नौबत नहीं आई। नॉर्थ अमेरिका एचएसबीसी में वाइस प्रेसीडेंट अंबुज कुमार ने पटना के निकट के एक औद्योगिक परिसर में औपचारिकताएँ पूरी कर एक भूखंड लिया। इसके बाद एक जनप्रतिधि ने उन पर यह भूखंड उसके नाम कर देने का दबाव बनाया, लेकिन उसने जोर-जबरदस्ती नहीं की। इन दोनों बानगी में एक समानता है कि बाहुबल का जमाना लदा है, लेकिन दूसरी बानगी की ध्वनि यह भी है कि बदलाव तो

आया है, लेकिन मंजिल अभी दूर है। इन दोनों के विचारों में एक समानता यह भी थी कि निवेश आएगा जरूर, लेकिन थोड़ा वक्त लगेगा। इन दोनों ने कहा कि पाँच-छह वर्षों में जो बदलाव यहाँ आया है, वह चमत्कार से कम नहीं है।

ऐसे आयोजनों के पक्ष-विरोध में सवाल उठते ही हैं, तर्क-कुतर्क भी गढ़े जाते हैं। इसे कुछ लोग सरकार की तो कुछ लोग मुख्यमंत्री की खुद की ब्रांडिंग की कोशिश भी बता रहे हैं, लेकिन जिस तरह समावेशी विकास का निहितार्थ सबका विकास है, उसी तरह क्या इस आयोजन के निहितार्थ को समग्रता में नहीं देखा जाना चाहिए, सच तो यह है कि ब्रांडिंग भी हुई है तो बिहार की। कहा जाता है कि आविष्कार ही आवश्यकता की जननी होता है। बिहार से ज्यादा जरूरतमंद कौन है ? समापन सत्र में मुख्यमंत्री नीतीश कुमार ने योजना आयोग के सदस्य और प्रख्यात अर्थशास्त्री अभिजीत सेन से यही तो कहा कि अगर आप बिहार को कम देंगे तो समावेशी विकास का आपका ही दावा खोखला साबित होगा। उन्होंने श्री सेन को पारदर्शी सिस्टम का भरोसा दिया। भाषण के अंत में उनकी टिप्पणी काबिले गौर थी—गरीब आदमी कम बेईमान होता है ?

(19.12.2012)

❑

बिहार ने इंसाफ की आधी जंग जीत ली

केंद्रीय वित्त मंत्री पी. चिदंबरम ने राज्यसभा में यह स्वीकार कर कि विशेष राज्य का दर्जा देने की शर्तों में बदलाव जरूरी है, बिहार की माँग को वाजिब ठहरा दिया है। इस अर्थ में बिहार ने केंद्र से इंसाफ की आधी लड़ाई जीत ली है और यह इस सवाल पर एकजुटता से संभव हुआ है। वर्ष 2006 में शुरू हुआ, यह अभियान अब मुकाम की तरफ बढ़ता नजर आ रहा है। चिदंबरम ने माना है कि बिहार न केवल प्रति व्यक्ति आमदनी में देश में सबसे निचले पायदान पर है, बल्कि शिक्षा, स्वास्थ्य, आधारभूत संरचना और प्रति व्यक्ति बिजली की उपलब्धता के मामले में भी पिछड़ा है। उन्होंने जदयू सांसद एन.के. सिंह के सवाल के जवाब में भरोसा दिया कि इस विषय पर 14वाँ वित्त आयोग विचार करेगा। इसके अलावा केंद्रीय वित्त मंत्रालय, योजना आयोग और अन्य संबंधित विभाग भी विशेष राज्य का दर्जा देने के लिए निर्धारित शर्तों में बदलाव लाने के पहलुओं की समीक्षा करेंगे। अब तक जब भी विशेष दर्जे की माँग उठी, केंद्र सरकार ने हमेशा शर्तों का आईना दिखाया, लेकिन बिहार ने इस बहस को एक नया आयाम दिया कि विशेष राज्य का दर्जा क्यों, अगर इसका लक्ष्य पिछड़े राज्यों को विकास की मुख्यधारा में लाने के लिए विशेष अवसर और सहायता प्रदान करना है, तो फिर शर्तें इस आधार पर तय क्यों न हों?

बिहार की माँग पर केंद्र ने बीते वर्ष अंतर मंत्रालयी समूह (आईएमजी) का गठन किया। आईएमजी ने अपनी रिपोर्ट में स्वीकार किया कि बिहार मानव विकास के तमाम सूचकांक पर सबसे पिछड़ा राज्य है। फिर भी उसने शर्तों का हवाला देकर विशेष दर्जे की माँग को खारिज कर दिया। इसके बाद मुख्यमंत्री नीतीश कुमार ने विशेष राज्य के दर्जे की शर्तों और बिहार की माँग पर विचार करने के लिए विशेषज्ञों की कमेटी गठित करने का अनुरोध किया। 4 नवंबर को पटना में आयोजित जदयू की ऐतिहासिक अधिकार रैली में भी उन्होंने यह बात उठाई और घोषणा की कि अगर केंद्र ने बिहार की आवाज नहीं सुनी तो दिल्ली के रामलीला मैदान को बिहारियों से भर देंगे। उन्होंने 6 दिसंबर को दिल्ली में प्रधानमंत्री से मुलाकात कर छह पृष्ठों का पत्र सौंपा। पत्र में तुलनात्मक आँकड़ों और

हालात के हवाले से बिहार की तस्वीर पेश की गई। इस दौरे में नीतीश कुमार ने वित्त मंत्री पी. चिदंबरम से भी मुलाकात की। मुख्यमंत्री ने पत्र में प्रधानमंत्री से न केवल बिहार को विशेष दर्जा देने की माँग की, बल्कि अन्य पिछड़े राज्यों को विकास की मुख्यधारा में लाने के लिए नई सोच पर आधारित नीति बनाने का भी अनुरोध किया गया है। पत्र का वह हिस्सा खास मायने रखता है, जिसमें कहा गया है कि बिहार बोझ नहीं, बल्कि देश के विकास का हमसफर बनना चाहता है। देश के सकल घरेलू उत्पाद में बड़ा योगदान करना चाहता है। इस अंश ने देश में समावेशी विकास पर बहस को एक नई दिशा दी है। इस सच से कौन इनकार कर सकता है कि अभी देश के सकल घरेलू उत्पाद में ज्यादा योगदान विकसित राज्य ही कर रहे हैं। दरअसल आजादी के बाद से इन्हीं कुछ राज्यों में विकास के अवसर पैदा किए गए। भाड़ा समानीकरण की नीति इसका सबसे बड़ा प्रमाण है।

देश ने दो दशकों में आर्थिक तरक्की की है, लेकिन विकास दर में स्थिरता नहीं आ सकी है। विकास में क्षेत्रीय असंतुलन को पाटने की पहल भी कायदे से नहीं हो पाई। बड़ा भू-भाग और बड़ी आबादी अगर आर्थिक सुधार की मुहिम से अछूती रह जाएगी तो देश आर्थिक महाशक्ति कैसे बन पाएगा ? बिहार की माँग पर सकारात्मक रवैया अपनाकर केंद्र ने विकास नीति में अपेक्षित बदलाव के संकेत दिए हैं। बहरहाल, 14वें वित्त आयोग के गठन से पहले भी केंद्र चाहे तो ठोस पहल कर सकता है। विशेष दर्जे की कसौटी केंद्रीय कैबिनेट की मंजूरी लेकर बदली जा सकती है। आवश्यकता है, विकास के सवाल पर आम सहमति और परस्पर सहयोग की। देश का भला भी इसी से होगा।

(24.12.2012)

❑

सांस्कृतिक आदान-प्रदान की यह खूबसूरत मिसाल

भागलपुर में भी पेड़ों पर मंजूषा कला की पेंटिंग जल्दी ही नजर आएगी। इस्टर्न बिहार इंडस्ट्रीज एसोसिएशन के अध्यक्ष मुकुटधारी अग्रवाल ने बीते दिनों एक पत्र भेजकर यह जानकारी दी है। मधुबनी जिले में पेड़ों पर ग्राम विकास परिषद् द्वारा मधुबनी पेंटिंग कराने की पहल से प्रेरित श्री अग्रवाल वहाँ की स्थानीय संस्था दिशा से संपर्क कर अंग की धरती के पेड़ों पर मंजूषा कला की पेंटिंग कराएँगे। उन्होंने लिखा है कि मुख्यमंत्री नीतीश कुमार भागलपुर की सेवा यात्रा के दौरान मंजूषा कला की प्रदर्शनी का अवलोकन करने गए थे। उन्होंने तब इस कला को प्रोत्साहित करने के लिए सरकार की ओर से किए जा रहे प्रयासों के बारे में भी बताया था। पेंटिंग से जहाँ सड़क किनारे के पेड़ों को संजीवनी मिलेगी, वहीं मंजूषा कला का आकर्षण बढ़ेगा।

भागलपुर के धरहरा गाँव में बेटियों के जन्म पर पेड़ लगाने की परंपरा ने पर्यावरण संरक्षण और लिंग अनुपात में संतुलन की साझा राह दिखाई। इस परंपरा से प्रेरणा लेकर मुख्यमंत्री नीतीश कुमार ने जदयू में पेड़ लगाने का अभियान शुरू कराया। राज्य में पौधा लगाने की योजना प्राथमिकता में आई। इससे जो माहौल बना, उसके सकारात्मक प्रभाव अन्य स्वरूप में भी सामने आने लगे। मधुबनी की ग्राम विकास परिषद् के सचिव षष्टी नाथ झा ने वहाँ पेड़ों पर मधुबनी पेंटिंग का अभियान शुरू किया। सड़क किनारे और अन्य सार्वजनिक स्थानों पर लगे पेड़ों की सुरक्षा का यह अच्छा विकल्प है। वैसे मिथिलांचल में भी पेड़ों के प्रति लोगों में गहरा लगाव रहा है। अब मधुबनी की मुहिम से भागलपुर के प्रतिष्ठित उद्यमी प्रेरित हुए हैं, यानी भागलपुर की परंपरा से मधुबनी ने प्रेरणा ली और अब मधुबनी की इस पहल को भागलपुर गले लगाएगा। सांस्कृतिक चेतना के आदान-प्रदान का यह खूबसूरत सकारात्मक पक्ष है। ऐसे प्रयासों को सराहा जाना जरूरी है।

माना जा रहा है कि सब नेशनलिज्म (उप-राष्ट्रवाद) विकास का बड़ा आधार साबित हुआ है। देश के कई राज्यों-मसलन महाराष्ट्र, गुजरात, आंध्र प्रदेश, तमिलनाडु,

पंजाब जैसे राज्यों के विकास में वहाँ के उप-राष्ट्रवाद ने बड़ा योगदान किया। लोगों में अपनी मिट्टी की ममता और पहचान को लेकर चेतना जगी। अपने प्रदेश को आगे ले जाने की ललक पैदा हुई। विकास बिना जन सहयोग और जागरूकता के संभव नहीं होता है। इन राज्यों के विकसित होने का देश को प्रत्यक्ष फायदा हुआ। देश के सकल घरेलू उत्पाद में ये ही राज्य सर्वाधिक योगदान करते हैं। बिहार में अपनी पहचान और स्वाभिमान को लेकर इस तरह की एकजुटता का अभाव खलता रहा है। वैसे पाँच-सात वर्षों से इस दिशा में पहल हो रही है। भागलपुर और मधुबनी ने एक-दूसरे के सकारात्मक संदेश और पहल को अपनाने की नई परंपरा शुरू की है। इस अर्थ में यह उप-राष्ट्रवाद के बीज के अंकुरित होने का भी संकेत है।

मुख्यमंत्री नीतीश कुमार ने सेवा यात्रा के दौरान मधुबनी में मिथिला पेंटिंग संस्थान की स्थापना और उसे डीम्ड यूनिवर्सिटी का दर्जा देने की घोषणा की थी। इस संस्थान का स्वरूप तय करने की जिम्मेदारी प्रमुख सचिव अंजनी कुमार सिंह को सौंपी थी। भागलपुर के सबौर में कृषि विश्वविद्यालय की स्थापना कर मुख्यमंत्री ने पूरे बिहार में कृषि के आधुनिक विकास पर शोध और कार्य प्रारंभ कराया है। इसी तरह मधुबनी में प्रस्तावित मधुबनी पेंटिंग संस्थान से राज्य की अन्य लोककलाओं को भी जोड़कर उन्हें संजीवनी प्रदान की जा सकती है। चूँकि मधुबनी की लोककला में सहभागिता आमजन के स्तर पर है, इसलिए वहाँ लोककला यूनिवर्सिटी के लिए माहौल ज्यादा अनुकूल बनेगा, साथ ही लोककला को एक नया आयाम और नई जिंदगी मिलेगी। बहरहाल, नए वर्ष में बिहारी उप-राष्ट्रवाद की बुनियाद को मजबूत करने में कला क्षेत्र के योगदान को सुनिश्चित करने की पहल कारगर साबित हो सकती है।

(31.12.2012)

❑

सीठियो के माथे पर राष्ट्रीय धर्म निभाने का सेहरा भी

दशहरा, दीवाली और छठ करीब एक महीने की कड़ी के इन तीन बड़े धार्मिक अनुष्ठानों का सिलसिला पूरा हो गया है। लोग अब इन महापर्वों पर लिये अपने-अपने संकल्पों को पूरा करने में उत्साह से जुटेंगे। परिवार, समाज, सूबा और देश सब एक कड़ी हैं। परिवार के लिए भी लिया गया अच्छा और बेहतरी का संकल्प बाकी तीन को फायदा पहुँचाता है। पर्वों की इस कड़ी के बीच हुई हुँकार रैली में आतंकियों ने बिहार के दिल पर चोट करने की कोशिश की। धमाके सिर्फ पटना को दहलाने की साजिश भर नहीं थे, बल्कि काफी मशक्कत के बाद पटरी पर लौटी बिहार की कानून-व्यवस्था को ललकारने का राज भी इसमें निहित है, लेकिन बिहार के लोगों ने आत्मविश्वास और धैर्य से एक बड़ी साजिश के प्रभाव को कमतर कर दिया। भीड़ के बीच और आस-पास जिस तरह सात धमाके हुए, उस अनुपात में नुकसान बहुत कम रहा तो इसकी वजहें यही थीं, लेकिन इन धमाकों के बाद आतंकवाद के खिलाफ जिस तरह आवाज मुखर होने लगी है या कुछ पहल हुई, वह शुभ संकेत है।

धमाकों को अंजाम देने में झारखंड के सीठियो गाँव के एनुल, इम्तियाज समेत कई युवक शामिल थे। सीठियो इससे सकते में है। इन धमाकों ने गाँव के चेहरे पर कालिख पोत दी, लेकिन सीठियो न तो आतंकवाद से सहमा और न उसने रिश्तों की कमजोर डोर पकड़ी। सामाजिक और राष्ट्रीय धर्म निभाने को वह उठ खड़ा हुआ। पटना जंक्शन पर शौचालय में समय से पहले बम फट जाने से घायल एनुल की बाद में मौत हो गई। एनुल के पिता अताउल्लाह ने उसका शव लेने से मना कर दिया। उन्होंने न ही नहीं किया, बल्कि यह भी कहा कि इस्लाम में आतंक की कोई जगह नहीं है। उधर अंसारी महापंचायत और अंजुमन इस्लामिया ने गाँव में आतंकवाद विरोधी सभा का आयोजन किया। इसमें इम्तियाज समेत धमाकों में शामिल अन्य युवकों के परिजन भी शामिल हुए। सभा में सीठियो ने आतंकवाद से डटकर मुकाबला करने का संकल्प लिया। इन दोनों पहलों के निहितार्थ

सुकून देने वाले हैं। इसलिए नहीं कि पटना के आतंकी धमाकों में शामिल सीठियो के तीन युवक मुसलिम थे और सीठियो के इसी समुदाय के लोगों ने आतंकवाद के खिलाफ मोर्चा खोला है, बल्कि इसलिए कि इस पहल ने समाज की जीवंतता और साहस की मिसाल पेश की है। कट्टरपंथी चाहे मुसलिम हों या हिंदू, दोनों देश और समाज के दुश्मन हैं। दोनों परस्पर विरोध की धुरी पर खड़े तो दिखते हैं, लेकिन एक-दूसरे के लिए खाद और पानी का काम भी करते हैं। दोनों का वजूद एक-दूसरे पर निर्भर रहता है। इसलिए धार्मिक कट्टरपंथियों या उग्रवादियों के खिलाफ एक समाज का खड़ा होना बहुत बड़ा शुभ संकेत है। घरों में दुबककर, आहें भरकर या अफसोस जताकर इन ताकतों की जड़ें नहीं खोदी जा सकतीं, बल्कि इसके लिए सामाजिक ताने-बाने को मजबूत करना और मुखर होना अब बेहद जरूरी है। सीठियो ने ऐसा कर दिखाया है। उसकी यह पहल आतंकवाद से जंग में मील का पत्थर साबित होगी।

एक और बात काबिले गौर है। बिहार के बोधगया और पटना सीरियल ब्लास्ट की साजिश झारखंड में बुनी गई। बीते कुछ वर्षों में झारखंड में न केवल नक्सलवाद की जड़ें मजबूत हुई हैं, बल्कि वहाँ आतंकवाद ने भी पाँव फैलाए हैं। इंडियन मुजाहिदीन ने तो लगता है, वहाँ अपना जाल ही बिछा लिया है। पड़ोसी राज्य और खासकर झारखंड जैसा पड़ोसी, जो अपने ही दिल का टुकड़ा हो, वहाँ की ऐसी किसी भी कमजोरी के दुष्प्रभावों से हम अछूते नहीं रह सकते हैं। यह इतर बात है कि पटना ब्लास्ट के बाद बिहार पुलिस के साथ सहयोग में झारखंड पुलिस ने जो मुस्तैदी दिखाई है, उसकी जितनी भी सराहना की जाए, वह कम होगी, लेकिन यह भी उतना ही सच है कि झारखंड में ये हालात राजनीतिक अस्थिरता के कारण पैदा हुए हैं। समाजद्रोही ताकतों को अगर वहाँ पाँव फैलाने का अवसर मिला है तो उसकी बड़ी वजह वहाँ की सत्ता का कमजोर होना या सत्ता के लिए चल रही मोल-तोल का सिलसिला भी है। इस अर्थ में किसी भी राज्य में अमन-चैन के लिए राजनीतिक स्थिरता भी जरूरी है। हुँकार रैली के दौरान भले ही धमाके करने में आतंकियों को कामयाबी मिल गई, लेकिन कुछ ही घंटों में यह खुलासा कर देने कि इसमें किस संगठन का हाथ है, कौन-कौन शामिल था और इसका मास्टर मांइड कौन है, साथ ही उसी रफ्तार में आतंकियों की गिरफ्तारी का श्रेय तो बिहार के खाते में दर्ज जरूर हुआ है, लेकिन सबक यही है कि रेलवे के नारे को हर पल याद रखना होगा—सतर्कता गई, दुर्घटना हुई। यह नहीं भूलना चाहिए कि अब बिहार चर्चा में रहता है और इस पर निगाहें टिकी रहती हैं।

(11.11.2013)

❑

विशेष दर्जे का लाभ लेने की रणनीति अभी से बने

बिहार अब एक बड़ी जीत की तरफ अग्रसर है। बीते सप्ताह के दो बड़े घटनाक्रमों ने इस आशय के संकेत दिए हैं। राजस्थान दौरे में केंद्रीय वित्त मंत्री पी. चिदंबरम ने जो कुछ कहा, उसके संदेश बहुत साफ थे, यानी बिहार की विशेष राज्य के दर्जे की लड़ाई मुकाम हासिल करने के पड़ाव पर पहुँच गई है। दूसरा पिछड़े राज्यों को विकास की मुख्य धारा में लाने के जो मंत्र बिहार ने सुझाए हैं, उसे केंद्र सरकार का वित्त मंत्रालय और आर्थिक विशेषज्ञ दोनों सराह रहे हैं। उधर नोबेल पुरस्कार विजेता और भारत रत्न अमर्त्य सेन और लंदन स्कूल ऑफ इकोनॉमिक्स के प्रोफेसर लॉर्ड निकलस स्टर्न ने एक टी.वी. चैनल पर पैनल डिस्कशन के दौरान न केवन नीतीश कुमार की समावेशी विकास की नीतियों की जमकर तारीफ की, बल्कि बिहार को विशेष राज्य का दर्जा देने की माँग को जायज ठहराते हुए इसे समय की आवश्यकता करार दिया।

प्रो. सेन या प्रो. स्टर्न ऐसे लोगों में नहीं हैं, जो किसी पूर्वग्रह, प्रलोभन या फिर प्रभाव में किसी की तारीफ कर दें। प्रो. सेन गरीबों और पिछड़े इलाकों के हित के अर्थशास्त्र की रचना के कारण पूरी दुनिया में मशहूर हैं। उन्हें बिहार में आर्थिक और सामाजिक विकास को समान महत्त्व देने की नीति पसंद आई है। वे इसका पूरा श्रेय नीतीश कुमार को देते हैं। बाजारवाद और वैश्वीकरण के इस दौर में, जब कि सरकारों की भाषा कारोबार और मुनाफा जैसी होती जा रही है, क्वालिटी लाइफ और आर्थिक विकास में संतुलन एक बड़ी चुनौती है। बिहार ने इसे साकार किया है। सामाजिक क्षेत्र, खासकर शिक्षा और स्वास्थ्य में सर्वाधिक सरकारी निवेश इसके प्रमाण हैं। मानव विकास मिशन और कृषि कैबिनेट जैसे कदम इसी की कड़ी हैं। इन दोनों का सीधा सरोकार सामाजिक विकास से है। बिहार कृषि प्रधान राज्य है।

दोनों नामचीन हस्तियों ने बिहार को विशेष राज्य का दर्जा देने के पक्ष में जो तर्क दिए हैं, वे भी बहुत साफ हैं। पहला तो यह कि सार्वजनिक के साथ निजी निवेश भी जरूरी

है। दूसरा, बिहार ने विकास की अपनी क्षमता साबित की है। तीसरा, बिहार के विकास से देश की अर्थव्यवस्था मजबूत होगी। यह विशेष दर्जा मिलने से संभव होगा। दरअसल मंदी के इस दौर में जिस तरह औद्योगिक उत्पादन में गिरावट आई है, वैसे में बिहार जैसे पिछड़े राज्य में बड़े निवेश की उम्मीद सामान्य परिस्थिति में नहीं बनती है। विशेष राज्य के दर्जे से उद्योगों को टैक्स में राहत मिलेगी और यह निवेशकों को आकर्षित कर सकता है। वैसे भी औद्योगिक विकास उन्हीं राज्यों या इलाकों में ज्यादा हुए हैं, जहाँ केंद्र सरकार ने लाभ के अवसर पैदा किए। विशेष राज्य का दर्जा खनिज संपदाविहीन बिहार में उद्योगों के लिए लाभ के अलग तरह के अवसर पैदा करेगा। बिहार को विशेष राज्य का दर्जा मिले, इस पर आम सहमति रही है। विधानमंडल के दोनों सदनों ने अलग-अलग समय में इस माँग का प्रस्ताव सर्वसम्मति से पारित किया। तमाम दल समय-समय पर यह माँग उठाते रहे हैं। जदयू ने इस माँग के समर्थन में मुहिम चलाई। सवा करोड़ लोगों के हस्ताक्षर, प्रधानमंत्री को ज्ञापन, जिलों में अधिकार रैलियों के अलावा पटना और दिल्ली में ऐतिहासिक रैली इस अर्थ में बड़ी उपलब्धि रही। मुख्यमंत्री नीतीश कुमार ने कुछ समय के अंतर पर बार-बार प्रधानमंत्री और केंद्रीय वित्त मंत्री को पत्र भेजा। इन सबका असर है कि आज विशेष दर्जा प्रदान करने के सवाल पर केंद्र सरकार का रवैया सकारात्मक है। वित्त मंत्रालय की ओर से गठित रघुराम जी राजन समिति की रिपोर्ट आने के बाद अगले दो-तीन महीनों में इस मुद्दे पर फैसला हो जाने की संभावना बनी है।

बहरहाल, अब समय आ गया है कि विशेष दर्जा मिलने पर उसका भरपूर लाभ लेने की रणनीति अभी से तैयार कर उस पर अमल किया जाए। सबसे ज्यादा जरूरी राज्य के अंदर माहौल बनाना है। राज्य के ऐसे लोगों को प्रेरित और उत्साहित करने की भी आवश्यकता है, जो छोटा या बड़ा निवेश करने की स्थिति में हैं। इसके अलावा जिन लोगों ने दूसरे राज्यों में निवेश कर रखा है, उन्हें अपने राज्य के औद्योगिक विकास का सारथी बनने का न्योता दिया जा सकता है। इन सबसे ज्यादा जरूरी है नौजवानों का स्किल डेवलपमेंट। राज्य सरकार ने इसके लिए बड़ी योजना तैयार भी की है, लेकिन इस काम को जितनी तेजी से किया जाएगा, उतना ही ज्यादा लाभ विशेष दर्जा मिलने पर राज्य को मिलेगा।

(29.07.2013)

❑

आयोजन के बाद संवाद और सरोकार भी जरूरी

पटना में बदलते बिहार पर ग्लोबल समिट का आयोजन हो रहा है। इसमें देश-दुनिया के विभिन्न क्षेत्रों के विशेषज्ञ, नौकरशाह और राजनेता समेत सामाजिक, सांस्कृतिक और न्यायिक क्षेत्र की मशहूर हस्तियाँ शामिल होंगी। एजेंडा है—बिहार का विकास और इसके रास्ते की चुनौतियाँ। यह एनआरआई सम्मेलन नहीं है और न इसका सरोकार निवेश से है। इसका सरोकार है तो भविष्य की संभावनाओं पर मंथन करना। जाहिर है, जब यहाँ लाभ के अवसर बनेंगे, तो निवेश खुद आएगा। अभी तो तमाम चुनौतियों और बाधाओं के बीच बिहार ने विकास दर में ऊँची छलाँग लगाकर सिर्फ इतना संदेश दिया है इरादा पक्का हो, तो विपरीत परिस्थितियों में भी बेहतर करना संभव है। मुख्यमंत्री नीतीश कुमार कहते भी हैं कि हम चुनौतियों को अवसर में बदल रहे हैं।

यह भी उतना ही सच है कि बिहार को आगे बहुत तेजी से और बहुत कुछ करना है। कठिन परिश्रम और विशेष प्रयासों से अभी विकास दर 11 फीसदी पर पहुँची है, लेकिन इस रफ्तार से भी हम अगर आगे बढ़ेंगे तो विकसित प्रदेशों मसलन महाराष्ट्र और गुजरात की बराबरी करने में हमें चार दशक लग जाएँगे। इसलिए विकास दर बीस फीसदी से ऊपर ले जाने की जरूरत शिद्दत से महसूस की जा रही है। आजादी के बाद तुलनात्मक लाभ के अवसर पश्चिम और दक्षिण के राज्यों में सृजित किए गए और इसके लिए भाड़ा समानीकरण तक की नीति अपनाई गई। अविभाजित बिहार में खनिज का भंडार होने के बावजूद इसका लाभ इस प्रदेश को नहीं मिला। उस दौर के या बाद के नेतृत्व ने इस नीति का मजबूती से विरोध किया होता या इसकी भरपाई का दबाव बनाया होता तो आज तस्वीर दूसरी होती।

ग्लोबल समिट इस अर्थ में सबसे महत्त्वपूर्ण है कि हम अपनी विकास दर को दो से ढाई गुना और कैसे बढ़ा पाएँगे? राज्य के पास जो भी स्रोत या संसाधन हैं, वे प्राकृतिक

हैं—मसलन उर्वरा भूमि, नदियों का जाल और धरोहरें। इन तीनों में इतनी संभावनाएँ हैं कि ये राज्य को आसमान की ऊँचाई तक ले जाएँ, लेकिन इसके लिए साधन-संसाधन के अलावा ठोस योजना और चुस्त तंत्र की जरूरत है। यह विडंबना ही रही कि अपनी इस ताकत को हम पहले नहीं समझ पाए। आज ये तीनों मुख्यमंत्री नीतीश कुमार के एजेंडे में सबसे ऊपर हैं।

ग्लोबल समिट में भी कृषि, पर्यटन, महिला सशक्तीकरण, औद्योगिक और शहरी विकास जैसे विषयों पर मंथन होना है। जो हस्तियाँ आएँगी, वे न केवल बदल रहे बिहार को अपनी आँखों से निहार पाएँगी, बल्कि यहाँ विभिन्न क्षेत्रों में जो कुछ अलग करने का प्रयास हो रहा है, उसे भी समझ पाएँगी। फिर उनके साथ अपने अनुभव और अध्ययन का खजाना होगा, जिसे वह बिहार से साझा करेंगे। कहीं कुछ अच्छा हो रहा हो और उसके बारे में बाहर की दुनिया बेखबर रहे तो भी आगे की राह तैयार नहीं होती और न वह अच्छाई दूसरों के काम आती है। ऐसे आयोजनों के दोनों ही अर्थों में लाभ होते हैं। राज्य सरकार और आयोजन से जुड़ी संस्थाएँ पूरी मुस्तैदी से इसकी तैयारी में लगी हैं। उप-मुख्यमंत्री सुशील कुमार मोदी खुद इसकी मॉनिटरिंग कर रहे हैं। जाहिर है, इसकी कामयाबी में बेहतरी के आसार निहित हैं। बहरहाल, यह भी जरूरी है कि मंथन से निकले अमृत को सहेजने और आगंतुकों से संवाद-सरोकार बनाए रखने को एक अलग संस्था बने।

(12.02.2012)

❑

बिहार का कृषि विकास राष्ट्रीय एजेंडा क्यों नहीं?

आज एक आम सहमति-सी है कि देश में हुकूमत अंग्रेजों की रही या अपनी, बिहार में मौजूद संभावनाओं की अनदेखी एक समान हुई। विभाजन के पूर्व बिहार हरित और औद्योगिक, दोनों क्रांतियों को नेतृत्व देने की क्षमता रखता था। आज दूसरी हरित क्रांति का आगाज यहीं से संभव है। औद्योगिक क्रांति के लिए कच्चा माल, मानव संसाधन और बिजली के लिए कोयले के अलावा और क्या चाहिए? ये सब बिहार में मौजूद थे। इसी तरह उर्वरा भूमि, पर्याप्त जल के स्रोत और मानव संसाधन के अलावा हरित क्रांति के लिए और क्या चाहिए, लेकिन बिहार दोनों से वंचित रह गया, क्यों? आजादी के बाद हस्तिनापुर के हुक्मरानों ने अगर पारदर्शी और पूर्वग्रह रहित नीतियाँ अपनाई होती तो क्या ये दोनों क्रांतियाँ उसी दौर में बिहार में संभव नहीं थीं और अगर ऐसा हुआ होता तो कल्पना कीजिए, बिहार आज कहाँ होता? ऐसे अनेक सवाल हैं, जिनका जवाब आज करवट ले रहा बिहार माँग रहा है।

पंजाब, हरियाणा, महाराष्ट्र, गुजरात आदि राज्यों में हरित क्रांति यूँ ही नहीं आई थी, बल्कि इसके लिए केंद्र सरकार ने कोई कसर नहीं छोड़ी थी। इनकी हर जरूरत पूरी की गई। आधुनिक तकनीक और संसाधन, जल प्रबंधन से लेकर आवागमन तक की सारी सुविधाएँ मुहैया कराई गईं। नतीजा हुआ कि इन राज्यों की समृद्धि में कृषि ने बड़ा योगदान किया। इनकी बुनियाद मजबूत थी, इसी कारण आर्थिक सुधारों का फायदा भी इन्हीं राज्यों को मिला। जब कृषि प्राथमिकता में थी तो उस समय बिहार की उपेक्षा हुई। आर्थिक सुधार के दौर में कृषि हाशिये पर चली गई। उद्योग और कारोबार प्राथमिकता में आ गए। ऐसे में बिहार को दोहरी मार झेलनी पड़ी, लेकिन अब पश्चिम-दक्षिण के राज्यों में कृषि क्षेत्र में ठहराव की स्थिति है। जमीन का जितना दोहन संभव था, कर लिया गया। ज्यादा-से-ज्यादा उत्पादन लेने के मोह में पेस्टीसाइड्स के खतरनाक हद तक उपयोग ने नई चुनौतियाँ पैदा कर दीं। दरअसल वहाँ के खेतों की उर्वरा शक्ति उतनी नहीं थी, जितनी

पैदावार ली जाने लगी। जाहिर है, इन राज्यों से अब बहुत उम्मीद नहीं की जा सकती। बिहार की धरती सोना उगलनेवाली है। एस.आर. सेन कमेटी ने जो सिफारिशें की थीं, अगर उस पर गौर फरमाएँ तो साफ है कि संभावनाएँ बिहार समेत पूर्वी राज्यों में छिपी हैं। बिहार ने चार-पाँच वर्षों में जो कामयाबी हासिल की है, वह सेन कमेटी के आकलन पर मुहर है। आईसीएआर के महानिदेशक डॉ. एस. अयप्पन 22 और 23 सितंबर को पटना में थे। उन्होंने खुद माना कि बिहार की कृषि विकास दर आश्चर्यजनक है और यहाँ इस क्षेत्र में अपार संभावनाएँ हैं। निश्चय ही जहाँ कृषि की राष्ट्रीय विकास दर चार फीसदी से भी कम हो, वहाँ बिहार ने प्रतिकूल परिस्थितियों में भी 17.6 प्रतिशत विकास दर हासिल कर नजीर पेश की है। राज्य ने इस मिथक को भी तोड़ डाला है कि सकल घरेलू उत्पाद में कृषि बड़ा योगदान नहीं कर पाती है। दरअसल बिहार ने हमेशा देश को राह दिखाई है। हरित क्रांति से बहुत आगे बढ़कर इंद्रधनुषी क्रांति का एजेंडा तरक्की का नया नजरिया है। डॉ. अयप्पन ने बिहार के कृषि रोडमैप की तारीफ करते हुए माना कि इसमें प्रगतिशील नजरिया अपनाया गया है, लेकिन सवाल यह है कि अपने सीमित संसाधन और बड़ी सामाजिक जिम्मेदारियों से दबे इस प्रदेश के लिए क्या यह संभव है कि वह अपने तईं इतना बड़ा निवेश कर सके और जब आनेवाले समय की जरूरतों को पूरा करने के लिए कृषि उत्पादन में इजाफा राष्ट्रीय चिंता और चुनौती है तो क्यों नहीं राष्ट्रीय धन कृषि के विकास में लगे? मुख्यमंत्री नीतीश कुमार ने भरोसा भी दिया है कि बिहार पूरे देश को अनाज मुहैया कराने लायक उत्पादन करके दिखाएगा। बहरहाल, एक पखवाड़ा बाद राष्ट्रपति प्रणव मुखर्जी बिहार का कृषि रोडमैप जारी करेंगे। इसके बाद राज्य इस पर तेजी से कदम बढ़ाएगा। उम्मीद की जानी चाहिए कि केंद्र सरकार अब और देर नहीं करेगी और इंद्रधनुषी क्रांति का हमसफर बनेगी।

(24.09.2012)

❑

सक्रिय समाज और संकल्पित जनता बदल सकती है तस्वीर

नोबेल पुरस्कार विजेता प्रो. जोसेफ ई. स्टिग्लिज ने पटना में आद्री के स्थापना दिवस पर पूँजीवाद की पुर्नव्याख्या विषय पर सेमिनार में अपने विचार साझा करते हुए कारगर और टिकाऊ विकास की जो शर्तें बताईं, उसमें सक्रिय समाज और संकल्पित नागरिक पर भी उनका जोर था। अगर उनके इस सुझाव की गहराई में झाँकें तो इसका सरोकार सब नेशनलिज्म (उप-राष्ट्रवाद) से भी है। इसी कड़ी में बिहार के विकास मॉडल की सराहना करते हुए उन्होंने पिछड़ापन से जूझ रहे राज्यों के लिए इसे अनुकरणीय बताया। काबिले गौर है कि मुख्यमंत्री नीतीश कुमार दावा करते रहे हैं कि उनके समय में बिहार ने तरक्की की जितनी भी सीढ़ियाँ अब तक तय की हैं, वह आम जनता के सहयोग से संभव हुआ है। इसकी एक मिसाल कृषि है। निश्चय ही कृषि उत्पादन में राष्ट्रीय औसत से आगे निकलना बिना किसानों की मेहनत के संभव नहीं है। कृषि से मोहभंग ने बिहार में उत्पादन के प्रति सोच में जड़ता पैदा कर दी थी। अब लोग कृषि से जुड़ रहे हैं तो यह सकारात्मक बदलाव है। इससे प्रो. स्टिग्लिज के विचारों को बल मिलता है। यह भी सच है कि लगातार प्रयासों से सोच बदला है और इसका असर है कि राज्य में आज राजनीतिक शास्त्रार्थ का विषय विकास है, लेकिन समग्रता में क्या समाज या आम आदमी के स्तर पर यह तस्वीर नजर आती है?

हर आम ओ-खास अपेक्षा रखता है कि नेता और अफसर ईमानदार हों। सबकी दिली ख्वाहिश है कि भ्रष्टाचार का खात्मा हो, लेकिन यह कैसे हो, इस पर सोचना ज्यादा जरूरी है। नीतीश कुमार की सरकार ने पहले माध्यमिक क्लास की बच्चियों को और अब बच्चे-बच्चियों दोनों को स्कूल जाने के लिए साइकिल देने की योजना लागू की। इस योजना को शुरू करते समय ही बड़ी चिंता थी कि इसमें घोटाला न हो। इसके उपाय किए गए। बीते साल बवाल मचा कि स्कूलों में नामांकित बच्चों से ज्यादा साइकिल और पोशाक बँट रही हैं। मुख्यमंत्री के आदेश पर जाँच शुरू हुई तो पता चला कि एक

बच्चे का नाम कई स्कूलों में दर्ज है। इसी आधार पर बच्चे के अभिभावकों ने एक से अधिक स्कूलों से योजना का लाभ ले लिया। इसके बाद शर्त लगाई गई कि कम-से-कम 75 प्रतिशत उपस्थितिवाले छात्र-छात्राओं को ही इसका लाभ मिलेगा, तो अब स्कूलों में सामाजिक उत्सव के दौरान कम उपस्थिति वाले बच्चों के अभिभावक हँगामा कर रहे हैं। इस योजना का मूल मकसद बच्चों को पढ़ाई के लिए सुविधा मुहैया कराना तो है ही, साथ ही पढ़ाई में उनकी दिलचस्पी पैदा करना भी है। स्कूलों में नियमित पढ़ाई कराए बगैर या कई स्कूलों में नाम दर्ज कराकर साइकिल का अलग-अलग लाभ लेने की प्रवृत्ति को हम क्या कहेंगे, ऐसा कर हम क्या इस धारणा को बल नहीं पहुँचाते कि भ्रष्टाचार की जड़ को समाज भी सींच रहा है ? अपने घर के सामने सड़क पर बेतरतीब वाहनों की पार्किंग, निर्माण की सामग्री रखकर या सूखने के लिए फसल डालकर बाधाएँ खड़ी करने जैसी हरकतें कर क्या हम सुगम यातायात की कल्पना कर सकते हैं, आधारभूत संरचना का निर्माण और विकास सरकार की जिम्मेवारी है, लेकिन उसके सदुपयोग और संरक्षण की जिम्मेवारी क्या समाज की नहीं है, इसी तरह सड़क पर कचरा फेंककर या सड़क किनारे शौच या पेशाब कर हम साफ-सुथरे सुंदर शहर या गाँव की कल्पना कैसे कर सकते हैं ?

समाज की सक्रियता और नागरिकों के संकल्प का किस हद तक सकारात्मक नतीजा सामने आ सकता है, इसका ज्वलंत प्रमाण विशेष राज्य के दर्जे का मुद्दा है। इस माँग पर बिहार के लोगों ने एकजुटता दिखाई तो आज केंद्र सरकार की भाषा बदली है। केंद्रीय वित्त मंत्री पी. चिदंबरम ने राज्यसभा में यह स्वीकार किया कि विशेष राज्य का दर्जा देने के लिए निर्धारित मापदंड में संशोधन समय की माँग है। वहीं अब इस माँग ने कांग्रेस के राष्ट्रीय चिंतन शिविर में दस्तक दे दी है। जाहिर है, मोर्चा चाहे विकास का हो या भ्रष्टाचार के खात्मे का या फिर अधिकार हासिल करने का, इसे सक्रिय समाज और संकल्पित जनता ही संभव कर सकती है। विकास के अभियान को सामाजिक चेतना का आवरण जरूरी है।

(21.01.2013)

❑

समावेशी विकास मॉडल का सूत्रधार बनेगा बिहार

देश विकास मॉडल में बड़े बदलाव की तरफ कदम बढ़ा रहा है। यह देश की तरक्की में मील का पत्थर साबित हो सकता है। छह दशक पहले भाड़ा समानीकरण जैसी नीति आई, जिसने दक्षिण-पश्चिम के राज्यों को लाभ के अवसर सुलभ कराए। अब प्रति व्यक्ति आय और मानव विकास के इंडीकेटर्स में राष्ट्रीय औसत से राज्यों की दूरी के आधार पर पिछड़ापन के आकलन की पहल हुई है। यह न केवल जमीनी हकीकत की पड़ताल होगी, बल्कि राष्ट्रीय सोच में आ रहे मौलिक परिवर्तन का संकेत भी है। इसके बाद पिछड़े राज्यों के विकास की जो रणनीति बनेगी, वह देश की आर्थिक सेहत को मजबूत करने में बड़ी भूमिका अदा करेगी। बिहार ने हमेशा देश को दिशा दी है। परिवर्तन की बयार यहीं से बहती रही है। आजादी के संघर्ष में महात्मा गांधी का सत्याग्रह और आजादी के बाद लोकनायक जयप्रकाश नारायण की संपूर्ण क्रांति के बिगुल ने शासन, सत्ता और सामाजिक परिवर्तन की नींव रखी। आज देश के अंदर पिछड़ेपन की खाई को पाटने के लिए नई सोच आधारित नीति बनाने पर जो सहमति नजर आ रही है, उसकी नींव भी बिहार ने ही रखी है। यह सिर्फ बिहार नहीं, बल्कि तमाम पिछड़े राज्यों समेत देश के व्यापक हित में है।

जदयू सांसद और अर्थशास्त्री एन.के. सिंह का यह दावा मायने रखता है कि पिछड़ापन का मानक तय करने के लिए भारत सरकार के मुख्य आर्थिक सलाहकार रघुरामजी राजन की अध्यक्षता में कमेटी का गठन बिहार की पहल का ही नतीजा है। मुख्यमंत्री नीतीश कुमार ने प्रधानमंत्री और वित्त मंत्री को लिखे अपने पत्रों में यही सुझाव तो दिया था। नीतीश कुमार का तर्क है कि देश की जीडीपी में अभी कुछ चुनिंदा राज्य ही बड़ा योगदान कर रहे हैं, इसी वजह से देश की विकास दर स्थिर नहीं रह पा रही है। दस करोड़ से अधिक आबादीवाला राज्य बिहार जीडीपी में 3 फीसदी भी योगदान नहीं कर पाता है। सात साल से राज्य की औसत विकास दर 11 फीसदी रही है। अगर इस समय

अपेक्षित सहायता मिले तो इसे विकसित राज्य बनने में देर नहीं लगेगी। यह राज्य देश की जीडीपी में आठ से दस फीसदी तक योगदान कर सकेगा। विशेष राज्य का दर्जा पाने की मुहिम के हर पड़ाव पर मुख्यमंत्री नीतीश कुमार ने प्रधानमंत्री और वित्त मंत्री को विस्तार से पत्र लिखा। इन पत्रों में एक तरफ बिहार के लिए विशेष दर्जे के औचित्य को तर्कों की कसौटी पर कसा गया तो दूसरी तरफ बिहार समेत अन्य राज्यों का पिछड़ापन दूर करने के लिए समावेशी विकास के मौलिक सूत्र सुझाए गए। हर राज्य की अपनी भौगोलिक, सामाजिक, आर्थिक और प्राकृतिक परिस्थितियाँ हैं। इनमें समानता संभव भी नहीं है। इस कारण विकास की समान कसौटी विकसित और पिछड़े राज्यों के बीच की खाई नहीं पाट सकती है, बल्कि यह खाई को और चौड़ा ही करती जाएगी। एक छोटी मिसाल ही काफी है। एरणाकुलम मॉडल ने केरल को साक्षरता के मोर्चे पर हीरो बना दिया, लेकिन यही मॉडल अनेक राज्यों में कामयाब नहीं रहा। नतीजा है कि ढाई दशक बाद भी साक्षरता अभियान को मंजिल नसीब नहीं हुई। बिहार प्रति व्यक्ति आय, आधारभूत संरचना और मानव विकास के तमाम इंडीकेटर्स पर सबसे निचले पायदान पर है। अगर इन मोर्चों पर राष्ट्रीय औसत से राज्यों की दूरी को आधार बनाकर केंद्रीय राजस्व के डिवोल्यूशन (अंतरण) की कसौटी तय होती है तो सूबे को सर्वाधिक फायदा होगा। तर्कों की कसौटी पर परिस्थितियों की व्याख्या और उसके आधार पर हक माँगने का यह नायाब तरीका भी है। यह केंद्र से टकराव का नहीं, बल्कि समझदारी विकसित करने का रास्ता भी है। दलीय और गुटीय मोर्चों पर टकराव सत्ता की राजनीति की विवशता है, लेकिन विकास के सवाल पर टकराव का कोई औचित्य नहीं हो सकता है। इस मोर्चे पर वास्तविकता के आईने में संवाद, शास्त्रार्थ, समझदारी, सहमति, संयम और संवेदना ही सार्थक नतीजे दिला सकती है। वैसे भी राजनीति सत्ता पाने या बचाए रखने की बेचैनी के लिए हो या फिर जनता के प्रति जवाबदेही निभाने के लिए? यह यक्ष प्रश्न आज ज्यादा मौजूँ है।

(20.05.2013)

❑

बिजली का मोर्चा जीतने को जरूरी है बेहतर तालमेल

सार्वजनिक हित का कोई भी संकल्प तभी साकार हो सकता है, जब उससे जुड़े तमाम लोग उसके प्रति समर्पित होकर काम करें और ऐसा संभव करने के लिए माहौल बनाना भी जरूरी होता है। नीतीश कुमार ने जब से राज्य की बागडोर सँभाली है, समावेशी विकास का लक्ष्य हासिल करने की उनकी प्राथमिकताएँ बहुत साफ रही हैं। बिहार के विकास में किन-किन क्षेत्रों के योगदान मील का पत्थर साबित होंगे, इसको लेकर भी उनका विजन बहुत साफ है। शिक्षा, कृषि और पर्यटन के क्षेत्रों में राज्य में अपार संभावनाएँ हैं, इससे भला कौन इनकार कर सकता है। मुख्यमंत्री ने इन क्षेत्रों के लिए विशेषज्ञों को सलाहकार के बतौर नियुक्त भी किया है। इन क्षेत्रों में तेजी से काम हो रहे हैं और नतीजे भी सामने आ रहे हैं, लेकिन बिजली के क्षेत्र में तमाम कामयाबी के बाद भी समस्याओं से निजात उस अनुपात में नहीं मिल रही है, तो क्यों ? इस सवाल का जवाब समय रहते ढूँढ़ना जरूरी है।

इस क्षेत्र के माहिरों का मानना है कि जब तक नौकरशाहों पर निर्भरता रहेगी, बिजली के क्षेत्र में अपेक्षा के अनुरूप कामयाबी नहीं मिल सकती है। दरअसल बिजली के उत्पादन (प्रोडक्शन,), संचरण (ट्रांसमिशन) और वितरण (डिस्ट्रीब्यूशन) के कार्य पूरी तरह इंजीनियरों पर निर्भर हैं, इसलिए इन्हें भरोसे में लेना या प्रेरित करना उतना ही आवश्यक है, जितना प्राथमिकताएँ तय करना। विशेषज्ञों की राय मानें तो वह कहते हैं कि नौकरशाह इंजीनियरों को विश्वास में लेकर उन्हें लक्ष्य हासिल करने और क्वालिटी कार्य करने के प्रति प्रेरित करने में कामयाब नहीं हो पा रहे हैं। कई ऐसी तकनीकी पेचीदगियाँ होती हैं, जो बेहतर और खुले संवाद से ही दूर की जा सकती हैं। इसके लिए नौकरशाहों और इंजीनियरों में बेहतर तालमेल और समझदारी आवश्यक है। सिर्फ लक्ष्य थोपने की प्रवृत्ति से कामयाबी नहीं मिल सकती है।

बहरहाल, तमाम विशेषज्ञ स्वीकार करते हैं कि मुख्यमंत्री के प्रयासों से ही आज

बिजली के क्षेत्र में राज्य आत्मनिर्भरता की तरफ तेजी से बढ़ रहा है। इसमें किसी को संदेह नहीं हैं कि पिछले सालों में जो प्रयास हुए हैं और अभी भी जो हो रहे हैं, इसका नतीजा आएगा और 2015 तक राज्य में पर्याप्त बिजली होगी, लेकिन चिंता है तो ट्रांसमिशन और डिस्ट्रीब्यूशन नेटवर्क को लेकर। लोगों तक निर्बाध बिजली पहुँचाना कैसे संभव होगा?

ताजा स्थिति क्या है? एक दशक पहले तो बिहार बिजली के उत्पादन में शून्य था ही, उपलब्धता भी बहुत कम थी। सात-आठ वर्षों के प्रयासों और संघर्ष का ही परिणाम है कि आज करीब दो हजार मेगावाट बिजली की उपलब्धता है। राज्य की आवश्यकता अभी ढाई से तीन हजार मेगावाट की है, यानी आवश्यकता की साठ से सत्तर फीसदी बिजली उपलब्ध कर ली गई है। ऐसे में इसी अनुपात में लोगों तक बिजली पहुँच क्यों नहीं पा रही है? राजधानी पटना में ही अनेक ऐसे इलाके हैं, जहाँ बिजली सप्लाई की स्थिति खराब है। यह तब है, जबकि राज्य सरकार ने राजधानी के लिए माँग के हिसाब से सप्लाई देने का प्रावधान कर दिया है। पटना ही क्यों, अब तो तमाम जिला मुख्यालयों में 24 घंटे बिजली सुनिश्चित करने का प्रावधान कर दिया गया है, फिर समस्या क्या है? एक तो ट्रांसमिशन एंड डिस्ट्रीब्यूशन लॉस (संचरण और वितरण के रास्ते में क्षति) अभी भी 40 फीसदी तक है। गाँवों में राजीव गांधी ग्रामीण विद्युतीकरण योजना के तहत लगे नौ हजार ट्रांसफार्मर अरसे से जले पड़े हैं। इससे वहाँ के लोगों में असंतोष है। जाहिर है, दोनों मोर्चों पर नेटवर्क को दुरुस्त करने में मुस्तैदी नहीं दिखाई गई तो नुकसान को 20 फीसदी तक लाना और उपभोक्ताओं तक बिजली पहुँचाना कैसे संभव होगा, राज्य सरकार ने समय रहते इसके लिए पर्याप्त धन भी मुहैया करा दिया, फिर रिजल्ट क्यों नहीं आ रहा है? इसके लिए जिम्मेवार कौन है? जाहिर है, कहीं-न-कहीं तंत्र के स्तर पर ईमानदार पहल की कमी है। चार लाख से अधिक उपभोक्ताओं के यहाँ मीटर नहीं लगाया जा सका है। 35-40 फीसदी उपभोक्ताओं को बिजली के बिल भी नहीं मिल पा रहे हैं। जिन्हें मिल रहे हैं, उनमें त्रुटियों की शिकायतें रहती हैं, लेकिन उन्हें दूर कराने में पसीने छूट जाते हैं। ऐसे में बकाये की शत-प्रतिशत वसूली की कल्पना कैसे की जा सकती है। बहरहाल, बिजली में आत्मनिर्भरता राज्य की तरक्की और खुशहाली के लिए जरूरी है। बिजली कंपनियों से जुड़े तमाम कामगारों को भी राज्य हित में इस मिशन को कामयाब करने का संकल्प लेना चाहिए।

(16.09.2013)

❑

विकास पर बनाए रखिए एका के इस जज्बे को

विरोधियों पर निशाने साधने और उन्हें नीचा दिखाने के लिए तर्क और तुकबंदियाँ गढ़ने में महारत को राजनीति में कामयाबी का मंत्र माना जाने लगा है। नेहरू और लोहिया युग की स्वस्थ राजनीति की परिकल्पना भी अब बेमानी लगने लगी है। अगर कोई संयम दिखाए और मर्यादा की राह अपनाए तो उसे दलदल में उतरने को उकसाया या मजबूर किया जाता है। ऐसे में वित्त आयोगों से बिहार का हक माँगने और विकास में असमानता की खाई को पाटने की आवाज मुखर करने के सवाल पर राजनीतिक दलों के बीच सर्वानुमति सुखद एहसास कराती है। आद्री ने बीते 12वें वित्त आयोग से संयुक्त स्मार-पत्र सौंपने की पहल की। 14वें वित्त आयोग को सौंपे जानेवाले संयुक्त स्मार-पत्र के प्रारूप पर मंथन के लिए भी उसने शनिवार को सभी दलों को आमंत्रित किया, यह काबिले तारीफ है। वैसे वर्चस्व के लिए मचे घमासान के बीच राजनीतिक दलों ने भी न केवल इस मंच को साझा किया, बल्कि राज्य हित के मसलों पर बिना किसी पूर्वग्रह के मजबूती से अपना नजरिया पेश किया, यह और भी काबिले तारीफ है। इससे यह भी साफ है कि विकास अब राजनीति का एजेंडा बन चुका है। बिहार जैसे पिछड़े राज्य के लिए यह शुभ संकेत है।

बीते दो आयोगों को दिए गए स्मार-पत्रों से सेंट्रल टैक्स के अंतरण (डिवोल्यूशन) में बिहार को वित्तीय फायदा हुआ, इससे कोई इनकार नहीं कर सकता है। 10वें वित्त आयोग में 22 हजार 25 करोड़ रुपए मिले, जबकि 12वें वित्त आयोग में 2006 से 10 तक करीब 75 हजार 500 करोड़ रुपए मिले। 13वें में 1 लाख 72 हजार करोड़ रुपए की सिफारिश है। 2015 से शुरू होनेवाले 14वें वित्त आयोग को स्मार-पत्र सौंपने के लिए जो सुझाव सामने आए हैं, वे न केवल बिहार, बल्कि बिहार जैसे अन्य पिछड़े राज्यों के हितों की आवाज भी हैं। बिहार ने विशेष राज्य के दर्जे की जंग छेड़ी तो उसमें भी सिर्फ अपने हित की बात नहीं है। समान रूप से पिछड़े राज्यों और अंततः देश की आर्थिक समृद्धि का मंत्र भी उसमें निहित है। बिहार के मुख्यमंत्री नीतीश कुमार ने केंद्र को समावेशी विकास के

लिए नई सोच और नया नजरिया अपनाने को प्रेरित किया। इसके पीछे तर्क यह है कि देश की विकास दर में स्थिरता नहीं आ पाने की बड़ी वजह नेशनल जीडीपी (सकल राष्ट्रीय उत्पाद) में कुछ ही राज्यों का बड़ा योगदान रहा है। करीब साढ़े दस करोड़ आबादीवाले बिहार का योगदान इसमें तीन फीसदी से भी कम रहता है, जबकि आबादी देश की 8 फीसदी से अधिक है। बिहार के दबाव पर केंद्र सरकार ने पहले अंतर मंत्रालयी समूह का गठन किया। इस समूह ने भले ही पुरानी कसौटी के आधार पर माँग को खारिज कर दिया, लेकिन माना कि बिहार विकास के तमाम सूचकांक पर पिछड़ा है और इसे विशेष आर्थिक सहायता दी जानी चाहिए। बिहार ने माँग खारिज करने पर एतराज जताया तो केंद्रीय वित्त मंत्री पी. चिदंबरम ने वित्त मंत्रालय के आर्थिक सलाहकार रघुरामजी राजन कमेटी का गठन किया। इस कमेटी को पिछड़ापन निर्धारित करने की जवाबदेही सौंपी गई। यह सही है कि अगर इस कमेटी ने प्रति व्यक्ति आय को आधार बनाया होता तो बिहार पिछड़ापन में पहले नंबर पर होता और भविष्य में इसका सर्वाधिक लाभ मिलता, लेकिन प्रति व्यक्ति खपत को आधार बनाकर इसने राज्यों की जो तीन श्रेणियाँ बनाई हैं, उसमें भी बिहार अति पिछड़े राज्यों की सूची में दूसरे नंबर पर है। अब केंद्र सरकार को कमेटी की सिफारिशों के आधार पर विशेष राज्य का दर्जा देने या इस दर्जे के समान सुविधाएँ और सहायता देने की कसौटी तय करनी है। जाहिर है, इसका लाभ अन्य पिछड़े राज्यों को मिलेगा और इससे देश की आर्थिक नींव मजबूत होगी।

आद्री की पहल पर शनिवार को जुटे राजनीतिक दलों के नेताओं ने अनेक उपयोगी सुझाव दिए हैं, जिसके दूरगामी असर सामने आएँगे। यह जरूरी नहीं कि बिहार से जो संयुक्त स्मार-पत्र जाएगा, 14वाँ वित्त आयोग उसमें शामिल सभी सुझावों या माँगों को स्वीकार कर ले, लेकिन उपयुक्त प्लेटफार्म पर जब कोई बात तर्क के साथ मजबूती से रखी जाती है तो वह आगे की नीतियाँ बनाने में भी प्रेरक की भूमिका निभाती है। सेंट्रल टैक्स का 50 फीसदी राज्यों को अंतरण, नन टैक्स रिसिप्ट (गैर कर प्राप्तियों) से राज्यों को आवंटन, सीमा पार की नदियों की बाढ़ से तबाही को राष्ट्रीय आपदा घोषित कर इसकी भरपाई केंद्र से करने, शहरी निकायों और पंचायती राज संस्थाओं को आर्थिक मदद देने का फार्मूला तय कर 4 फीसदी रकम देने समेत अनेक ऐसी अहम माँगें हैं, जो आयोग पर दबाव बनाएँगी। केंद्रीय करों के वितरण की कसौटी आवश्यकता के धरातल पर ज्यों-ज्यों उतरती जाएगी, समावेशी विकास का लक्ष्य आसान होता जाएगा। आवश्यकता है, विकास और हक के सवाल पर पूर्वग्रह से ऊपर उठकर ऐसे ही एका की मिसाल पेश करते रहने की।

(18.11.2013)

❑

बिहार के शहरों और कस्बों को किसने बनाया बदसूरत?

बिहार में शहरों का अराजक विकास भी एक बड़ी चुनौती है। शहरों का चेहरा दरअसल ईंट और कंक्रीट के जंगलों की तरह है। इन्हें देख लगता है, जैसे शहर में मकान बना लेना ही बड़ी कामयाबी है। जीवन स्तर का सवाल शायद काफी पीछे छूट चुका है। जीवन स्तर के मायने सिर्फ रोटी, कपड़ा और मकान नहीं है। इसमें साफ-सफाई, पीने का पानी, बिजली, सुंदर सड़कें, शिक्षा और चिकित्सा सुविधाएँ, पार्क, मैदान, खुली हवा और हरा-भरा परिदृश्य ज्यादा अहमियत रखते हैं। एक स्वस्थ माहौल में पलकर बड़ा होनेवाला बच्चा जितना स्वस्थ मन-मिजाज का होता है, शायद गंदगी, सँकरी सड़कों के साथ खड़ी इमारतों में पलनेवाला नहीं। नगर निकाय हों या अभिभावक, उनका दायित्व सिर्फ इमारतें खड़ी करने तक सीमित नहीं रह जाता है। 'अपना शहर, सुंदर शहर' की अवधारणा को जीवन का मूल मंत्र बनाने के प्रति अगर हम संजीदा होते तो शायद हालात आज ऐसे नहीं होते। ठीक इसी तरह शहरों, कस्बों और गाँवों को व्यवस्थित विकास की दिशा देने के प्रति अगर राज्य की सरकारें संजीदा होतीं तो चुनौती आज इतनी बड़ी नहीं बन गई होती। आज पुराने शहरों को बेहतर करने की गुंजाइश कमतर रह गई है। ऐसे में नए शहर बसाए जाएँ, यही बेहतर विकल्प माना जा रहा है, मगर एक साथ इतनी जमीन जुटा पाना भी बिहार में कोई साधारण चुनौती नहीं है।

पिछले महीने नगर विकास विभाग ने प्रस्तावित बिल्डिंग बायलॉज का प्रारूप लोगों की राय जानने के लिए सार्वजनिक किया तो इसके खिलाफ तीखी प्रतिक्रिया सामने आई। बिल्डरों का एक गुट सड़क पर उतर आया। विशेषज्ञों ने भी माना कि बिहार की जमीनी हकीकत से ये बायलॉज मेल नहीं खाते। आरोप लगा कि यह भुवनेश्वर (ओडिशा) के बायलॉज की नकल है। एक अर्थ में यह तर्क सही है। बिहार में बड़े भूखंड नगण्य हैं। छोटे होल्डिंग्स का औसत 80 फीसदी से ज्यादा है। ऐसे में अगर यह प्रस्तावित बायलॉज लागू हो जाता है तो छोटे प्लॉट पर बहुमंजिली इमारतें नहीं बन पाएँगी। बहुत छोटे प्लॉट

पर तो छोटा फ्लैट भी नहीं बन पाएगा। फिर लोगों की मकान की जरूरतें कैसे पूरी होंगी? बिहार में भूमि के बेहतर प्रबंधन की पहल नहीं होने के कारण भी आज छोटे होल्डिंग्स की समस्या है। चकबंदी कानून तो बना, लेकिन इस पर अमल नहीं हुआ। इसके अलावा हेराफेरी और फ्राड के कारण जमीन के स्वामित्व का विवाद गहराता गया। अगर जमीन के सर्वे और जमाबंदी का काम पहले हुआ होता तो आज स्थिति इतनी भयावह नहीं होती। वर्तमान सरकार ने इसे प्राथमिकता दी। सर्वे से लेकर चकबंदी तक की कड़ी-दर-कड़ी योजना बनाई गई। विधेयक पास कराया गया और उस पर काम चल रहा है। जमीन के दस्तावेज और जमाबंदी ऑनलाइन होने से ऐसे विवादों से निजात मिलेगी।

बिहार में बिल्डिंग बायलॉज कानून की किताबों में दफन था। काफी पहले बने इन बायलॉज में पहली बार इस सरकार ने 2007 में संशोधन किया, लेकिन वह बहुत कामयाब नहीं रहा। इस बार नए बायलॉज बनाने की पहल हुई है। अब सवाल है कि होल्डिंग्स के आकार को ध्यान में रखकर एफएआर (फ्लोर एरिया अनुपात) को बढ़ा भी दिया जाए तो क्या अन्य शर्तों को लोग-बाग तहेदिल से स्वीकार कर लेंगे। पटना में जिस तरह सँकरी सड़कों के किनारे बेतहाशा अपार्टमेंट और बहुमंजिली इमारतें बना दी गईं, क्या वे आज मुश्किलें नहीं बढ़ा रहीं? राज्य के तमाम पुराने शहरों में पानी की निकासी की केनाल थीं। उनका क्या हुआ? पानी निकलने के रास्तों पर कब्जा किसने किया और आज अगर शहरों में जल-जमाव विकराल बनता जा रहा है तो इसके लिए जिम्मेदार कौन है? शहरों या गाँवों में नक्शे में सड़कों की चौड़ाई जितनी है, क्या वह जमीन पर बची रह गई है, सड़कों की जमीन किसने कब्जाई, आज सड़कों पर दुकानें कौन सजा रहा है और इस कारण लगनेवाले जाम का शिकार कौन हो रहा है, ऐसी अनेक विसंगतियों और समस्याओं को पैदा कर क्या हम सुंदर शहर या जीवन की परिकल्पना सार्थक कर सकते हैं? पटना में ट्रैफिक जाम के खिलाफ हिंदुस्तान के 'जागो पटना अभियान' के दौरान और इसके समापन पर आयोजित संवाद और सेमिनार में एक पीड़ा समान रूप से उभरकर सामने आई कि सुविधाओं के बेहतर उपयोग के प्रति हम भी संजीदा नहीं हैं। प्रख्यात चित्रकार श्याम शर्मा को अगर यह कहना पड़ा कि बिन भय होत न प्रीति, तो इसका निहितार्थ शासन के साथ-साथ हमें भी समझना होगा। मुख्यमंत्री नीतीश कुमार ने साल के अंत में राजगीर में बिल्डरों और उद्यमियों को भरोसा दिया कि प्रस्तावित बिल्डिंग बायलॉज में आवश्यक संशोधन किए जाएँगे। बहरहाल, बायलॉज में जरूरी संशोधन हो और शहरों के भूगोल और इतिहास, दोनों का खयाल रखकर इसे अंतिम रूप दिया जाए। नए शहर की शर्तें अलग हों, लेकिन इससे भी ज्यादा जरूरी है कि बायलॉज अमल में आएँ। जरूरत हो तो इसके लिए सख्त दंड के प्रावधान भी किए जाएँ।

(06.01.2014)

❑

विकास पर इस बहस को पारदर्शी बनाने की जरूरत

केंद्रीय रेल राज्यमंत्री मनोज सिन्हा ने पटना में कहा कि विकास में राजनीति नहीं होनी चाहिए। उनकी यह बात जनता के मन को छूने वाली है। हर कोई चाहता है कि जनतांत्रिक व्यवस्था में विकास एक सतत प्रक्रिया बने और केंद्र या राज्य सरकारें इसे अपने दायित्व की तरह निभाएँ, न कि एहसान की तरह, लेकिन क्या वाकई विकास पर राजनीति नहीं हो रही है? इस सच से कौन इनकार कर सकता है कि लंबे समय से बिहार की हकमारी होती रही है। बिहार के पिछड़ेपन का बड़ा कारण केंद्र सरकार का भेदभाव रहा है। आँकड़े गवाह हैं कि आजादी के बाद से बिहार में विकास पर प्रति व्यक्ति निवेश अन्य राज्यों की तुलना में काफी कम हुआ। ऐसे में क्या यह सच नहीं है कि अगर भारत को दुनिया की आर्थिक महाशक्ति बनना है तो बिहार और इसके समान पूर्वी क्षेत्र के अन्य पिछड़े राज्यों के विकास के लिए केंद्र सरकार को विशेष पहल करनी होगी। ऐसा नहीं हुआ तो आर्थिक महाशक्ति बनने की बात तो दूर, हम विकसित राष्ट्रों की सूची में भी शामिल नहीं हो पाएँगे?

इन दिनों दिल्ली से कई अच्छी खबरें आ रही हैं। कहा जा रहा है कि केंद्र सरकार बिहार को जल्दी ही आंध्र प्रदेश की तर्ज पर विशेष पैकेज देगी। केंद्रीय भूतल परिवहन, राजमार्ग और जहाजरानी मंत्री नितिन गडकरी कह रहे हैं कि दो वर्षों में बिहार के सभी नेशनल हाईवे चकाचक हो जाएँगे, साथ ही उनका यह भी दावा है कि बिहार को 50 हजार करोड़ की सड़क परियोजनाएँ दी गई हैं। इनके अलावा भी कई अन्य घोषणाएँ की गई हैं। वरिष्ठ भाजपा नेता सुशील कुमार मोदी का दावा है कि आंध्र की तर्ज पर बिहार को पैकेजे मिलने की सूचना से मुख्यमंत्री नीतीश कुमार घबरा गए हैं। श्री मोदी और बिहार में नेता प्रतिपक्ष नंदकिशोर यादव यह भी दावा कर रहे हैं कि केंद्र सरकार ने एक साल में बिहार को जितना दिया, वह इतिहास बन गया है।

दूसरी तरफ राज्य सरकार इन दावों से इत्तेफाक नहीं रखती है। राज्य के पथ निर्माण

मंत्री राजीव रंजन उर्फ ललन सिंह का कहना है कि राज्य के किसी भी नेशनल हाईवे पर काम नहीं चल रहा है। पटना–बक्सर फोरलेन पर जून में काम शुरू होने के दावे पर भी उन्हें यकीन नहीं है। वे चाहते हैं कि केंद्र सरकार तारीख के साथ 50 हजार करोड़ की सड़क परियोजनाओं की सूची जारी करे। आंध्र की तर्ज पर पैकेज देने के ऐलान पर मुख्यमंत्री नीतीश कुमार की प्रतिक्रिया है कि यह पैकेज नहीं, पैकेजिंग की तैयारी है। उनका आरोप है कि केंद्र सरकार पैकेज के नाम पर बिहार सरकार के किए कार्यों का श्रेय हड़पने की तैयारी कर रही है। उन्होंने प्रधानमंत्री और केंद्रीय वित्त मंत्री से दो बार मिलकर बिहार के वाजिब हक पर आधारित ज्ञापन सौंपा। वित्त मंत्री अरुण जेटली को उनके बजट भाषण की याद दिलाते हुए बिहार को विशेष सहायता देने का अनुरोध किया। बिहार की विशेष राज्य के दर्जे की माँग को तार्किक आधार देते हुए ज्ञापन दिया, लेकिन राज्य सरकार के इन प्रस्तावों पर अभी तक कोई निर्णय केंद्र सरकार ने नहीं लिया है, बल्कि बीआरजीएफ का बकाया पैसा भी केंद्र सरकार नहीं दे रही है।

अब सवाल उठता है कि विकास पर यह सियासी घमासन क्या आम जनता में भ्रम की स्थिति पैदा नहीं करेगा, जनता केंद्र सरकार और भाजपा के दावों को सच माने या राज्य सरकार और जदयू के पलटवार को, क्या विकास पर इस शास्त्रार्थ को पारदर्शी बनाने की आवश्यकता नहीं है? राजनीतिक दलों के वायदों के ट्रैक रिपोर्ट के आईने में भी यह जरूरी है कि इस बहस को पारदर्शी बनाया जाए। बेहतर तो यही होगा कि जनता के सामने केंद्र और राज्य सरकार पूरी हकीकत बयाँ कर दें। अगर वर्तमान केंद्र सरकार ने बिहार को 50 हजार करोड़ की सड़क परियोजनाएँ दी हैं तो फिर यह बताने में क्या हर्ज है कि इनके लिए कब–कब कितनी राशि दी गई और इन पैसों से कितनी किलोमीटर की कितनी सड़कें बनने जा रही है, बिहार के किन–किन नेशनल हाईवे के लिए कब कितने पैसे दिए गए हैं और कब काम शुरू होगा, किस तारीख को गांधी सेतु की मरम्मत के लिए कितने पैसे दिए गए, आंध्र की तर्ज पर अगर पैकेज दिया जाए तो यह भी सार्वजनिक कर दिया जाए कि ये पैसे किस–किस मद में कितने–कितने और कब दिए जाएँगे? यह बिहार के केंद्रीय राजस्व में बननेवाले हिस्से के अलावा कितना अधिक है? अगर ऐसा किया गया तो भ्रम तो दूर होगा ही, राजनीति की गुंजाइश भी नहीं बचेगी। जनता में राजनीतिक वायदों और दावों में भरोसा पैदा करने के लिए भी यह जरूरी है।

(08.06.2015)

❑

रेल और आम बजट में बिहार की उपेक्षा क्यों?

बिहार ने केंद्रीय आम बजट से बहुत उम्मीदें पाल रखी थीं और उसी अनुपात में इसे निराशा भी मिली। योजना आयोग के उपाध्यक्ष, मोंटेक सिंह अहलूवालिया ने बिहार की विशेष राज्य के दर्जे की माँग के संदर्भ में एक बार कहा था कि इस मसले पर इंटर मिनिस्ट्रियल ग्रुप की रिपोर्ट आने के बाद ही फैसला होगा, लेकिन बिहार अगर विशेष आर्थिक सहायता की बात करे तो उस पर विचार किया जा सकता है। मुख्यमंत्री नीतीश कुमार ने बजट से बारह दिन पहले दिल्ली जाकर केंद्रीय वित्त मंत्री प्रणब मुखर्जी और श्री अहलूवालिया से मुलाकात कर उनसे विशेष राज्य के दर्जे की माँग दुहराई और प्रति वर्ष 25 हजार करोड़ रुपए की अतिरिक्त आर्थिक सहायता की माँग की। 17 से 19 फरवरी तक पटना में आयोजित ग्लोबल समिट में विशेषज्ञों ने बिहार में निवेश की खाई को पाटने के लिए विकास पर प्रति वर्ष 25 हजार करोड़ के अतिरिक्त निवेश की आवश्यकता जताई थी। यही माँग केंद्र से बिहार ने की थी।

केंद्र सरकार के मंत्री या यू.पी.ए. के सहयोगी दलों के नेता दावा करते रहे हैं कि बिहार को पर्याप्त सहायता मिल रही है, लेकिन क्या अगले वर्ष के रेल और आम बजट से ऐसा प्रतीत होता है? रेल बजट बिहार की तमाम महत्त्वाकांक्षी परियोजनाओं पर मौन है। गंगा और कोसी नदी पर पटना, मुंगेर और सुपौल जिले में तीन बड़े सड़क सह रेल पुलों का निर्माण हो रहा है। बजट में सिर्फ सुपौल के भवटियाही में निर्माणाधीन सेतु को अगले वर्ष पूरा करने का जिक्र है, जबकि पटना के निर्माणाधीन रेल पुल से उत्तर बिहार में रेल यातायात की तस्वीर बदलनी है। अभी उत्तर बिहार के वैशाली, सीवान, गोपालगंज, पूर्वी और पश्चिम चंपारण, मुजफ्फरपुर, सीतामढ़ी, शिवहर जिलों का राजधानी पटना से सीधा रेल संपर्क नहीं है। दरभंगा और मधुबनी जिले तक पहुँचने के लिए भी लंबी दूरी तय करनी होती है। इसी तरह प्रमंडल मुख्यालय होते हुए भी मुंगेर के लिए रेल सेवा नहीं

है। नीतीश कुमार ने अपने रेल मंत्रित्वकाल में इन तीनों पुलों की मंजूरी दी थी। पटना और मुंगेर के रेल पुलों के निर्माण की धीमी रफ्तार दरअसल विकास की गति को बाधित कर रही है। इसके अलावा रेल लाइनों के दोहरीकरण और विस्तार की परियोजनाओं की भी अनदेखी की गई है।

बिहार को आर्थिक पैकेज नहीं देने के पीछे राजनीतिक पूर्वग्रह हो सकता है, लेकिन पूर्वी भारत में हरित क्रांति तो देश की तरक्की के लिए जरूरी है। कृषि में विकसित पंजाब, हरियाणा, गुजरात और महाराष्ट्र जैसे राज्यों में अब उत्पादन बढ़ाने की गुंजाइश सीमित है। ऐसे में बिहार, ओडिसा, छत्तीसगढ़, झारखंड, पश्चिम बंगाल और असम में दूसरी हरित क्रांति की संभावना देखी जा रही है। केंद्र सरकार ने हरित क्रांति के लिए एक हजार करोड़ रुपए का प्रावधान किया है, जबकि बिहार ने अगले एक दशक का जो कृषि रोडमैप तैयार किया है, वह करीब डेढ़ लाख करोड़ का है, यानी करीब 30 हजार करोड़ प्रति वर्ष। बीते वर्ष इस मद में केंद्र ने चार सौ करोड़ का प्रावधान किया था और इसमें बिहार के हिस्से आया करीब 50 करोड़। क्या इस रकम से हरित क्रांति संभव है, ऐसे प्रावधानों से धन का बेहतर और रिजल्ट ओरिएंटेड उपयोग कैसे संभव होगा? बहरहाल, विशेष आर्थिक सहायता, गन्ना मिलों में एथनॉल उत्पादन, मक्का के निर्यात, बिजली परियोजनाओं को कोल लिंकेज, केंद्रीय विश्वविद्यालय ऐसे तमाम मसलों पर केंद्र जो नीतियाँ या रवैया अपना रहा है, उससे क्या ऐसा नहीं लगता कि तेजी से तरक्की की इच्छाशक्ति के बावजूद बिहार को इंसाफ नहीं मिल रहा है?

(19.03.2011)

❑

बैंकों का यह रवैया उनके हितों के भी अनुकूल नहीं

राज्य में बैंकों की नीयत पर अब सवाल उठने लगे हैं। बैंक प्रबंधनों पर सुदूर इलाकों में शाखाएँ खोलने और साख-जमा अनुपात में संतुलन लाने में उदासीनता के आरोप हैं, तो बैंककर्मियों पर छोटे-छोटे कार्यों में भी कमीशन वसूलने के। एक लोकतांत्रिक देश में किसी भी संस्था को सिर्फ कारोबार और कमाई की छूट नहीं दी जा सकती है। राज्य सरकार के छह वर्षों के प्रयास से बिहार में बदलाव आया है, भरोसा पैदा हुआ है, तो भूख भी जगी है और अपेक्षाएँ बढ़ी हैं। किसी भी संस्था की मनमानी को लोग नियति मानकर चुप रहने से रहे। बैंकों का यह रवैया उनके हितों के अनुकूल भी नहीं है।

नौकरी-पेशा या कारोबारी लोगों को कर्ज देने के लिए बैंक पलक-पाँवरे बिछाए नजर आ रहे हैं, यह तो पोस्ट प्रोडक्शन लाभ में हिस्सा बँटाने की नीति है। वैसे लोगों की अनदेखी कर जो सरकार की योजनाओं के तहत बैंकों से कर्ज और अनुदान का लाभ लेकर खेती को नया आयाम देना चाहते हैं, या फिर उत्पादन या कारोबार करना चाहते हैं, उन्हें निराश या परेशान कर बैंक एक तरह से उद्यमिता के विकास में बाधा बन रहे हैं, साथ ही महाजनी धंधे को प्रोत्साहित भी कर रहे हैं। बैंक भूल रहे हैं कि किसी भी उद्योग या कारोबार की तरक्की नया उपभोक्ता वर्ग पैदा करने पर ही निर्भर होती है। बैंक प्रबंधन यह क्यों नहीं सोच पा रहे हैं कि अब जबकि बिहार में अवसर पैदा हो रहे हैं, तो पूँजी मिलने पर छोटे किसान, गरीब-गुरबे और निम्न मध्यवर्गीय परिवारों के युवा भी उद्यमी और कारोबारी बन सकते हैं? ऐसे में सबसे पहले बैंकों के ग्राहकों की संख्या ही नहीं बढ़ेगी, उनका कारोबार भी बढ़ेगा।

मुख्यमंत्री नीतीश कुमार को सेवा यात्रा के प्रथम चरण में पश्चिम चंपारण, मुजफ्फरपुर और शेखपुरा जिलों में बैंककर्मियों के खिलाफ जिन शिकायतों से रू-ब-रू होना पड़ा, वह शर्मनाक है और इससे वैसे बैंककर्मियों की छवि एक कलप्रिट की तरह सामने आ रही है। लहटी उद्योग के लिए प्रसिद्ध मुजफ्फरपुर के उद्यमियों से कर्ज देने के

एवज में कमीशन माँगा जा रहा है। शेखपुरा के कुटौत में स्वयं सहायता समूहों को अनुदान की राशि दे दी गई, लेकिन कर्ज की रकम नहीं मिली। कई इलाकों में किसान क्रेडिट कार्ड योजना में किसानों को गुमराह कर बंदरबाँट की साजिश रची गई।

आज देश में भ्रष्टाचार के खिलाफ उबाल है। केंद्र सरकार भी दबाव में अनेक कानून बनाने की घोषणा कर रही है। बैंककर्मियों को हर साल अपनी संपत्ति का ब्योरा देना अनिवार्य है, लेकिन बैंक में यह गोपनीय रहता है। ऐसा क्यों, बैंककर्मियों की संपत्ति का ब्योरा तमाम बैंक अपनी वेबसाइट पर सार्वजनिक क्यों नहीं कर सकते, क्यों नहीं, बैंक प्रबंधन निचले स्तर पर, जहाँ कर्ज बाँटने से लेकर तमाम योजनाओं में आर्थिक सहायता मुहैया कराई जाती है, निगरानी के उपाय करता है? पीड़ितों के लिए वैसा सार्वजनिक प्लेटफार्म क्यों नहीं बनाया जा रहा, जहाँ आकर वे अपनी बात रख सकें और न्याय पा सकें। बैंकों को इस तथ्य को भी नजरअंदाज नहीं करना चाहिए कि बिहार में राज्य सरकार से उनके कारोबार को ऊर्जा मिलती है। अगर वह नाराज हो रही है तो उसके पास विकल्प हैं। वह अपनी वित्तीय संस्थाओं को मजबूत कर लोक कल्याण की योजनाओं का लाभ लोगों तक पहुँचा सकती है।

(28.11.2011)

❑

निवेश की इस शुरुआत के बड़े नतीजे आएँगे

बड़े और प्रतिष्ठित औद्योगिक घरानों और निर्माण कंपनियों ने बिहार में दिलचस्पी लेनी शुरू कर दी है। रेमंड लिमिटेड और गोदरेज के चेयरमेन का निवेश की शुरुआत के साथ पहली बार बिहार का दौरा और इस राज्य को उम्मीद भरी नजरों से देखना साधारण घटना नहीं है। इसी सप्ताह यह खबर भी आई कि देश-दुनिया की बड़ी निर्माण कंपनियों ने पटना में गंगा ड्राइव-वे बनाने में दिलचस्पी दिखाई है। प्रधानमंत्री के सलाहकार सैम पित्रोदा ने मुख्यमंत्री को भेजे पत्र में बिहार की तरक्की को समावेशी विकास का मॉडल करार दिया। यह सब अनायास तो नहीं ही हुआ है। ये ऐसी संस्थाएँ या हस्तियाँ हैं, जो कम-से-कम दिखावे के लिए या किसी के दबाव में शायद ही कुछ बोलें या करें। रातोरात बिहार के बारे में इनका यह नजरिया कायम भी नहीं हुआ है। यहाँ के परिवर्तन चक्र पर इनकी पैनी निगाह रही है। काफी ठोंक-बजाकर ही ये कहीं कदम रखते हैं।

बिहार की विशेष दर्जे की माँग की सार्थकता को इसी अर्थ में देखा जाना चाहिए। राज्य ने अपने सीमित संसाधन और तमाम चुनौतियों के बावजूद इच्छाशक्ति, विजन और जज्बे से आगे बढ़ने की मिसाल कायम की है। इससे जो माहौल बना है, उसी का नतीजा है कि छोटे या टोकन निवेश के साथ ही सही, प्रतिष्ठित घरानों ने यहाँ निवेश की शुरुआत कर दी है। उन्होंने आगे और निवेश करने के संकेत भी दिए हैं। बिहार में अपनी-अपनी प्राथमिकता के क्षेत्रों का उल्लेख भी किया है। राज्य में अपनी दूसरी पारी की पहली सालगिरह पर मुख्यमंत्री नीतीश कुमार ने कहा था कि आजादी के बाद तुलनात्मक लाभ के अवसर जिन राज्यों या इलाकों में पैदा किए गए, वे विकास में आगे निकल गए। जाहिर है, निवेश के लिए औद्योगिक घरानों की पहली शर्त लाभ के अवसर ही होंगे। ऐसा अवसर बिहार में कैसे पैदा हो, क्या केंद्र सरकार के सोच का आधार यह बन पाया है?

गोदरेज समूह के चेयरमेन आदी गोदरेज और रेमंड लिमिटेड के अध्यक्ष गौतम हरि सिंघानियाँ को तो राज्य की नीतियों और प्रयासों में कोई कमी नजर नहीं आई। कहा भी

कि बिहार सही दिशा में आगे बढ़ रहा है। ग्रोथ रेट बनाए रखने को समावेशी विकास का सबूत बताया। श्री गोदरेज ने कहा कि मुख्यमंत्री नीतीश कुमार की मुंबई यात्रा बिहार के औद्योगीकरण में मील का पत्थर साबित होगी। वे कनफेडरेशन ऑफ इंडियन इंडस्ट्रीज (सीआईआई) के अध्यक्ष भी हैं। उन्होंने यह भरोसा दिलाया कि उद्योगपतियों को बिहार में निवेश के लिए प्रेरित करेंगे। उन्होंने आधारभूत संरचना और बिजली उत्पादन में सुधार की जरूरत बताई है। ये दोनों क्षेत्र ऐसे हैं, जिनमें कामयाबी केंद्र पर निर्भर करती है। बिजली उत्पादन इकाइयाँ तभी लगेंगी, जब केंद्र से कोल लिंकेज मिल जाए। इस सेक्टर में राज्य सरकार ढाई लाख करोड़ के निवेश का करार कर बैठी है। इसी तरह आधारभूत संरचनाओं के विकास में आजादी के बाद बिहार में केंद्रीय निवेश का औसत काफी कम रहा। ऐसे में केंद्र अपनी जिम्मेदारियों से मुँह कैसे मोड़ सकता है ? वैसे राज्य सरकार ने छह वर्षों में आधारभूत संरचना के विकास पर भी तेजी से काम किया है, लेकिन महाराष्ट्र, गुजरात, आंध्र प्रदेश, तमिलनाडु, दिल्ली आदि की बराबरी करने में अभी काफी वक्त लगेगा। इसीलिए विशेष राज्य का दर्जा जरूरी है, इससे विकास में केंद्रीय निवेश तो बढ़ेगा ही, उद्योगों के लिए लाभ के अवसर भी पैदा होंगे।

(21.05.2012)

❑

राज्यों को धन देने की समय-सीमा क्यों नहीं?

विकास राशि खर्च करने की समय-सीमा तय है। जिन-जिन मदों या योजनाओं में राशि का आवंटन होता है, उसे वित्तीय वर्ष में खर्च करना अनिवार्य है, अन्यथा यह राशि वापस हो जाती है। इस शर्त से न किसी को एतराज है और न इसमें छूट देना उचित, लेकिन यह शर्त आवंटन प्रक्रिया पर लागू क्यों नहीं होती है, अगर राशि की स्वीकृति बारह महीने की समय-सीमा के लिए होती है, तो धन की उपलब्धता भी उसी अनुसार क्यों नहीं सुनिश्चित हो पाती है, शुरू के छह महीने धन के इंतजार में गुजर जाते हैं। सबसे अधिक आवंटन अंतिम तिमाही में होता है, तो फिर बारह महीने का काम इतने समय में पूरा कैसे हो ? इसी से मार्च लूट के खतरे भी पैदा होते हैं। इधर आवंटन के साथ केंद्र ने अनेक नई शर्तें लगाई हैं या पुरानी शर्तों को सख्ती से लागू किया है। इन शर्तों से भी बिहार को भारी नुकसान हो रहा है।

एक्जीलेरेटेड इरीगेशन बेनीफिट प्लान को लें। इसके तहत शर्त है कि एक स्कीम पूरी होगी तो दूसरी के लिए धन मिलेगा। इस प्लान के तहत बिहार को अपनी आवश्यकता और भौगोलिक स्थिति के कारण बड़ी-बड़ी परियोजनाएँ बनानी पड़ती हैं। उन्हें पूरा होने में समय लगता है। कई परियोजना अंतरराज्यीय भी हैं। ऐसी स्थिति में बिहार अगर अपनी सीमा में काम पूरा कर भी ले तो दूसरे राज्य की सीमा में किसी कारण काम अटक जाने से भी अगली परियोजना के लिए धन नहीं मिल पाता है, जबकि छोटी-छोटी परियोजनाओंवाले राज्य बड़ी संख्या में योजनाएँ स्वीकृत करा लेते हैं। बिहार को प्रतिवर्ष औसतन पाँच सौ करोड़ रुपए का नुकसान होता है। इसी तरह बीआरजीएफ के तहत पंचायतों का ऑडिट कराने की शर्त है। करीब साढ़ आठ हजार पंचायतों में क्या यह संभव है ? पंचायतों को बीआरजीएफ के तहत मिलने वाली राशि इस कारण रुक जाती है। इससे भी राज्य को औसतन करीब 500 करोड़ का नुकसान हर साल होता है। ग्रामीण सड़कों के निर्माण में ग्रामीण कार्य विभाग की प्रगति केंद्र की कठोर शर्तों के कारण भी धीमी है।

इनके अलावा देर से धन मुहैया कराने से योजनाओं को समय पर पूरा करना मुश्किल होता है। नरेगा में अधिकांश राशि अंतिम तिमाही में मिलती है। शिक्षा और पी.एम.जी.एस. वाई. में स्वीकृत राशि से बहुत कम बिहार को मिल पाती है। बीते वर्ष शिक्षा में 11 हजार करोड़ रुपए स्वीकृत थे, परंतु मिले 1600 करोड़ ही। ऐसे में विकास परियोजनाएँ मुकाम कैसे हासिल करेंगी? 15 जून से 15 अक्तूबर तक बाढ़ और वर्षा के कारण मिट्टी के कार्य पर रोक रहती है। सितंबर से नवंबर के मध्य तक पर्व-त्योहारों का माहौल रहता है। 15 जून तक धन उपलब्ध नहीं हो पाता है। ऐसे में नवंबर के तीसरे सप्ताह से निर्माण और विकास कार्य गति पकड़ पाते हैं। इस दौरान दिन छोटा होता है, कुहासे का प्रकोप रहता है और ठंड का असर भी। बिहार के बड़े हिस्से में बाढ़ का प्रकोप भी रहता है। दरअसल मौसम में आए बदलाव से अब काम का सबसे बेहतर समय फरवरी से जुलाई तक रहता है। इसमें फरवरी मार्च में तो काम होता है, लेकिन अप्रैल से जुलाई तक काम ठप रहता है। ऐसे में वित्तीय वर्ष की राशि खर्च करने की समय-सीमा अगले वर्ष जुलाई तक क्यों नहीं कर दी जाती है, इस व्यवस्था से क्या विकास परियोजनाओं को समय से पूरा करना आसान नहीं हो जाएगा? समय के साथ कार्य शैली और नियम-शर्तों में संशोधन होते रहते हैं और यह आवश्यक भी है। बहरहाल, अगर मकसद समावेशी विकास का लक्ष्य हासिल करना है कि तो तीन विकल्पों पर विचार किया जाना चाहिए, पहला आवंटित राशि खर्च करने की समय-सीमा बढ़ा दी जाए, दूसरा अप्रैल से ही राशि का आवंटन शुरू हो जाए और तीसरा वित्तीय वर्ष जुलाई से जून कर दिया जाए। ऐसे में समय-सीमा में विकास के लक्ष्य हासिल करने में सहूलियत हो सकती है।

(29.10.2012)

❑

परिश्रम से अर्जित धन ही असल लक्ष्मी!

प्रकाश-पर्व दीपावली कल है। इस मौके पर लोग-बाग घर की इंच-इंच सफाई, रंग रोगन और साज-सज्जा बड़े जतन से कराते हैं। पूजा-अर्चना की भी जमकर तैयारी की जाती है। यह सारी कवायद लक्ष्मी को खुश करने के लिए की जाती है, ताकि इस दिन वे घर पधारें और निवास करें, लेकिन राष्ट्रीय संदर्भ में यह मान्यता कितनी सही है? इस पर्व के नौ दिन पूर्व दिल्ली में एफडीआई पर रैली हुई। इस रैली का मकसद खुदरा कारोबार में विदेशी निवेश की इजाजत को सही ठहराना था। इससे विदेशी लक्ष्मी देश में आएगी तो जरूर, लेकिन कई गुना समेटकर स्वदेश लौट जाएगी। इसी तरह दीवाली पर घर, कारोबार और उद्योगों को रोशन करने के लिए जो झूमर, झाड़-फानूस लगाए जाते हैं, कहाँ से आ रहे हैं, इन्हें सस्ते के नाम पर हमने गले लगाया? लेकिन कभी क्या यह सोच पाए कि इनसे रोशनी यहाँ होती है और दीवाली चीन में मनती है। हुक्मरानों को यह बात क्यों नहीं खलती कि चीन की तरह ऐसे कुटीर उद्योग हमारे यहाँ नहीं हैं। अगर होते तो हजारों परिवार तंगी से उबर जाते और देश की लक्ष्मी को चौखट लाँघने की जरूरत नहीं पड़ती।

दीवाली के मौके पर मिठाइयों की बड़ी माँग रहती है। अग्रिम बुकिंग के अलावा पर्व के दिन करीब आने के साथ दुकानों पर भीड़ कई गुना बढ़ जाती है। दुकानदारों को भी पता है कि मिठाइयाँ सबसे पहले देवी-देवताओं को समर्पित की जाती हैं। इसके बाद प्रसाद के बतौर लोगों में बाँटी जाती है, लेकिन बीते कुछ दिनों से जो खबरें आ रही हैं, वह आस्था का कौन सा चेहरा है? मिठाई में मिलावट। नकली दूध तक का इस्तेमाल। मिठाई के कारखानों में गंदगी और रंग के नाम पर अन्य रसायनों के उपयोग। ये खबरें तो डराती ही हैं, लेकिन लोग-बाग मजबूर हैं, मिठाई के बगैर दीवाली कैसी? कारोबारी हों या उद्यमी, सब-के-सब लक्ष्मी और गणेश की कृपा के मोहताज हैं, फिर आस्था से खिलवाड़ का यह दुस्साहस कैसे और क्यों?

सबसे बड़ा सवाल नीयत का है। आज हर तरफ कतारें लंबी लग रही हैं। वह चाहे

निजी या सरकारी अस्पताल हों या बस और रेलवे के बुकिंग काउंटर या फिर उपभोक्ता वस्तुओं और दवाओं की दुकानें या रेस्तराँ। लक्ष्मी इन सब जगहों पर दौड़े चली आ रही है। आबादी के अनुपात में इनकी संख्या कम पड़ती जा रही है। ऐसे में क्वालिटी का सवाल तो वैसे भी काफी पीछे छूट चुका है। मान्यता तो यह भी है कि ग्राहक लक्ष्मी होते हैं, लेकिन क्या ग्राहकों से वैसा सलूक हो पा रहा है? लक्ष्मी पाने की तमन्ना अलग मसला है, लक्ष्मी का सम्मान अलग। ज्योतिषी दीपक मिश्रा ने धनतेरस को धन तरस की तरह न मनाने का सुझाव दिया। ऐसा ही सुझाव धर्म-कर्म के अन्य जानकार भी देते रहे हैं, लेकिन अवसर चाहे दीवाली का हो या धनतेरस का, धन तरस से कितने लोग बच पाते हैं? मान्यता तो यह भी है कि धनलोलुपता लक्ष्मी को पसंद नहीं है, लेकिन मान्यताओं की साख इतनी मजबूत होती तो गलत-सही का अंतर स्थापित कर पातीं। ऐसे उदाहरण कहाँ मिलते हैं, जिससे लगे कि धन अर्जित करने के नाजायज तरीके और रास्ते अपनाने से लक्ष्मी नाराज होती हैं और वहाँ से प्रस्थान कर जाती हैं? ऐसे एक-दो उदाहरण मिल भी जाएँ तो वे अपवाद की तरह होते हैं। बहरहाल, संतोष में जीवन का सुख निहित है। नीयत में खोट न हो तो परिश्रम की पूँजी से अर्जित धन ही सही मायने में लक्ष्मी होती हैं।

(11.11.2012)

❑

इस आईने में दिखती है देश-प्रदेश की तस्वीर

मुख्यमंत्री नीतीश कुमार ने बिहार की विशेष राज्य के दर्जे की माँग पर पाँच पृष्ठों का एक और सारगर्भित पत्र प्रधानमंत्री को लिखा है। श्री कुमार ने यह पत्र खुदरा कारोबार में विदेशी निवेश (एफडीआई) पर लोकसभा में वोटिंग के अगले दिन संसद् भवन में प्रधानमंत्री को सौंपा। वोटिंग में केंद्र सरकार जीत गई। एन.डी.ए. ने प्रस्ताव का विरोध किया। केंद्र सरकार का तर्क है कि आर्थिक सुधारों और देश की माली हालत बेहतर करने के लिए खुदरा कारोबार में निवेश कारगर साबित होगा। मुख्यमंत्री ने ताजा पत्र में कई अहम सवाल उठाए हैं, उनमें पिछड़े राज्यों को एक समय–सीमा में पिछड़ेपन से उबारने के लिए नीतिगत पहल करने पर उनका जोर काबिले गौर है। योजना आयोग ने 12वीं पंचवर्षीय योजना में समावेशी विकास को लक्ष्य बनाया है तो इस अर्थ में पिछड़े राज्यों को विशेष सहायता की तरफदारी समय रहते रास्ता दिखाने जैसा है। पत्र में कही गई यह बात काफी अहम है कि बिहार देश के सकल घरेलू उत्पाद में योगदान करना चाहता है, न कि बोझ बनकर रहना चाहता है।

खुदरा कारोबार में विदेशी निवेश को मंजूरी देने की सुगबुगाहट के साथ ही बड़े कॉरपोरेट घरानों ने अपने खुदरा कारोबार को विस्तार देने की गति तेज कर दी थी। जब तक विदेशी कंपनियाँ आएँगी, इनके पास खुदरा कारोबार का देशव्यापी नेटवर्क तैयार रहेगा। जाहिर है, जब विदेशी निवेश इस क्षेत्र में आना शुरू होगा तो ज्यादातर विदेशी कंपनियाँ या निवेशक इन्हीं घरानों की साझीदारी पसंद करेंगे। ऐसे में विकास में संतुलन बनेगा या खाई बढ़ेगी, यह समय बताएगा। हो सकता है कि कुछ समय के लिए शेयर बाजार का ग्राफ काफी ऊपर चला जाए, लेकिन न तो इसके ऊपर बने रहने की कोई गारंटी होगी और न जमीनी हकीकत बदलेगी। समावेशी विकास का निहितार्थ यही है कि इसका असर राज्य, इलाका और समाज के स्तर पर दिखे। पिछड़े और विकसित राज्यों के बीच की खाई पाटे बगैर विकसित देश का लक्ष्य कतई हासिल नहीं होगा। मुख्यमंत्री नीतीश कुमार का यह तर्क भी काबिले गौर है कि देश की विकास दर स्थिर नहीं रह पाती

है, तो इसकी बड़ी वजह विकसित राज्यों पर निर्भरता है। पिछड़े राज्य देश के सकल घरेलू उत्पाद में योगदान नहीं कर पाते हैं। मतलब साफ है कि ये राज्य अगर पिछड़ेपन से उबर जाएँ तो देश की विकास दर को छलाँग लगाने या विकसित देश का लक्ष्य हासिल करने में कितना समय लगेगा!

मुख्यमंत्री नीतीश कुमार का पत्र एक आईना भी है। इसमें देश और प्रदेश की तस्वीर देखी जा सकती है। साथ ही बिहार के हालात, केंद्रीय नीतियों से बढ़ते पिछड़ेपन के सच को आँकड़ों और जमीनी हकीकत के हवाले से तार्किक बनाया गया है। केंद्रीय वित्त आयोग और राष्ट्रीय योजना आयोग की हस्तांतरण व्यवस्था (ट्रांसफर सिस्टम) की कसौटी की खामियों और इनकी वजह से विकास में पैदा हुए क्षेत्रीय असंतुलन की भी विस्तार से व्याख्या की गई है। ऐसे में देश में आर्थिक सुधारों और तरक्की के प्रणेता रहे प्रधानमंत्री डॉ. मनमोहन सिंह के सामने यह पत्र हकीकत का ही नहीं, समावेशी विकास का लक्ष्य हासिल करने के ठोस सुझावों का दस्तावेज भी है। एफडीआई या आर्थिक सुधार के अन्य उपाय तात्कालिक आर्थिक चुनौतियों से निजात दिला सकते हैं, बाजार आधारित अर्थव्यवस्था को चमक प्रदान कर सकते हैं, लेकिन ये स्थायित्व प्रदान नहीं कर सकते, बल्कि आगे के लिए नई चुनौतियाँ भी पैदा करते रहेंगे। बिहार देश का दूसरा सबसे बड़ा राज्य है और सबसे पिछड़ा भी। बीते छह-सात वर्षों में इसने विकास की अपनी क्षमता और जज्बे का प्रदर्शन किया है। बिहार की तरक्की देश को मजबूती देगी। नीतीश कुमार के इस पत्र को राजनीतिक कसौटी या नजरिए से परखने की बजाय इसे समय की वाजिब माँग और ठोस सुझावों के बतौर लिया जाए, तो बेहतर है। पत्र में कहा भी गया है कि छह वर्षों से चल रही विशेष राज्य के दर्जे की मुहिम को बिहार में सर्वसम्मत समर्थन है।

(10.12.2012)

❑

रेल और आम बजट पर टिकीं बिहार की निगाहें

रेल और आम बजट से पिछड़े राज्यों को लेकर केंद्र सरकार के नजरिए का खुलासा होना है। दोनों बजट से कई अर्थों में, खासतौर से बिहार की उम्मीदें भी बँधी है। रेल बजट से राज्य की महत्त्वाकांक्षी रेल परियोजनाओं की आगे की गति तय होनी है। पटना और मुंगेर में गंगा पर और भवटियाही में कोसी नदी पर रेल पुल के निर्माण से पटना से उत्तर बिहार, पूर्वी बिहार और दो पाटों में बँटे मिथिलांचल के आपस में रेल यातायात से जुड़ने का सपना जुड़ा है। इसी तरह मुजफ्फरपुर से दरभंगा, सीतामढ़ी से जयनगर रेल लाइन, मधेपुरा और बाढ़ में रेल कारखाना जैसी अनेक परियोजनाएँ हैं। रेल बजट में इन परियोजनाओं के लिए धन का प्रावधान करने की कसौटी इनकी अहमियत होगी या पूर्वग्रह, इसका खुलासा भी होना है। बीते छह-सात वर्षों का अनुभव अच्छा नहीं रहा है। कभी निजी तो कभी इलाकाई पूर्वग्रह भारी पड़े। शुक्रवार को ए.एन. सिन्हा इंस्टीट्यूट में विकास में उपेक्षा और समावेशी विकास की रणनीति पर आयोजित सेमिनार में देश के जाने-माने अर्थशास्त्री कामता प्रसाद और मुख्यमंत्री नीतीश कुमार ने जो सवाल उठाए, उनके समाधान के प्रति केंद्र कितना गंभीर है, यह आम बजट से पता चलेगा। देश में अब इस बहस को ज्यादा दिन दबाया नहीं जा सकता कि पिछड़े राज्यों के विकास के बगैर देश की आर्थिक सेहत बेहतर नहीं रह सकती है। जाने-माने अर्थशास्त्री कामता प्रसाद ने एक नेक और ईमानदार सलाह भी सेमिनार में दी है कि पिछड़े राज्यों को केंद्र से अपना हक हासिल करने के लिए आपस में फोरम बनाना चाहिए।

वैसे पटना की अधिकार रैली के बाद प्रधानमंत्री डॉ. मनमोहन सिंह को भेजे पत्र में मुख्यमंत्री नीतीश कुमार ने पिछड़े राज्यों के विकास के लिए नई सोच पर आधारित नीति बनाने की माँग कर पहले ही इसके संकेत दे दिए थे। उन्होंने वित्त मंत्री के समक्ष भी यह सवाल उठाया। इसके बाद राज्यसभा में जदयू सांसद एन.के. सिंह के सवाल पर चिदंबरम ने स्वीकार किया कि विशेष राज्य का दर्जा देने की कसौटी काफी पुरानी है। इसमें संशोधन समय की माँग है। बिहार को विशेष सहायता देने के संकेत भी दिए।

नालंदा विश्वविद्यालय की नेशनल मॉनिटरिंग कमेटी की बैठक में शिरकत करने पटना पहुँचे योजना आयोग के उपाध्यक्ष, मोंटेक सिंह अहलूवालिया ने भी कहा कि आयोग बिहार के विशेष पैकेज को बढ़ाने की सिफारिश शीघ्र ही केंद्रीय कैबिनेट से करेगा। इन तमाम सवालों और केंद्र के संकेतों से साफ है कि अब यह महसूस किया जाने लगा है कि बिहार की अनदेखी डंके की चोट पर संभव नहीं है, लेकिन यह तर्क कि पिछड़े राज्यों के विकास से देश की अर्थव्यवस्था को ठोस धरातल मिलेगा, केंद्र के गले उतरा है या नहीं, इसका खुलासा आम बजट से होना है। बजट सत्र के बीच ही विशेष राज्य के दर्जे की माँग पर 17 मार्च को दिल्ली में रैली आयोजित है। यह सवाल ज्यादा मजबूती से मुखर होगा। वैसे भी तमाम चुनौतियों से जूझ रही संप्रग सरकार के लिए यह मुद्दा एक नई चुनौती बन सकता है।

इधर, एक सवाल राज्य के अंदर उठ रहा है कि राज्य के विकास की जो तस्वीर पेश की जा रही है, वह विशेष राज्य का दर्जा पाने में बाधक है। सेमिनार में मुख्यमंत्री ने इस तर्क पर तीखी प्रतिक्रिया दी। यह नाराजगी वाजिब भी है। राजनीतिक खींचतान अलग मसला है, राज्यहित अलग। मुद्दा चाहे मीडिया या अन्य तबके के हितों का हो, उसका पूर्वग्रहरहित होना जनहित में जरूरी है। बिहार ने तरक्की की सीढ़ियाँ तय कर अपनी पात्रता साबित की। एक छोटी नौकरी पाने के लिए पात्रता साबित करना कठिन होता है तो साढ़े दस करोड़ लोगों का हक पाने की पात्रता साबित करना कितना मुश्किल है, इसका अनुमान लगाया जा सकता है और जिस तरह एक गरीब आदमी को नौकरी मिल जाने भर से अमीरों से उसकी खाई पट नहीं जाती, उसी तरह बिहार के विकास की वर्तमान दर इसे विकसित राज्यों के समतुल्य खड़ा नहीं कर देती। उस कतार में शामिल होने के लिए इसे विशेष राज्य का दर्जा और विशेष सहायता जरूरी है। बहरहाल, आगामी रेल और आम बजट बिहार हितों पर केंद्र की नीयत का पैमाना होंगे।

(18.02.2013)

❑

केंद्र ने उम्मीदें जगाईं और निराश भी किया

केंद्र सरकार का आम और रेल बजट बिहार और इसके समान अन्य पिछड़े राज्यों के लिए एक तरफ दूरगामी लाभ का पैगाम है तो दूसरी तरफ अगले साल यथास्थिति बनाए रखने या फिर निराशा का। रेल बजट ने तो अपेक्षाओं पर पानी ही फेर दिया है। 21 अक्तूबर को रेल राज्यमंत्री के.ए.एच. मुनियप्पा पटना आए थे। उस समय उन्होंने उम्मीदें जगाई थीं कि अगले वर्ष से बिहार की रेल परियोजनाओं को धन की कमी नहीं होने दी जाएगी, लेकिन इसके ठीक उलट रेलमंत्री पवन बंसल ने भारी निराशा दी है। तीन महत्त्वाकांक्षी रेल परियोजनाओं, मसलन पटना और मुंगेर में गंगा पर और भपटियाही में कोसी पर पुल के निर्माण से राज्य में रेल सेवा का नया अध्याय जुड़ना है। इससे नए इलाकों में इसके विस्तार की राह आसान होगी, लेकिन इन्हें भी धन देने में बंसल ने बेहद कंजूसी की। अन्य परियोजनाओं के लिए किया गया धन का प्रावधान भी ऊँट के मुँह में जीरा के समान है। मुख्यमंत्री नीतीश कुमार, उप-मुख्यमंत्री सुशील कुमार मोदी, राजद सुप्रीमो लालू प्रसाद और लोजपा सुप्रीमो रामविलास पासवान समेत तमाम दलों के नेताओं ने रेल बजट पर तीखी प्रतिक्रिया व्यक्त की, तो इसका निहितार्थ यही है।

रही बात आम बजट की, तो इस पर राज्य के नेताओं की प्रतिक्रिया में अंतर के अलग-अलग निहितार्थ निकाले जा रहे हैं, लेकिन इसके दो पहलू हैं। जहाँ तक पिछड़े राज्यों के हित में नीतियों का सवाल है, यह बजट शुभ संकेत है। इसमें पिछड़ापन निर्धारण के मापदंड को बदलने का प्रस्ताव किया गया है। नए मापदंड में प्रति व्यक्ति आय, साक्षरता समेत मानव विकास के अन्य सूचकों में राष्ट्रीय औसत से राज्यों की दूरी को आधार बनाने की बात कही गई है। बजट से एक दिन पूर्व जारी आर्थिक सर्वेक्षण ने भी बिहार को उत्साहित किया। सत्ता सँभालने के बाद से मुख्यमंत्री नीतीश कुमार दावा करते रहे हैं कि राज्य में बीपीएल परिवारों की संख्या करीब डेढ़ करोड़ है, जबकि केंद्र सरकार 65 लाख परिवारों को ही इस दायरे में मानती रही। आर्थिक सर्वेक्षण में राज्य की 53.5 प्रतिशत आबादी को, यानी सवा करोड़ से अधिक परिवारों को गरीब मान लिया गया है।

इसी तरह केंद्र ने यह भी मान लिया है कि विशेष राज्य का दर्जा देने के मापदंड में बदलाव आवश्यक है। नीतीश कुमार ने आम बजट पर वित्त मंत्री पी. चिदंबरम को बार-बार थैंक्यू कहा तो इन्हीं कारणों से। यह भी कहा कि यह बिहार की सैद्धांतिक जीत है। इस पर अमल कराने के लिए वह 17 मार्च को दिल्ली की रैली में पिछड़े राज्यों से साथ आने का आह्वान करेंगे। अर्थशास्त्री के.बी. कामत ने 17 फरवरी को पटना में आयोजित सेमिनार में समावेशी विकास के लिए पिछड़े राज्यों को आपस में फोरम बनाने की सलाह दी थी।

उप-मुख्यमंत्री सुशील कुमार मोदी, विधानसभा में विपक्ष के नेता अब्दुलबारी सिद्दिकी, राजद के प्रदेश अध्यक्ष रामचंद्र पूर्वे, लोजपा के प्रदेश अध्यक्ष पशुपति कुमार पारस समेत तमाम नेताओं की आम बजट पर तीखी प्रतिक्रिया के केंद्र में अगले साल के बजटीय प्रावधान हैं। बिहार के लिए विशेष पैकेज की उम्मीद की जा रही थी, लेकिन ऐसा नहीं हुआ, जबकि विशेष दर्जे की माँग पर गठित अंतर मंत्रालयी समूह ने भी मानव विकास और आधारभूत संरचना के मोर्चे पर पिछड़ेपन का उल्लेख कर बिहार को विशेष आर्थिक सहायता देने की सिफारिश की थी। बहरहाल, बीआरजीएफ में प्रति वर्ष हजार-बारह सौ करोड़ या कृषि में तीन-चार सौ करोड़ की सहायता भर से बिहार को विकास के राष्ट्रीय औसत तक नहीं पहुँचाया जा सकता है। इसके लिए जरूरी है कि जल्द-से-जल्द नए मापदंड तय कर पिछड़ापन का निर्धारण किया जाए, ताकि विशेष राज्य का दर्जा और जो राज्य विकास के राष्ट्रीय औसत से जिस-जिस सेक्टर में जितनी दूरी पर खड़े हैं, उन्हें उन-उन सेक्टरों में उसी अनुपात में सहायता देना संभव हो। देश में समावेशी विकास का लक्ष्य तभी हासिल होगा।

(04.03.2013)

❑

जरूरत निचले स्तर पर इच्छाशक्ति की

इनवेस्टर्स मीट नए वित्तीय वर्ष की बड़ी सकारात्मक पहल थी। इस बहाने राज्य में औद्योगिक विकास की संभावनाओं और इसकी राह की अड़चनों के तमाम पहलुओं पर खुलकर चर्चा हुई। उद्योगपतियों को राज्य सरकार की नब्ज टटोलने का अवसर मिला तो राज्य सरकार को उद्योगपतियों की अपेक्षाओं और दुविधाओं के बारे में ठोस जानकारी मिली। एक मीट में 2300 करोड़ के निवेश पर सहमति भी बड़ी कामयाबी है। 2015 के अंत तक बिजली उत्पादन में सरप्लस स्टेट बनने की कवायदों के बीच इस मीट के आयोजन के निहितार्थ ज्यादा महत्त्वपूर्ण हैं। सबसे बड़ी बात है कि इसमें छोटे और मझले निवेशकों की अधिक भागीदारी हुई। बिहार को इस समय ऐसे ही निवेश की आवश्यकता है। बड़े निवेश तो समय के साथ आएँगे। राज्य में औद्योगिक विकास की राह गुजरात, महाराष्ट्र, पंजाब, दिल्ली या ऐसे अन्य राज्यों की तरह आसान भी नहीं है। एक तो आजादी के तुरंत बाद आई भाड़ा समानीकरण (फ्रेट इक्वालाइजेशन) नीति ने बिहार को ऐसा झटका दिया कि उससे आज तक यह उभर नहीं पाया है। इसके कारण राज्य के खनिज भंडार पर दक्षिण-पश्चिम के राज्यों की औद्योगिक बुलंदियाँ आसमान चढ़ती गईं। दूसरी तरफ यहाँ लाभ का ऐसा कोई अवसर पैदा करने की पहल नहीं हुई, जिससे औद्योगिक घराने आकर्षित हों। इन सबका मिला-जुला असर रहा कि बिहार औद्योगिक नक्शे से गायब होता गया। विभाजन के बाद तो औद्योगिक शून्यता की स्थिति बन गई। बिजली उत्पादन के मामले में राज्य कंगाल हो गया। राज्य की छवि और हालात ने रही-सही कसर पूरी कर दी।

विकास के जितने कदम आगे बढ़ते हैं, उसी अनुपात में अपेक्षाएँ भी। सात साल के प्रयासों और परिणामों ने उम्मीदों का पहाड़ खड़ा कर दिया है, लेकिन एक हद के बाद खुद से सबकुछ संभव नहीं रह जाता है। कानून-व्यवस्था, इन्फ्रास्ट्रक्चर और खेतिहर उत्पादन तो अपनी इच्छाशक्ति और प्रयासों से संभव हैं, लेकिन औद्योगिक निवेश की शर्त लाभ के अवसर हैं। विशेष राज्य के दर्जे की माँग का निहितार्थ यह भी है। माहौल

बदलने के बाद निवेशक आना भी चाहते हैं तो जमीन के छोटे होल्डिंग्स उनकी राह में रोड़ा बन जाते हैं। मनमाफिक जमीन हासिल करना बड़ी चुनौती है। मीट में मुख्यमंत्री नीतीश कुमार ने निवेशकों को जमीन के लिए सीधे किसानों से संपर्क साधने का सुझाव दिया। यह वाकई अच्छा है, लेकिन समस्या छोटे होल्डिंग्स की वजह से ज्यादा आती है। छोटा प्रोजेक्ट लगाने की कोशिश करनेवाले उद्यमियों के कटु अनुभवों से जाहिर है कि जमीन हासिल करना आसान नहीं है। 50-100 एकड़ जमीन के लिए भी 30 से 50 तक भूस्वामियों को सहमत कराना मुश्किल होता है। किसी बाहरी निवेशक के लिए तो यह और जटिल टास्क है।

जिलों में लैंड बैंक बनाने का निर्देश दिया गया था। इस दिशा में अगर गंभीर पहल हुई होती तो इसके बेहतर नतीजे आ सकते थे। हर जिले में सरकार के ही विभिन्न विभागों और संस्थाओं समेत अनेक गैर सरकारी संस्थाओं की ढेर सारी जमीन बेकार पड़ी है। ऐसी संस्थाओं की जमीन पर अवैध कब्जा कर अनैतिक कार्य तक होते हैं। सबसे पहले तो ऐसे भूखंडों की सूची बननी चाहिए। अलग-अलग इलाके में जमीन बेचने के इच्छुक किसानों और गैर कृषि योग्य जमीन की सूची बनाई जा सकती है। इन कवायदों के बाद इनके उपयोग या इन्हें हासिल करने की कार्ययोजना बनाई जा सकती है, लेकिन यह तभी संभव है, जब जिला स्तर की नौकरशाही इच्छाशक्ति दिखाए। बीते कुछ समय में हिंदुस्तान ने राज्य के अलग-अगल हिस्सों में उद्योगपतियों और कारोबारियों के साथ संवाद आयोजित किया। इनमें न तो किसी ने सरकार की इच्छाशक्ति पर कोई संशय जाहिर किया और न किसी तरह की भविष्य की आशंका, लेकिन एक बात सामान्य रही कि नीतीश कुमार जिस तेजी से राज्य को आगे बढ़ाना चाहते हैं, निचले स्तर पर ब्यूरोक्रेसी की रफ्तार बिल्कुल वैसी नहीं है। वह खुद से कोई पहल तो नहीं ही करती, दूसरों को उत्साहित भी नहीं करती। बहरहाल, इनवेस्टर्स मीट में निवेशकों से संभावनाओं पर मंथन और समस्याओं के समाधान खोजने की ललक से आनेवाले समय में अच्छे नतीजे आने की उम्मीद है।

(08.04.2013)

❑

सूबे की रेल परियोजनाएँ कब तक उपेक्षित रहेंगी?

लोकसभा के आम चुनाव करीब हैं, इसलिए इस बार रेल बजट पेश नहीं किया गया। अगले वर्ष का लेखानुदान पेश किया गया है। इसमें बिहार की रेल परियोजनाओं की घोर उपेक्षा की गई। चुनाव बाद जब बजट पेश होगा तो लेखानुदान के प्रावधानों में नई सरकार फेर-बदल कर सकती है। बजट में बिहार अपना हक हासिल कर पाएगा, यह तब की स्थिति पर निर्भर करेगा। यह इस बात पर ज्यादा निर्भर करेगा कि नई सरकार के गठन में बिहार की कितनी अहमियत रहेगी। अगर बिहार के सांसदों का समर्थन सरकार बनाने में अहम रहा तो बल्ले-बल्ले। वैसी स्थिति में जो माँगोगे, वही मिलेगा, जैसे हालात भी बन सकते हैं। अब तक के अनुभव यही रहे हैं कि स्व. ललित नारायण मिश्र के कार्यकाल को छोड़कर राज्य के क्षेत्रीय दलों की जब-जब दिल्ली में मजबूत पकड़ रही, बिहार को ज्यादा रेल परियोजनाएँ मिलीं। आजादी के बाद पहली बार नई सदी में मुंगेर को शेष भारत से और दो भागों में बँटे मिथिलांचल को आपस में और पटना से उत्तर बिहार को सीधी रेल सेवा से जोड़ने की परियोजना मंजूर हुई।

जिन महत्त्वाकांक्षी रेल परियोजनाओं पर बिहार की नजरें टिकी हुई हैं और जो लाइफ लाइन बन सकती हैं, उनकी इस बार भी उपेक्षा कर दी गई। पटना के दीघा में रेल सह-सड़क पुल का निर्माण न केवल पटना से उत्तर बिहार को सीधी रेल सेवा से जोड़ने के अर्थ में महत्त्वपूर्ण है, बल्कि गांधी सेतु पर लोड और उसकी बिगड़ती जा रही सेहत के मद्देनजर बेहद जरूरी है। इस परियोजना को युद्ध स्तर पर पूरा करने की जरूरत थी, लेकिन इसके लिए भी आवश्यकता की एक चौथाई से भी कम रकम दी गई। इस परियोजना पर 1681 करोड़ रुपए खर्च होने हैं, 2012-13 तक इस पर साढ़े 850 करोड़ रुपए खर्च हुए। बीते वर्ष 180 करोड़ रुपए दिए गए। इसी तरह भवटियाही में कोसी नदी पर रेल पुल निर्माण की रफ्तार नेपाली ट्रेन से भी धीमी है। 341 करोड़ 41 लाख की इस परियोजना पर 2012-13 के अंत तक 288 करोड़ खर्च किए गए। बीते वर्ष महज 3

करोड़ रुपए दिए गए। अब 50 करोड़ से ज्यादा रकम की जरूरत है। इस पुल के निर्माण से मिथिलांचल के बँटे हिस्से दशकों बाद फिर से रेल सेवा से आपस में जुड़ जाएँगे। मुंगेर में गंगा पर 14 किलोमीटर की रेल सह-सड़क पुल परियोजना की लागत 1247 करोड़ है। वर्ष 2012-13 के अंत तक 570 करोड़ रुपए खर्च किए गए। बीते वर्ष महज 175 करोड़ दिए गए। अब 502 करोड़ 72 लाख की आवश्यकता है।

राज्य की एक दर्जन ऐसी महत्त्वाकांक्षी रेल परियोजनाएँ हैं, जिनके लिए बीते वर्ष महज एक-एक करोड़ रुपए का प्रावधान किया गया। इतनी रकम जब दी जाती है तो उसका अर्थ होता है परियोजना में लगे कर्मियों के लिए धन का प्रावधान। इनमें नवादा-लक्ष्मीपुर 137 किमी., गया-बोधगया, चतरा-नटेसर, मोतिहारी-सीतामढ़ी 77 किमी., आरा-भभुआ 92 किमी. मुजफ्फरपुर-दरभंगा 67 किमी., कुरसेला-बिहारीगंज 35 किमी., सीतामढ़ी-जयनगर-निर्मली 188 किमी. रेल लाइन परियोजनाएँ शामिल हैं। दरभंगा-कुशेश्वरस्थान 70 किमी., सकरी-हसनपुर 79 किमी., खगड़िया-कुशेश्वर स्थान 44 किमी., जैसी अनेक रेल परियोजनाएँ तो लगता है, जैसे उपेक्षा के लिए अभिशप्त हैं। इसी तरह रेल कारखानों की मंजूरी तो मिली, लेकिन इन्हें समय-सीमा में पूरी कर चालू करने के प्रति इच्छाशक्ति का अभाव रहा है। मढौरा, मधेपुरा, डालमियानगर, सोनपुर में रेल कारखानों के निर्माण के लिए धन का अपेक्षित आवंटन नहीं हो रहा है। राज्य में अब तक के तमाम प्रयासों के बावजूद प्रति हजार किलोमीटर रेल लाइन का औसत कम है। इस अर्थ में रेल सेवा का विस्तार आवश्यक है। कई इलाके अभी तक रेल सेवा से आपस में नहीं जुड़ पाए हैं। इसी तरह बिहार में औद्योगिक विकास को रेलवे गति दे सकता है। झारखंड अलग होने के बाद खनिज का भंडार, बड़े और मध्यम उद्योग और बिजली परियोजनाएँ उसके हिस्से में चली गई। इस कारण, जो असंतुलन पैदा हुआ, सार्वजनिक क्षेत्र के उद्योगों में बिहार को प्राथमिकता देकर केंद्र सरकार उसकी भरपाई कर सकती है। बहरहाल, बिहार के राजनीतिक और सामाजिक संगठनों को इसके लिए सीमा और पूर्वग्रहों से ऊपर उठकर दबाव बनाना होगा।

(17.02.2014)

❑

फसल बीमा पर सियासी शास्त्रार्थ

अभी महीना भी नहीं बीता है, जब बिहार प्रधानमंत्री फसल बीमा पर सियासी शास्त्रार्थ का गवाह बना। राज्य सरकार का तर्क था कि बिहार में इस बीमा की प्रीमियम दरें अन्य राज्यों की तुलना में कई गुना अधिक तय की गई हैं। राज्य सरकार और केंद्र सरकार का अंशदान एक समान रखा गया है, जो उचित नहीं है। एन.डी.ए. नेताओं का तर्क था कि राज्य सरकार सियासी कारणों से फसल बीमा योजना लागू नहीं करना चाहती। प्रीमियम दरों पर कहा गया कि ये बीमा कंपनियाँ तय करती हैं। भाजपा का तर्क था कि सबकी बीमा दरें एक नहीं हो सकती हैं। यह रिस्क फैक्टर पर निर्भर करता है। बहरहाल, राज्य सरकार ने समय-सीमा से एक सप्ताह पहले इसे लागू करने का निर्णय लेकर विवाद का पटाक्षेप कर दिया। केंद्र सरकार ने योजना लागू करने की समय-सीमा एक पखवाड़ा बढ़ाकर 30 अगस्त तक कर दी।

इसी एक महीने में बिहार पर तीन तरफ से बाढ़ का हमला हुआ। पहले नेपाल की नदियाँ उफनाईं और उत्तर बिहार के एक दर्जन जिले जलमग्न हुए। इसके बाद मध्य प्रदेश में ज्यादा बारिश से सोन नदी में उफान आया। मध्य प्रदेश ने बाण सागर बराज से पानी छोड़ा तो दक्षिण और मध्य बिहार जल प्लावित हो गया। इस बीच झारखंड में ज्यादा बारिश हुई तो फल्गु नदी में बाढ़ आ गई। बिहार में स्थिति इससे और भयावह हो गई। कई दशकों के रिकॉर्ड टूट गए। जल स्तर का रिकॉर्ड तो टूटा ही, बिहार के किसानों की आर्थिक कमर भी टूट गई। यहाँ गौरतलब है कि जब बिहार को पानी की जरूरत रहती है तो न तो नेपाल और न मध्य प्रदेश बराज से पानी छोड़ता है। यक्ष प्रश्न यह है कि बिहार की इस दुर्दशा के लिए जिम्मेवार कौन है ? इसका समाधान क्या बिहार के हाथों में है, क्या बिहार नेपाल, मध्य प्रदेश या झारखंड से वार्त्ता कर इसका समाधान निकालने में सक्षम हैं ? या फिर इसकी कुंजी केंद्र सरकार के हाथों में है, जिसकी पहल देश के अंदर या बाहर असर दिखा सकती है ?

बड़ा सवाल यह नहीं है कि केंद्र में किस दल या गठबंधन की सरकार है ? बल्कि अहम सवाल तो यह है कि बिहार को चुनौती से उबारने को लेकर सोच क्या है ? नेपाल से आनेवाली कमला, कोशी, बागमती, गंडक समेत अधवारा समूह की चार दर्जन नदियाँ उत्तर-पूर्वी बिहार में हर वर्ष तबाही मचाती हैं। हर दशक में एक बार ये नदियाँ एक विनाशकारी

बाढ़ जरूर लाती हैं, जो आधारभूत संरचनाओं को ध्वस्त कर सीमा से लगे डेढ़ दर्जन जिलों को विकास के मोर्चे पर दशकों पीछे धकेल देती है, लेकिन आजादी के बाद अब तक क्या हुआ ? नेपाल में डैम बनाने की संभावनाओं पर दशकों मंथन चलता रहा। इसके लिए अब कछुआ गति से सर्वे हो रहा है। 1950 के दशक में जिस कोशी नहर परियोजना की नींव पं. जवाहर लाल नेहरू ने रखी थी, बिहार के हिस्से में वह आज तक पूरी नहीं हुई। हाँ, नेपाल में कोसी पर बराज बनाने में उस समय तत्परता जरूर रही। उधर, फरक्का में बराज बनाकर गंगा की राह में बाधा खड़ी करने की योजना इसके एक दशक बाद, यानी 1961 में बनी और 14 साल में पूरी हो गई। उस समय यह भी खयाल नहीं रखा गया कि नेपाल में हिमालय की तीन चोटियों से निकलनेवाली कोशी, कमला और बागमती नदियाँ अपने साथ भारी मात्रा में गाद लाती हैं। इन नदियों का पानी गंगा में समाहित होता है। इससे गंगा में गाद की मात्रा और बढ़ जाती है। फरक्का बराज बनने के बाद इन नदियों की गाद कहाँ जाएगी ? अब गाद के कारण नदियों का पेट भर गया है और कम पानी आने पर भी वे तबाही मचाती हैं। जल भंडारण की व्यवस्था के अभाव या नदियों के उथली हो जाने के कारण तबाही मचाने के बाद नदियों का पानी विलीन भी हो जाता है।

अटल बिहारी वाजपेयी ने देश में नदियों को आपस में जोड़ने की परिकल्पना की थी। बिहार में एक दशक पहले जब नीतीश कुमार के नेतृत्व में एन.डी.ए. की सरकार बनी तो उसने राज्य की सीमा में नदियों को आपस में जोड़ने की योजना तैयार की। इस योजना का मकसद था राज्य के अंदर जल प्रबंधन और जल संग्रह। किसी नदी में ज्यादा पानी आने पर उसे उन नदियों में भेजा जा सकता है, जहाँ कम पानी हो। योजना के तहत अनेक स्थानों पर छोटे-छोटे डैम बनाकर पानी का संग्रह किया जाना है। यू.पी.ए. शासन में इसे अपेक्षित प्रोत्साहन नहीं मिला, लेकिन अब तो एन.डी.ए. की सरकार है, फिर बिहार की नदी जोड़ परियोजनाओं पर फैसले की कछुआ चाल क्यों ? बहरहाल, इस सच से कोई कैसे इनकार कर सकता है कि बिहार की बाढ़ और सूखे की समस्या के लिए पड़ोसी देश और पड़ोसी राज्य की स्थितियाँ ज्यादा जिम्मेवार हैं। ऐसे में क्या बिहार का यह हक नहीं बनता है कि आपदाओं से होनेवाली हर तरह की क्षति की भरपाई की जानी चाहिए।

यह सवाल भी मौजूँ है कि बिहार को फसल बीमा की ज्यादा प्रीमियम दरें क्यों देनी पड़ें ? बिहार के लिए 650 करोड़ और यहाँ के किसानों के लिए 200 करोड़ रुपए बहुत मायने रखते हैं। यहाँ की जनता ने बिहार में नीतीश कुमार के नेतृत्ववाले महागठबंधन को विशाल बहुमत दिया तो इससे पहले केंद्र में नरेंद्र मोदी के नेतृत्व में एन.डी.ए. की सरकार बनाने में भी उतनी ही उदारता दिखाई। इसलिए दोनों सरकारों पर बिहार का समान हक बनता है और केंद्र या राज्य अपनी जवाबदेही से पीछे नहीं हट सकते।

(10.12.2014)

❑

टैक्स चोरी का यह रैकेट विकास की राह का रोड़ा

रेलवे केंद्र सरकार का उपक्रम है। इसको ढाल बनाकर राज्य के खजाने को चपत लगाने का खेल विकास की राह में रोड़े अटकाना भी है। बिहार के लिए यह और भी घातक है। विकास के लिए राज्य सरकार को धन चाहिए। यह धन तीन ही रास्तों से आता है। पहला आंतरिक संसाधनों से, दूसरा केंद्र से और तीसरा बाजार से। केंद्रीय राजस्व का अंतरण (डिवोल्यूशन) निर्धारित पैमाने के तहत राज्यों को होता है। बिहार जैसे राज्य को तमाम मोर्चों पर पिछड़ेपन से उबरने में विशेष सहायता देने के प्रति केंद्र का रवैया जगजाहिर है। ऐसे में रेलवे मुलाजिमों की मिलीभगत से अरबों रुपए के कमर्शियल टैक्स की चोरी बड़ा अपराध है। वैसे टैक्स चोरी के इतने बड़े खेल से राज्य सरकार के संबंधित विभाग का अनजान बने रहना भी एक बड़ा सवाल है।

नीतीश कुमार की सरकार ने सात साल में आंतरिक संसाधनों में भारी इजाफा किया है। राज्य में तेजी से आए बदलाव और वित्तीय प्रबंधन का इसमें बड़ा योगदान है। शराब के वैध कारोबार को प्रोत्साहित करने का फायदा हुआ कि राज्य के खजाने में अरबों रुपए आने लगे। इसका बड़ा हिस्सा पहले शराब के अवैध कारोबारियों की जेब में जाता था। ऐसे तमाम प्रयासों और राज्य के बाजारों में आई तेजी से राजस्व में इजाफा हुआ। बावजूद इसके राज्य के आंतरिक संसाधन सीमित हैं और इससे विकास की बड़ी छलाँग लगाना संभव नहीं है। यही वजह है कि नए-नए क्षेत्रों में टैक्स लगाने या टैक्स की दर बढ़ाने की संभावनाओं पर मंथन और अमल की कसरत जारी है। दो दशक बाद शहरों में होल्डिंग टैक्स बढ़ाने के कदम बढ़े तो इसका कड़ा विरोध सामने आया, जबकि नगर निकायों की आर्थिक स्थिति ठीक नहीं है और शहरों की सूरत बदलने की गति धीमी है। पटना ही नहीं, अन्य शहरों में भी आबादी का दबाव जिस तेजी से बढ़ा है या बढ़ रहा है, उस अनुपात में सुविधाओं में इजाफा नहीं हो पा रहा है।

कारोबारियों और उद्यमियों की अकसर शिकायत रहती है कि ब्यूरोक्रेसी का रवैया

ठीक नहीं है। वह अपनी मनमानी चला रहा है। निवेश की गति में अपेक्षित तेजी नहीं आ पा रही है। अनुभव के आधार पर जब कोई ऐसे सवाल उठाता है तो उसे खारिज नहीं किया जा सकता है, लेकिन पुलिस की आर्थिक अपराध इकाई ने पटना जंक्शन और राजेंद्र नगर टर्मिनल पर कैंप कर जिस रैकेट का खुलासा किया है, या पटना पुलिस ने लाखों के सौंदर्य प्रसाधन के जो नकली सामान जब्त किए हैं, वह क्या बताता है। निश्चय ही इस सवाल पर भी व्यापारियों और उद्यमियों के संगठन को विचार करना चाहिए। जब टैक्स चोरी के ऐसे हथकंडे अपनाए जाएँगे तो शक का दायरा चौड़ा होगा। देश के विभिन्न हिस्सों से काल्पनिक नामों पर पते का उल्लेख किए बिना माल बुक कराकर मँगवाने का मकसद ही टैक्स की चोरी है। आश्चर्य तो यह है कि बिना परमिट और पूरे पते के रेलवे सामान कैसे बुक कर रहा है, जबकि विभाग ने ऑनलाइन परमिट की सुविधा दे रखी, स्टेशनों से ऐसे सामान की डिलीवरी कैसे हो रही है, कमर्शियल टैक्स डिपार्टमेंट को इसकी भनक तक नहीं लगती है, क्यों? इसमें एक बड़ा जोखिम भी हो सकता है। सामान बुकिंग की इस ढीली व्यवस्था का फायदा तस्कर और असामाजिक तत्त्व न उठा पाएँ, इसकी क्या गारंटी है? रेलवे ने यात्री ट्रेनों के सामान ढोने वाले रैक निजी वेंडरों को लीज पर दे रखे हैं, लेकिन इसका यह अर्थ तो नहीं कि ये वेंडर नियम-कानून की तमाम शर्तों से आजाद हैं। अभी ईओयू ने पटना में चल रहे इस रैकेट का खुलासा किया है, लेकिन आशंका है कि यह रैकेट पूरे राज्य में चल रहा है। अनुमान है कि रेलवे को ढाल बनाकर चलाए जा रहे इस रैकेट से राज्य के खजाने को सैकड़ों करोड़ की चपत लग रही है। रेलवे इस जवाबदेही से बच नहीं सकता है। राज्य सरकार को इस रैकेट का गहराई से अध्ययन कराकर रेलवे के समक्ष अपने नुकसान का दावा भी पेश करना चाहिए। तभी ऐसे गोरखधंधे को रोकने के प्रति रेल प्रशासन गंभीर होगा।

(29.04.2013)

❑

नौकरशाही के लिए यह बड़ा सबक है

एक माननीय ने मुख्यमंत्री से सेवा यात्रा के दौरान एक खास प्रखंड में आने का आग्रह किया। मुख्यमंत्री का दो टूक जवाब था, अभी तो मुझे खुद नहीं पता है कि कहाँ-कहाँ जाना है। इसका निहितार्थ बहुत साफ है कि वे नहीं चाहते कि उनकी यह यात्रा निर्धारित स्थान और समय पर हो। यह नौकरशाही के लिए बड़ा सबक है। इस सरकार ने प्रशासन की मनमानी के आरोप झेलते रहने के बावजूद, उसे परफार्म करने का पूरा अवसर दिया। ऐसे में उसकी भी जिम्मेदारी है कि वह अपने अंदर झाँककर देखे। बिहार पूरी दुनिया के समक्ष विकास का एक मॉडल बनकर उभरा है, तो यहाँ की नौकरशाही मिसाल क्यों नहीं बन सकती है?

सिक्के का दूसरा पहलू है कि मुख्य सचिव के माध्यम से और मुख्यमंत्री खुद प्रशासन को न केवल दिशा-निर्देश देते रहे हैं, बल्कि अनेक बार चेताया भी। जिलों और प्रमंडलों के आला अफसरों को बार-बार कहा गया कि वह गाँवों में रात गुजारें और समस्याओं का समाधान ऑन स्पाट करें। लगभग हर मंच से मुख्यमंत्री चेतावनी देते रहे कि कार्य में शिथिलता, भ्रष्टाचार और कानून-व्यवस्था के मसले पर सरकार की नीति जीरो टॉलरेंस की है। बावजूद इसके कार्यशैली, आचरण और रवैये में निचले स्तर पर उस अनुपात में फर्क नहीं आया, जितनी अपेक्षा है, तो विकल्प ही क्या बचता है?

सड़कों, बड़े पुलों, तटबंध और बाँधों, अस्पताल भवनों, बिजलीघरों जैसी बड़ी परियोजनाओं की जिम्मेदारी बड़ी सरकारी एजेंसियों और निजी कंपनियों को सौंपी जाती है। वे पेशेवर तरीके से काम करती हैं। कुछ अपवादों को छोड़कर एजेंसियाँ समय पर काम पूरा करती हैं। इन क्षेत्र में हुए कार्यों के अलावा कानून-व्यवस्था, पंचायती राज और नगर निकायों में महिलाओं को 50 फीसदी आरक्षण, कृषि कैबिनेट, छात्र-छात्राओं और श्रमिकों के लिए साइकिल, महादलित मिशन जैसे बड़े फैसलों ने राज्य की छवि बदलने में अहम भूमिका निभाई है, लेकिन जन कल्याण और गाँवों की विकास योजनाएँ जिला, प्रखंड और पंचायतों पर निर्भर रहती हैं। आम आदमी की बेहतरी की योजनाओं के

कार्यान्वयन में शिथिलता और भ्रष्टाचार, दोनों विकास की गति बाधित करते हैं।

बिहार शुरू से 'प्री प्रोडक्शन स्कैम' का मारा है। यहाँ छोआ, चारा, कोलतार, बीज, इंदिरा आवास और लाल कार्ड जैसे घोटाले होते रहे। इसका कुप्रभाव रहा कि 60 फीसदी आबादी के जीवन स्तर में बड़ा बदलाव नहीं आ सका। जो राज्य विकसित हैं, वहाँ भी घोटाले होते रहे हैं, लेकिन वहाँ 'पोस्ट प्रोडक्शन स्कैम' होते हैं, जो राज्य की आमदनी को बट्टा तो लगाते हैं, लेकिन विकास को बाधित नहीं करते। बिहार में घोटालों पर अंकुश लगा है, लेकिन आम आदमी तक योजनाओं का हू-ब-हू लाभ पहुँचाने की राह में अब भी रोड़े हैं।

सेवा यात्रा में मुख्यमंत्री गाँव-कस्बों और शहरों का चेहरा देखना चाहते हैं कि वाकई कितना बदलाव आया है और किस तरह की कमियाँ हैं। लोगों तक सरकार के प्रयासों का लाभ किस अनुपात में पहुँचा है। बहरहाल, इस यात्रा को लेकर जो फीडबैक आ रहे हैं, वे उत्साहित करनेवाले हैं।

(07.01.2011)

❑

दिशा-निर्देशों पर अमल क्यों नहीं?

बक्सर के चौसा प्रखंड के नौरबतपुर गाँव की ट्रांसफार्मर बदलने और जलजमाव से निजात दिलाने की माँग वाजिब थी, लेकिन बुधवार को जो दो घटनाएँ घटीं, उनके चरित्र परस्पर विरोधाभासी थे। पहली घटना सकारात्मक पहल रही। उसका नतीजा भी सामने आया। लोगों ने चौसागढ़ में मुख्यमंत्री से नौरबतपुर गाँव के बीच से होकर गुजरने की अपील की। गाँव पहुँचने पर लोगों ने सी.एम. को बताया कि ट्रांसफार्मर खराब रहने और नाले के अभाव में कैसी फजीहत झेलनी पड़ती है। इन समस्याओं का तत्काल समाधान हुआ। दूसरी घटना नकारात्मक अभिव्यक्ति थी। मुख्यमंत्री का काफिला गुजर गया तो पीछे से जा रही पुलिस बस और कुछ सरकारी वाहनों पर शरारती तत्त्वों ने पत्थर फेंके। इस दूसरी घटना के निहितार्थ क्या हैं? जब समस्या का समाधान करने का आदेश मौके पर ही दे दिया गया तो इसके बाद ऐसा कौन सा कारण या पूर्वग्रह था, जिसने कुछ लोगों को ऐसा करने की प्रेरणा दी, या फिर उनका यह आचरण क्या संदेश देता है, हमें यह नहीं भूलना चाहिए कि हम जंगल राज की तोहमत से बाहर निकल आए हैं, ऐसे में जंगली आचरण से हमें क्या हासिल होगा? विकसित बिहार बनाने को संजीदगी भी जरूरी है।

मुख्यमंत्री नीतीश कुमार सत्ता सँभालने के साढ़े छह वर्षों में आधा दर्जन बार जिलों के डी.एम., एस.पी., डी.डी.सी. को दो टूक निर्देश दे चुके हैं कि वे गाँवों में रात गुजारें। ग्रामीणों की समस्याएँ सुनें और मौके पर ही उनका समाधान करें। अगर इस पर ईमानदारी से अमल होता तो नौरबतपुर के लोगों को मुख्यमंत्री से इतनी छोटी समस्या के समाधान की गुजारिश नहीं करनी पड़ती। ट्रांसफार्मर जलने या खराब होने के मामले में स्पष्ट आदेश भी है कि ग्रामीण क्षेत्र में 72 घंटे में इन्हें हर हाल में बदल देना है। सेवा यात्रा के दौरान कहीं भी मुख्यमंत्री के प्रति नाराजगी नजर नहीं आती। लोग उनके पास अपनी पीड़ा लेकर इस विश्वास से पहुँचते हैं कि वे समाधान देंगे। लोगों की नाराजगी इसलिए रहती है, क्योंकि सरकारी दफ्तरों के ज्यादातर बाबू और अफसर आम आदमी से सीधे मुँह बात तक नहीं करते, जबकि राज्य सरकार ने दिशा–निर्देश जारी कर चेताया था कि

समस्या लेकर सरकारी दफ्तरों में आनेवालों को 'जी' से संबोधित करें। उनकी बातों को संजीदगी से सुनें और फौरी तौर पर उनका हल निकालें।

छह-सात साल पहले तक प्रशासन के लोगों की शिकायत रहती थी कि उन्हें काम करने की आजादी नहीं है। हर मामले में और हर स्तर पर हस्तक्षेप है। जिला, प्रखंड और थानों के अफसर तो खुद डरे-सहमे रहते थे। आज जब उन्हें काम करने की आजादी मिली है तो सरकार को ब्यूरोक्रेसी की मनमानी की शिकायतें क्यों सुननी पड़ें? ताली दोनों हाथों से बजती है। समय तेजी से बदला है। आज सत्ता में वे लोग हैं, जिन्होंने लोगों के प्रजातांत्रिक अधिकारों के लिए संघर्ष की लंबी राह तय की है। उन्हीं संघर्षों का यह सकारात्मक पक्ष है कि लोग बेबाकी से मुख्यमंत्री के समक्ष अपनी बात रखते हैं। आला अफसरों के सामने ही उनका नकाब उतारने में भी उन्हें संकोच नहीं होता। जाहिर है, लोग अपने अधिकारों के प्रति सचेत हुए हैं। समय के इस बदलाव को दिल से स्वीकार करना होगा। मुख्यमंत्री चिलचिलाती हुई धूप में भी सेवा यात्रा पर गाँव और पगडंडियों की धूल फाँक रहे हैं। वे देखने का प्रयास कर रहे हैं कि सरकार गाँव-कस्बों, शहरों की सूरत बदलने, लोगों का जीवन स्तर बेहतर करने और उनकी आमदनी बढ़ाने के जो प्रयास कर रही है, निचले स्तर तक उनका कितना लाभ पहुँचा है। अगर प्रशासन अपने हिस्से की जिम्मेदारी बखूबी निभाए तो सेवा यात्रा के बड़े मकसद पर फैसले और अमल होंगे। जिन इलाकों में जिस क्षेत्र में बड़े काम की संभावना है, उस पर कदम आगे बढ़ेंगे, न कि राज्य के मुखिया को गली-नाला, ट्रांसफार्मर और सामाजिक सुरक्षा पेंशन की शिकायतों को सुनने में समय लगाना होगा।

(28.05.2012)

❑

प्राथमिकता वाले क्षेत्र में सुस्ती बड़ी घातक

राज्य सरकार के करीब एक दर्जन ऐसे विभाग हैं, जो योजना बजट का पैसा खर्च करने में कछुआ चाल से चल रहे हैं। इससे उनसे संबंधित क्षेत्रों में विकास की रफ्तार ठहर गई है। इस वित्तीय वर्ष के छह महीने बीत गए हैं। इस साल कुछ जिलों को छोड़कर बाढ़ भी ऐसी नहीं आई कि काम में बाधा आए, बल्कि सूखे ने मजदूरों के सामने काम का संकट पैदा कर दिया है, ऐसे में सरकारी निवेश से निर्माण या कल्याण के जो कार्य होते हैं, उसका सीधा लाभ इस तबके को मिलता है। कई बार मजदूरों की अपेक्षित उपलब्धता के अभाव में काम बाधित होता है। अभी मजदूर आसानी से मिल सकते हैं तो अनेक विभाग सुस्त हैं। मुख्य सचिव ने समीक्षा के दौरान ऐसे विभागों को चेताया भी कि अगर वह आवंटित धन खर्च नहीं करेंगे तो बची राशि बेहतर प्रदर्शन करनेवालों विभागों को दे दी जाएगी।

गंभीर बात तो यह है कि राज्य सरकार के प्राथमिकता क्षेत्र के कई विभागों की परफारमेंस इस वर्ष अब तक खराब चल रही है, खासकर ऊर्जा, पंचायती राज, कृषि, खाद्य एवं उपभोक्ता संरक्षण, पशु एवं मछली संसाधन, लघु जल संसाधन, श्रम संसाधन, अल्पसंख्यक कल्याण समेत एक दर्जन ऐसे विभाग हैं। इन विभागों ने बीते पाँच महीनों में विकास और उत्थान कार्यों पर 10 फीसदी से भी कम धन खर्च किया। इन विभागों की नौकरशाही धीमी रफ्तार चलकर क्या साबित कर रही है, क्या वह राज्य सरकार की प्राथमिकताओं से अनजान है या फिर कोई और कारण है? दरअसल, बीते आठ वर्षों में राज्य का योजना आकार अगर आठ गुना से ज्यादा बढ़ा है तो इसका श्रेय कार्यशैली में सुधार और सक्रियता को भी जाता है, लेकिन आठ गुना बढ़ने के बाद भी अभी बिहार का योजना आकार विकसित राज्यों की तुलना में बहुत छोटा है। उनके मुकाबले में पहुँचने के लिए आवंटित धन का उपयोग बेहतर और समय-सीमा में करने की कार्य क्षमता भी बढ़ानी होगी। इस मामले में सरकार को सख्त कदम के साथ-साथ सुधार के सुझावों को और प्रभावी तरीके से लागू करना होगा। प्रशासनिक तंत्र को काम करने की आजादी और

अधिकार मिले हैं तो उसे यह साबित करके दिखाना चाहिए कि वह एक जवाबदेह तंत्र के बतौर राज्य के विकास में योगदान कर रहा है।

केंद्र सरकार द्वारा गठित रघुरामजी राजन कमेटी ने पिछड़े राज्यों को विशेष सहायता देने की जो सिफारिशें की हैं, उसकी दो शर्तें भी तय की हैं। पहला, ऐसे राज्यों की विकास की आवश्यकता है तो दूसरा, विकास के मोर्चा पर उसकी परफारमेंस है। राज्य की आवश्यकता और बीते सात वर्षों की विकास दर इन दोनों कसौटियों पर बिहार को लाभ लेने के काबिल बनाती है, लेकिन इस साल की तस्वीर थोड़ी धुँधली है। वैसे उद्योग, पथ निर्माण, ग्रामीण विकास, ग्रामीण कार्य और अनुसूचित जाति-जन जाति कल्याण विभाग ने अपनी परफारमेंस से उत्साहित किया है, लेकिन खासकर ऊर्जा और कृषि विभागों की सुस्ती महँगी साबित हो सकती है। इन दोनों के सामने समय-सीमा में लक्ष्य को हासिल कर लेने की बड़ी चुनौती है। 2015 तक बिजली की पर्याप्त उपलब्धता सुनिश्चित करने के मोर्चे पर तेजी से काम और प्रयास हो रहे हैं, दूसरे मोर्चा, यानी लोगों तक इसे पहुँचाने की योजनाओं पर काम धीमा क्यों? कृषि रोडमैप में तय किए गए लक्ष्य को 2017 तक हासिल कर लेना है। जाहिर है, ऐसे में आवश्यकता दोगुनी गति से काम करने की है, न कि सुस्त और कछुआ चाल से काम चलनेवाला है। ऊर्जा और कृषि क्षेत्र के परफारमेंस पर तो निजी निवेश का प्रवाह भी निर्भर करेगा। अगर बिजली की उपलब्धता और उसका बिन बाधा वितरण सुनिश्चित हो जाए तो बाहर से आकर यहाँ निजी निवेश करनेवालों की तादाद खुद बढ़ जाएगी। इसी तरह खेती के आधुनिकीकरण और इसे आसान बनाने के उपायों से उत्पादकता बढ़ेगी और तब कृषि-आधारित उद्योगों में निवेश का आकार चौड़ा होगा।

बहरहाल, बिहार आज जिस मोड़ पर खड़ा है और जिस लड़ाई को मुकाम तक पहुँचाने की जद्दोजहद में जुटा हुआ है, उसके लिए जवाबदेह, सक्रिय और उत्साही प्रशासनिक तंत्र की आवश्यकता है। उसे भी यह महसूस करना होगा कि बिहार के विकास की गाथा जब लिखी जाएगी तो उस कामयाबी का सेहरा उसके सिर भी बँधेगा। देश-दुनिया के अनेक अर्थशास्त्रियों और राजनीतिक महारथियों ने बिहार की विकास दर की इस अर्थ में भी तारीफ की कि यहाँ आम जनता और प्रशासनिक तंत्र को एक प्लेटफार्म पर लाकर कदम बढ़ाए गए, लेकिन भ्रष्टाचार, मनमानी और काम में सुस्ती जैसी बाधाएँ इस प्रयोग की सार्थकता पर भी सवाल खड़े कर देंगी। याद रहे, ताली एक हाथ से नहीं बजती है।

(30.09.2013)

❑

गुड पुलिसिंग में मॉडल बनने की तमन्ना क्यों नहीं?

आज पूरी दुनिया में गुड पुलिसिंग की आवश्यकता शिद्दत से महसूस की गई है। अनेक देशों और हिंदुस्तान के कई राज्यों में इस दिशा में पहल हो रही है। पुलिस का आम जनता से संवाद और सरोकार बढ़ाने पर जोर है। बिहार बीते छह-सात वर्षों में तमाम क्षेत्रों में सकारात्मक बदलाव का गवाह और मॉडल बनकर सामने आया है, लेकिन गुड पुलिसिंग में मॉडल बनने की तमन्ना मजबूत क्यों नहीं हो रही है, सिर्फ आईपीसी और सीआरपीसी की धाराओं को खँगालकर और उनसे नकेल कसने की तरकीबें निकालकर वर्तमान में पेश आ रही चुनौतियों का मुकाबला संभव है, पुलिस को बार-बार लोगों के गुस्से से दो-चार क्यों होना पड़ रहा है। छोटी-बड़ी घटना या दुर्घटना के बाद लोगों का गुस्सा फूट पड़ता है, ऐसा क्यों? माना कि समाज में उन्मादी प्रवृत्ति बढ़ी है। किसी घटना-दुर्घटना की गहराई में गए बिना या पुलिस की भूमिका का इंतजार किए बिना तत्काल की उन्मादी प्रतिक्रियाएँ जिस अंदाज में सामने आ रही हैं, वे खतरनाक हैं, लेकिन ऐसी प्रतिक्रियाओं के कारणों की गहराई में जाकर अध्ययन भी तो नहीं हो रहा है। ऐसे हालात पैदा होने के लिए सिर्फ सिविल सोसाइटी की कमियों को दोषी मानकर इन्हें नजरअंदाज करना कितना उचित है? डी.एन. गौतम ने डीजीपी पद से रिटायर होते समय प्रेस कॉन्फ्रेंस में माना था कि आनेवाले समय में पुलिस की सबसे बड़ी चुनौती होगी उन्माद।

नवादा, औरंगाबाद, फारबिसगंज जैसी बड़ी उपद्रवी घटनाएँ हों या शनिवार को सीतामढ़ी में हुई घटना, सड़क दुर्घटना, किसी की गिरफ्तारी हो, या हत्या, अपहरण, लूट जैसे मामलों में पुलिस की जाँच से असंतोष, इसकी अभिव्यक्ति जिस रूप में हो रही है, उन पर गौर किए बिना सुधार की अपेक्षा नहीं की जा सकती है। ऐसे तमाम असंतोष के केंद्र में पुलिस रहती है, इस सच से शायद ही किसी का इनकार हो। जाहिर है, यह पुलिस की धाक और विश्वसनीयता से भी जुड़ा सवाल है। राजतंत्र और फिर अंग्रेजी हुकूमत के समय यह मान्यता थी कि लाल टोपी देखकर ही लोग घरों में दुबक जाते हैं। यह वरदी

की धाक नहीं, बल्कि निरंकुशता की धमक थी, लेकिन ऐसी धमक राजतंत्र या परतंत्र में ही संभव है? आज हम कानून के राज की बात करते हैं तो उसमें जन आकांक्षाओं का सम्मान अंतर्निहित होता है। लोकतंत्र में कानून भी जनआकांक्षा के प्रतीक होते हैं। आजादी के लंबे समय बाद तक पुलिस में सुधार की प्रक्रिया शुरू नहीं होने का भी नतीजा है, उसका चरित्र नहीं बदल पाया। ऐसे में लोगों की धारणा बदलने की उम्मीद कैसे की जा सकती है? इसमें दोष नेतृत्व का रहा है। चेखव ने दो सौ साल पहले 'गिरगिट' में पुलिस का जो चरित्र पेश किया था, उससे आज की स्थिति कितनी जुदा है?

गुड पुलिसिंग दरअसल पुलिस और पब्लिक में 'अस्पृश्यता' से पैदा हुई गहरी खाई को पाटने की एक बेहतर तकनीक भी है। जब कानून जनता के हितों की रक्षा के लिए बने और पुलिस की जिम्मेदारी कानून की हिफाजत हो तो फिर कसौटी भी पुलिस की पब्लिक में साख और स्वीकार्यता होनी चाहिए। इसे गुड पुलिसिंग से हासिल किया जा सकता है। कम्युनिटी पुलिसिंग जहाँ अपनाई गई, वहाँ बेहतर नतीजे सामने आए, खासकर उन देशों में, जहाँ सदियों राजशाही या अंग्रेजी हुकूमत रही। इसके अनेक पहलू हैं। खेल-कूद से लेकर सामुदायिक कार्यों में परस्पर सहयोग, क्लबों के गठन, आचार-विचार में विनम्रता और पारदर्शिता, नियमित संवाद जैसे अनेक कदम उठाए जा सकते हैं। एक मिसाल भी है—बिहार पुलिस ने मुख्यमंत्री के निर्देश पर जब बच्चों को स्कूलों में दाखिल कराने की मुहिम छेड़ी तो उसे हर तरफ से वाहवाही मिली थी। बिहार में नई राह दिखाने का जज्बा और क्षमता है, जरूरत है पुलिस में सुधार के संकल्प की।

(16.07.2012)

❑

ऐसे सख्त कदम बदलेंगे मिजाज

सीनियर आईएएस शिवशंकर वर्मा और कोषागार सहायक गिरीश कुमार के मकान जब्त कर उनमें स्कूल खोलने और देवराज देव को सहरसा के डी.एम. पद से हटाकर प्रतिनियुक्ति की अवधि पूरी होने से पहले ही उन्हें उनके मूल कैडर में भेजने की काररवाई एक सिक्के के दो पहलू हैं। भ्रष्टाचार और कार्य में शिथिलता दोनों ही लोगों की सेवा और विकास की गति को बाधित करते हैं। मुख्यमंत्री नीतीश कुमार की सहरसा जिले की सेवा यात्रा के एक पखवाड़े के भीतर वहाँ के डी.एम. पर यह काररवाई की गई। वहाँ के लोगों में देवराज देव की छवि कतई एक अच्छे अफसर की नहीं थी। सिमरी बख्तियारपुर की सभा में लोगों ने उन्हें हटाने की माँग का बैनर भी लगा रखा था। ऐसे ही अफसरों के कारण प्रशासनिक तंत्र की गरिमा और साख पर बट्टा लगता है। बिहार विशेष न्यायालय अधिनियम, लोकपाल-लोकायुक्त जैसी संस्था और सिटिजन चार्टर की आवश्यकता इन्हीं वजहों से पैदा हुई है।

प्रशासन या पुलिस में बैठे अनेक अधिकारी ऐसे रहे हैं या हैं, जिन्हें उनके कामों के लिए याद किया जाता है। सुदूर गाँवों के लोगों के बीच भी इनकी चर्चा होती है। कार्य से अपनी छाप छोड़नेवाले ऐसे अफसरों को लोग भूलते नहीं, बल्कि उनकी कार्यशैली से लेकर योगदान तक से अगली पीढ़ी को भी अवगत कराते रहते हैं। किसी लोकसेवक के लिए अपने वेतन-भत्ते के अलावा इससे बड़ा पारिश्रमिक या पुरस्कार क्या हो सकते हैं, लेकिन इसके लिए न केवल ईमानदारी, दूरदृष्टि, कार्य में चुस्ती-फुरती जरूरी है, बल्कि पूर्वग्रहों से ऊपर भी उठना होता है। कई बार ईमानदार अफसर भी पूर्वग्रहों के कारण अपनी छवि को बट्टा लगा लेते हैं। यह सही है कि लंबे समय के राजनीतिक क्षेत्र के भ्रष्टाचार ने सब गड्डमड्ड कर दिया। दोष किसका, जनता के प्रति सीधे जिम्मेदार जनप्रतिनिधियों का या नौकरशाहों का रहा, यह तय करना आसान नहीं है। कई बार अफसर आपसी बातचीत में यह सवाल उठाते हैं कि राजनीतिक नेतृत्व के दबाव में गड़बड़ होती है, लेकिन आज जब राज्य की सत्ता के शिखर का संदेश बहुत साफ है, राज्य सरकार आम लोगों के प्रति

एक जिम्मेदार तंत्र की बात कर रही है, उसका एजेंडा न्याय के साथ विकास है और वह भ्रष्टाचार पर अंकुश के तमाम प्रबंध करने से नहीं चूक रही है, तो ऐसे में किंतु-परंतु की गुंजाइश कहाँ बचती है।

बिहार विकास के साथ-साथ एक लंबे संघर्ष की राह भी पर है। एक तरफ केंद्र सरकार से वाजिब हक की लड़ाई तो दूसरी तरफ चुनौतियों का पहाड़। जो आधारभूत संरचनाएँ दशकों पूर्व तैयार हो जानी थीं, उनकी बीते कुछ वर्षों में बुनियाद पड़नी शुरू हुई। एक तरफ गरीबी रेखा से नीचे बड़ी आबादी, नेपाल से आनेवाली नदियों का जाल और हर साल प्राकृतिक आपदा का अभिशाप, तो दूसरी तरफ सीमित संसाधन। कृषि, पर्यटन, उद्योग के विकास और बिजली उत्पादन में शून्य से शुरुआत। कहते हैं, विकास की पहली शर्त सड़कें होती हैं, उनमें तो अनेक का वजूद ही खत्म होने के कगार पर था। ऐसे में किसी को या किसी हिस्से में शिथिलता या भ्रष्टाचार की छूट कैसे दी जा सकती है। बिहार नए वर्ष में भ्रष्टाचार और निकम्मेपन पर लगाम लगाने के साथ-साथ कामयाबी का नया मुकाम हासिल करे, यह तमन्ना सबकी है।

(26.12.2011)

❑

रणनीतिक कौशल और सूचना तंत्र की कंगाली

राज्य में बेहतर पुलिसिंग की तमाम कोशिशों के बीच बगहा के नौरंगियाँ कांड ने एक बड़ी चुनौती पेश की है। निचले स्तर पर पुलिस की जवाबदेही ज्यादा बड़ी होती है। आम आदमी का सीधा सरोकार थानों और चौकियों से रहता है। एफआईआर दर्ज करने के सवाल पर राज्य सरकार की नीति और नीयत दोनों साफ हैं। पुलिस मुख्यालय एफआईआर दर्ज नहीं करने की शिकायतों को गंभीरता से ले रहा है। कई मामलों में ऑनलाइन एफआईआर दर्ज की गई हैं, बावजूद इनके प्रेम विवाह प्रकरण में किसी युवक के अपहरण जैसे संवेदनशील मामले में नौरंगिया और वाल्मीकि नगर थानों के थानाध्यक्ष ने एफआईआर दर्ज करने में टालमटोल करने का साहस दिखाया, तो इसके लिए जवाबदेह कौन है? 15 जून को दरदरी गाँव के चदेंश्वर काजी को अगवा किया गया। 17 को उसके परिजन थाना गए। नौरंगिया और वाल्मीकि नगर के थानेदारों ने पुलिसिंग की शर्तों की धज्जियाँ उड़ाईं। चंदेश्वर के परिजनों को कार्य क्षेत्र के बहाने दो दिन इधर से उधर दौड़ाया गया। निचले स्तर पर इस कोताही या मनमानी का हश्र क्या हो सकता है, वह सामने है। यहाँ सवाल जिलों के पुलिस कप्तानों की जवाबदेही को लेकर भी उठता है।

सवाल एफआईआर दर्ज करने नहीं करने, तक ही सीमित नहीं है, उससे भी बड़ा सवाल है, प्रतिकूल परिस्थिति पैदा होने से रोकने या उससे निपटने में पुलिस का रणनीति कौशल। आज जबकि उन्माद की प्रवृत्ति बढ़ रही है। लोगों की प्रतिक्रिया गुस्सा बनकर सामने आने लगी है। ऐसे में उन्मादी भीड़ से टकराव या बल प्रयोग घातक साबित हो सकता है। ऐसे घटनाक्रमों के बीच अफवाहों की भूमिका भी बहुत खतरनाक बनती जा रही है। किसी घटना की प्रतिक्रिया से पैदा हुए हालात को विस्फोटक बनाने में अफवाहों की भूमिका किस हद तक खतरनाक हो सकती है, इसे मधुबनी कांड के आईने में परखा जा सकता है। अन्य कई घटनाएँ भी ऐसी हुई हैं, जिसमें अफवाहों ने आग में घी का काम किया, लेकिन इनसे हम क्या सीख पाए हैं?

नौरंगिया में पुलिस के रणनीतिक कौशल और सूचनातंत्र की कंगाली सामने आई

है। चंदेश्वर को अगवा किए जाने की, उसके ग्रामीणों या आस-पास के इलाकों में कैसी प्रतिक्रिया हुई, इस घटना की आड़ में माहौल बिगाड़ने की साजिश तो नहीं हो रही है, लोगों के गुस्से का तापमान क्या है, स्थानीय लोगों के गुस्से के इजहार के तौर-तरीके क्या हैं, वो किस हद तक जाते हैं, न तो इन पहलुओं का आकलन किया गया और न ही सूचनाएँ इकत्र की गई। दरअसल पुलिस अपने अंदाज में इसे महज एक अपहरण कांड मानकर उदासीन बनी रही। रणनीतिक चूक और सूचना तंत्र की विफलता की हद तो यह थी कि जब किसी ने नौरंगिया थाने को सूचना दी कि चंदेश्वर काजी का शव कटहरवा गाँव में आम के पेड़ के नीचे पड़ा है तो इस सूचना का सत्यापन करने थानेदार सदल-बल खुद वहाँ पहुँच गए, लेकिन मौके पर लाश नहीं, खून के धब्बे और ग्रामीणों की भीड़ उमड़ी पड़ी थी। इनमें भी महिलाओं की संख्या ज्यादा। काश, सूचना की सत्यता पता कर ली गई होती ? इससे एक बात जाहिर है कि पुलिस के पास सूचनाएँ नहीं पहुँच पाती हैं, यानी सूचना तंत्र है ही नहीं। खगड़िया, मधुबनी और बगहा की घटनाओं का संदेश बहुत साफ है कि जिस तरह वैज्ञानिक जाँच से अपराधियों पर नकेल कसने की मुहिम छेड़ी गई है, उसी तरह सूचना तंत्र को भी मजबूत किया जाए।

किसी भी बड़ी घटना के बाद उसकी सीबीआई से जाँच कराने की माँग एक फैशन-सी बन गई है। विपक्ष यह माँग मजबूती से उठाता है। वहीं विपक्ष यह मुद्दा भी उसी मजबूती से उठाता है कि सीबीआई केंद्र सरकार का तोता बनकर रह गई है। आस्था और अनास्था का यह द्वंद्व क्या राजनीतिक अवसरवादिता की कड़ी नहीं है, अगर सीबीआई पर भरोसा नहीं है तो उससे जाँच कराने की माँग क्यों ? रही बात पुलिस मेंस एसोसिएशन और बिहार पुलिस एसोसिएशन की तो ऐसी परिस्थिति में आरंभिक जाँच रिपोर्ट पर की गई कारवाई को गलत ठहराना कितना वाजिब है। पुलिस खुद एक जाँच एजेंसी भी है, ऐसे में उसे किसी तरह की जाँच से क्यों गुरेज है, जाँच कोई सजा या दंड तो नहीं है ?

(01.07.2013)

❑

क्यों चाहिए प्रखंड और जिले?

मुख्यमंत्री नीतीश कुमार की सेवा यात्रा के दौरान अरबल जिले के शहर तेलपा के लोगों ने उनसे इस कस्बाई बाजार को प्रखंड बनाने की माँग की। मुख्यमंत्री ने उन्हें समझाया कि अधिसूचना तो जब सरकार चाहे, जारी हो सकती है, लेकिन उससे क्या फायदा? मंत्रिमंडल की समिति नए जिले, अनुमंडल और प्रखंड बनाने के प्रस्तावों की समीक्षा कर रही है। शहर तेलपा से कुछ ही दूरी पर है, बंशी। 1994 में बंशी को प्रखंड अधिसूचित किया गया, लेकिन डेढ़ दशक बीत गया, यहाँ प्रखंड, अंचल, थाना और पीएचसी का भवन तक नहीं बन पाया। वर्तमान सरकार में दो साल पहले किसी सरकारी संस्था की बिल्डिग में ये कार्यालय खोले गए और बीडीओ, सीओ की तैनाती हुई। अब जमीन का अधिग्रहण होनेवाला है, इसके बाद यहाँ इन कार्यालयों और अस्पताल भवन का निर्माण होगा। एक दशक पहले अरबल को पाँच प्रखंडों का जिला बना दिया गया, लेकिन अभी तक वहाँ किराए के मकान में एस.पी. का आवास है। दरभंगा के कीरथपुर, अलीपुर जैसे तमाम ऐसे उदाहरण हैं, जिन्हें पूर्व की सरकारों में प्रखंड तो घोषित कर दिया गया, लेकिन सुविधाएँ मुहैया नहीं कराई गईं।

सवाल उठता है कि प्रखंड, अनुमंडल या जिले की माँग का आधार क्या हो? सिर्फ इस आधार पर कि बगल का कोई बाजार प्रखंड या जिला घोषित हो गया तो हमारे बाजार को भी बना दिया जाए, क्या ऐसी माँग उचित है, इस आधार पर सरकार अगर फैसले करती रही, तो क्या एक दिन ऐसा नहीं आएगा, जब गाँव-गाँव प्रखंड बनाने की माँग उठने लगेगी, तब क्या होगा, प्रखंड, अनुमंडल और जिले क्यों चाहिए? इसलिए कि लोगों को सरकार की लोक कल्याणकारी योजनाओं का लाभ और सेवाएँ आसानी से उपलब्ध हो सकें। इसके लिए एक कसौटी तय करने की माँग हो सकती है कि कितनी दूरी और आबादी पर प्रखंड, अनुमंडल या जिला मुख्यालय हों? जहाँ भी ये बनाएँ जाएँ तो वे अपने कार्य क्षेत्र के मध्य में हों। इस मामले में असंतुलन है, कई जिले, प्रखंड या अनुमंडल ऐसे जरूर हैं, जो बहुत बड़े हैं।

मुख्यमंत्री नीतीश कुमार शुरू में नए जिले, प्रखंड या अनुमंडल बनाने के पक्ष में नहीं थे। फिर भी ऐसी माँगें उठती रहीं तो उन्होंने मंत्रिमंडल की समिति को ऐसे प्रस्तावों की समीक्षा कर रिपोर्ट देने की जिम्मेदारी सौंप दी। यह समिति ऊपर उठाए गए मुद्दों को ध्यान में रखकर अध्ययन और समीक्षा कर रही है। शहर तेलपा में मुख्यमंत्री ने कहा कि वे सत्ता का विकेंद्रीकरण कर पंचायत सरकारों को मजबूत करना चाहते हैं। सचिवालय की तर्ज पर पंचायत सरकार भवन बनें। जाहिर है, जिन कार्यों के लिए आज लोगों को प्रखंड का चक्कर लगाना पड़ता है, इनमें ज्यादातर कार्य पंचायतों से ही होने हैं। नए प्रखंड, अनुमंडल या जिला बनाने पर सरकार को इन्फ्रास्ट्रक्चर पर तो मोटी रकम खर्च करनी ही होती है, वेतन-भत्ते और कार्यालयों के संचालन पर भी भारी-भरकम खर्च आता है, इसकी भरपाई तो जनता की गाढ़ी कमाई से ही होनी है। यह भी नहीं भूलना चाहिए कि बिहार के आर्थिक स्रोत अभी भी सीमित हैं। बहरहाल, तंत्र का करीब आना सुविधाओं और सेवाओं के मिलने की गारंटी थोड़े है ? असली चुनौती तो भ्रष्टाचार और दलालों के नेटवर्क से है। तंत्र को इनसे मुक्त कराकर ही डिलीवरी सिस्टम को बेहतर किया जा सकता है। सरकार इसके उपाय कर रही है, लेकिन लोगों को भी आगे आना होगा।

(05.12.2012)

❑

भ्रष्टाचार खत्म करना है, तो बदलनी होगी कसौटी

आज पूरे देश में भ्रष्टाचार पर शास्त्रार्थ चल रहा है। समाजसेवी अन्ना हजारे के अनशन ने राजनीतिक क्षत्रपों की आँख से वह पट्टी हटाई है, जो उन्हें नजर नहीं आ रही थी। मन-बेमन से भ्रष्टाचार के खिलाफ सत्ता और विपक्ष के गलियारे में पहल हो रही है। भाजपा नेता लालकृष्ण आडवाणी जन चेतना यात्रा पर हैं। केंद्र सरकार तमाम कानून बनाने की घोषणाएँ कर रही है। इन्हें कुछ हद तक शुभ संकेत माना जा सकता है। यकीन तो तभी होगा, जब नतीजे सामने होंगे। बिहार ने छह साल में जिस तरह की पहल की है, उन्हें अगर गंभीरता से लिया होता, तो संदेश अच्छा जाता। बिहार विशेष न्यायालय अधिनियम इसकी मिसाल है। केंद्र ने इसे उसी समय खुद भी अपनाने की बजाय, लंबे समय तक रोके रखा। अब इसी तर्ज पर कानून बनाने की कवायद हो रही है। जिस सिटीजन चार्टर की माँग टीम अन्ना कर रही है, वह बिहार में लागू हो चुका है। बेनामी संपत्ति के खिलाफ मुहिम छेड़ी गई है। वैसे विपक्ष का आरोप है कि राज्य में भ्रष्टाचार का ग्राफ सबसे ऊपर है।

वैसे सरकार भी यह दावा नहीं कर रही है कि राज्य भ्रष्टाचार मुक्त हो गया है। मुख्यमंत्री की बातों पर गौर करें तो उसमें भ्रष्टाचार को लेकर सबसे अधिक चिंता होती है। वे बार-बार चेतावनी दे रहे हैं कि भ्रष्टाचारी बच नहीं पाएँगे। राज्यकर्मियों को भ्रष्टाचार मिटाने का संकल्प दिलाना, इसी की कड़ी है। नीतीश कुमार ने एन.डी.ए. कार्यकर्ताओं से विकास और जन कल्याण की योजनाओं की निगरानी करने की अपील की है। उन्हें टास्क सौंपा है कि कहीं गड़बड़ी हो तो मंत्रियों या सीधे सी.एम. सचिवालय को सूचना दें। उनकी अपेक्षा भ्रष्टाचार के खिलाफ जंग में एन.डी.ए. कार्यकर्ताओं से सहयोग की है। एम.एल.ए. फंड ने बड़ी संख्या में राजनीतिक कार्यकर्ताओं को भ्रष्ट किया, उनकी छवि बिगाड़ी, यह सभी जानते हैं। ऐसे में मुख्यमंत्री अगर इसे फिर से बहाल नहीं करने

के फैसले पर अडिग हैं, तो इसके निहितार्थ बहुत साफ हैं। भ्रष्टाचार से जंग में सफलता के लिए जरूरी है कि राजनीतिक कार्यकर्ताओं की विश्वसनीयता बढ़े।

बहरहाल, इन प्रयासों और विरोधों के बावजूद भ्रष्टाचार की जड़ें इतनी गहरी और हरी क्यों हैं? जाहिर है, जब तक इसे हम सींचते रहेंगे, यह सूखेगी कैसे? सिर्फ सरकार की पहल से इसका खात्मा संभव नहीं है। इस मामले में हमारी कसौटी दोहरी है। अपना सगा कोई देखते-देखते काले धन का कुबेर बन जाए तो भी उससे यह नहीं पूछते कि इसका स्रोत क्या है, वैध कमाई कितनी है, अपना कोई एक-दो सगा या रिश्तेदार लूट की इमारतें खड़ी करता है, बदले में बाकियों को जगह-जगह इसकी कीमत चुकानी पड़ती है, फिर भी यह अपराध नहीं लगता, क्यों, इस मुद्दे पर वैसे लोगों का जोशीला भाषण हम क्यों सुनते या उन्हें तवज्जो देते हैं, जो खुद इस दलदल में गरदन तक धँसे हैं? फर्क तो करना होगा, शर्त रखनी होगी, कसौटी बदलनी होगी। काले धन के वैभव का नहीं, ईमानदार सादगी का सम्मान करना होगा। तभी कानून और सरकार की पहल कामयाब होगी।

(31.10.2011)

❑

सामाजिक चेतना का अभियान अब जरूरी

मनरेगा पर विधानसभा में विशेष बहस कराने का फैसला अच्छी पहल है। इससे सत्ता और विरोधी दोनों पक्षों को अपनी बात रखने का मौका मिलेगा। सेंटर फॉर इनवायरमेंट एंड फूड सिक्यूरिटी (सीईएफएस) की ओर से बिहार में कराए गए मनरेगा के सैंपल सर्वे की रिपोर्ट आने के बाद से विरोधी पक्ष राज्य सरकार पर लगातार निशाना साध रहा है। विपक्ष इस सैंपल सर्वे के आधार पर राज्य भर में मनरेगा के तहत करीब छह हजार करोड़ रुपए की गड़बड़ियों का आरोप लगा रहा है। सत्ता पक्ष का दावा है कि सीईएफएस की रिपोर्ट अभी आई है, लेकिन राज्य सरकार ने गड़बड़ियों की शिकायतें आने पर काफी पहले ही हर पंचायत में जाँच शुरू करा दी थी। अब तक करीब ढाई हजार पंचायतों में जाँच पूरी हो चुकी है, साथ ही अनियमितताएँ पाए जाने पर बड़ी संख्या में दोषी मनरेगाकर्मियों पर कारवाई भी की गई है। कहा तो यह भी जा रहा हे कि राज्य सरकार द्वारा कराई गई जाँच में हासिल तथ्यों को भी इस सैंपल सर्वे में शामिल कर दिया गया है। दोनों दावे अपनी जगह हैं, लेकिन गड़बड़ियाँ हुईं, यह सच है, लेकिन जिस तरह की गड़बड़ियाँ हुईं, उनकी गुंजाइश कैसे बनी, कहाँ छेद है और किस स्तर के लोग इसमें शामिल हैं, भ्रष्टाचार के खिलाफ सरकार की जीरो टॉलरेंस नीति के बावजूद निचले स्तर पर लोकसेवक ऐसा साहस कैसे दिखा पाते हैं? ये सवाल ज्यादा अहम हैं।

शासन तंत्र राज्य मुख्यालय से लेकर पंचायतों तक फैला हुआ है। लाखों लोकसेवक कार्य कर रहे हैं। कौन, कहाँ, क्या और कैसा कर रहा है, इसे जानने का सबसे बेहतर माध्यम जनता से सीधा संपर्क ही है। जनता के फीडबैक सही नतीजे तक पहुँचने में कारगर होते हैं। हर सप्ताह जनता के दरबार में मुख्यमंत्री कार्यक्रम और प्रत्येक साल जिलों और ग्रामीण इलाकों की यात्राओं पर जाने का नीतीश कुमार का मकसद भी यही रहा है। मुख्यमंत्री को करीब आधा दर्जन महत्त्वाकांक्षी योजनाओं में गड़बड़ियों की जानकारी इन्हीं यात्राओं के दौरान मिली। जनता से मिले फीडबैक से राज्य सरकार को न केवल समय रहते सतर्क होने का मौका मिला, बल्कि सुधार के बड़े कदम उठाने

की प्रेरणा भी मिली। इनमें साइकिल और पोशाक, स्वास्थ्य बीमा, किसान क्रेडिट कार्ड, गरीबों के राशन और किरासन, इंदिरा आवास जैसी योजनाएँ, स्कूलों में उपस्थिति और मनरेगा शामिल हैं। इनमें गड़बड़ियों की जानकारी के आधार पर एक तरफ जाँच और कारवाई की पहल हुई तो सुधार के मोर्चे पर कई अहम नीतिगत निर्णय लिये गए। मनरेगा में गड़बड़ियों की शिकायतें मुख्यमंत्री को सेवा यात्रा के दौरान मिली। इसके बाद इसकी व्यापक जाँच कराने का निर्णय लिया गया। जाँच के दौरान अनियमितताएँ उजागर भी हुईं और कारवाई भी की जा रही है। इंदिरा आवास, बीपीएल परिवारों को राशन-किरासन, आँगनबाड़ी केंद्रों का संचालन, स्कूलों में शिक्षकों का नियोजन, मनरेगा के तहत ग्रामीण कार्य और रोजगार आदि की जिम्मेवारी पंचायतों पर है। पंचायतें इतनी छोटी इकाई हैं कि वहाँ लोग-बाग एक-दूसरे से वाकिफ रहते हैं। पंचायतों के जन प्रतिनिधियों या सरकारी सेवकों के लिए कुछ भी पता करना कठिन नहीं होता है। जनकल्याण की योजनाओं का वाजिब हकदार कौन है, यह किसी से छिपा नहीं रहता है। विकास कार्य भी नजर के सामने ही रहते हैं। मनरेगा में सोशल ऑडिट का भी प्रावधान है। फिर भी इस तरह की गड़बड़ी कैसे संभव हो जाती है ? जाहिर है, सवाल नीयत और निष्ठा का है। धनलोलुपता में अपने गाँव-कस्बों की किस्मत से खेलने का यह रोग अनायास पैदा नहीं हुआ है। यह विकार लोगों के मन में गहरी पैठ बनाने में कामयाब रहा तो इसके लिए राजनीति ज्यादा जिम्मेवार है। सार्वजनिक जीवन में रहते आर्थिक तरक्की और विलासिता के साधनों की चकाचौंध ने यह जहर घोला है। इस रोग का खात्मा आसान भी नहीं है। यह कहावत ठीक है कि बिन भय होत न प्रीति। इसके लिए सख्ती और कानून का डंडा चलाने की जरूरत तो है ही। वक्त आ गया है कि सामाजिक-सांस्कृतिक चेतना का अभियान चलाया जाए।

(03.12.2012)

❑

निचले स्तर के भ्रष्टाचार को रोकना बड़ी चुनौती

मनरेगा में करीब 11 लाख से अधिक डुप्लीकेट जॉब कार्ड बनना कोई साधारण घटना नहीं है। न ही यह अनायास या किसी स्तर पर हुई चूक का नतीजा है। हर जगह इसे सुनियोजित तरीके से अंजाम दिया गया। जिन लोगों ने इसे अंजाम दिया, वे मजदूरों के नाम पर फर्जी बिल बनाकर जनता के पैसे हड़पने की योजना पर काम कर रहे थे। राज्य के सभी हिस्से में ऐसी गड़बड़ी की एक जैसी शिकायत और कवायद मानसिकता को भी उजागर करती है, खासकर यह ज्यादा बड़ी चिंता का विषय इसलिए भी है कि मनरेगा में गड़बड़ियों को अंजाम देने वाले कोई बड़े ब्यूरोक्रेट या नेता नहीं हैं। ये शासन–प्रशासन के सबसे निचले पायदान के लोग हैं। इनमें ज्यादातर कमजोर आर्थिक पृष्ठभूमि के भी हैं। इनका अपने कार्यक्षेत्र के लोगों से सीधा सरोकार है। ऐसे में इनके स्तर पर मजदूरों का डुप्लीकेट जॉब कार्ड बनवाकर सरकारी धन की चोरी की यह प्रवृत्ति ज्यादा घातक है।

मुख्यमंत्री नीतीश कुमार को सेवा यात्रा के दौरान जगह–जगह मनरेगा में गड़बड़ी की शिकायतें मिलीं। उन्होंने ग्रामीण विकास विभाग को शिकायतों की व्यापक जाँच कराने का आदेश दिया। इसके बाद बीते साल साल जून में वर्ष 2011–12 और 2012–13 में मनरेगा के तहत कराए गए कार्यों की जाँच शुरू हुई। अब तक चार हजार सात सौ पंचायतों में जाँच पूरी हो चुकी है। जाँच में फर्जी भुगतान दिखाकर सरकारी धन की बंदरबाँट की भयावह तस्वीर सामने आई है। विभाग ने अब तक दोषी पाए गए 300 मनरेगाकर्मियों को सेवा से बरखास्त कर दिया है। इतने ही कर्मियों पर गबन की एफआईआर भी दर्ज कराई गई है। अभी जाँच की प्रक्रिया जारी है। करीब चार हजार पंचायतों में जाँच पूरी की जानी है। विभाग ने प्रत्येक सप्ताह के बुधवार को मनरेगा दिवस घोषित कर रखा है। इस दिन जिले से भी वरीय अधिकारी पंचायतों में जाते हैं और मनरेगा के तहत कराए गए कार्यों की जाँच की जाती है।

आजादी के बाद से राज्य में प्री प्रोडक्शन घोटाले होते रहे। इस तरह के ज्यादातर घोटालों में बड़े नौकरशाह और नेताओं की संलिप्तता रही। इससे राज्य की छवि तो खराब

हुई ही, तरक्की भी बाधित रही। छोआ से लेकर चारा तक सभी घोटाले इसी चरित्र के थे। दक्षिण–पश्चिम के राज्यों में भी सरकारी धन की बंदरबाँट होती है, लेकिन वहाँ पोस्ट प्रोडक्शन यानी उत्पादन बाद यह सब होता है। इससे सरकारी खजाने को चपत लगती है और आमदनी का औसत कम हो जाता है, लेकिन उत्पादकता प्रभावित नहीं होती है। बीते कुछ वर्षों में बिहार में प्री प्रोडक्शन घोटाले सामने नहीं आए हैं।

लेकिन मनरेगा, साइकिल और बीपीएल परिवारों के राशन–किरासन में गड़बड़ी रोकने के तमाम उपाय पूरी तरह कारगर नहीं हो पा रहे हैं। इन उपायों में भी करामाती लोग कोई–न–कोई छेद निकाल लेते हैं। सरकार की जानकारी में बात आती है तो फिर नया तरीका ढूँढ़ा जाता है। चुनौती सिर्फ गड़बड़ी रोकने की नहीं है, बल्कि इस तरह की गड़बड़ियों में जिस तबके के लोगों की संलिप्तता सामने आ रही है, वह बड़ी चुनौती है। यह भ्रष्टाचार के निम्न मध्य वर्ग तक अपनी जगह बना लेने का संकेत है। सरकारी धन की बंदरबाँट, कमीशनखोरी और दलाली की सबसे बड़ी मार गरीबों और निम्न मध्य वर्ग पर ही सबसे ज्यादा पड़ती है। जब–जब देश में बड़े घोटाले सामने आए तो इन तबके के लोगों ने बदलाव लाने में अहम भूमिका निभाई, लेकिन तरक्की का हमसफर बनने का अवसर मिलने पर यह तबका भी उसी रास्ते चल पड़े तो अंजाम क्या होगा, इसका अनुमान आसानी से नहीं लगाया जा सकता है। इसलिए समय आ गया है कि भ्रष्टाचार को सामाजिक शर्म बनाने के लिए जन चेतना का अभियान चलाया जाए।

(18.03.2013)

❑

खाद्य सुरक्षा की राह में कई बड़ी चुनौतियाँ भी

खाद्य सुरक्षा कानून लागू करने में बिहार अग्रणी राज्य बन गया है। 1 फरवरी को मुख्यमंत्री नीतीश कुमार ने इसकी शुरुआत कर दी है। इस कानून का समाज का एक तबका विरोध करता रहा है। उसका तर्क है कि इससे निर्भरता बढ़ेगी और मेहनत कर कमाई करने की प्रवृत्ति घटेगी। इससे गाँवों में खेती और अन्य कार्यों के लिए मजदूर नहीं मिलेंगे। देश की आर्थिक सेहत पर भी इस कानून का बुरा असर होगा। मनरेगा योजना जब शुरू हुई, तब भी यही तर्क था, लेकिन इसका समर्थन करनेवालों का तर्क है कि जब देश के औद्योगिक घरानों को हर वर्ष पाँच से छह लाख करोड़ तक की सब्सिडी या रियायत दी जा सकती है, तो गरीबों के भोजन की गारंटी पर लाख-सवा लाख करोड़ खर्च करने पर ऐसे बेतुके सवाल क्यों? सबसे मौजूँ सवाल तो यह है कि देश को आजाद हुए करीब सात दशक बीत गए, लेकिन 81 करोड़ से अधिक आबादी के लिए मेहनत-मजदूरी के बाद भी दो वक्त की रोटी सुनिश्चित नहीं हो पाई है। बिहार की 85 फीसदी ग्रामीण और साढ़े 74 फीसदी शहरी आबादी को इस कानून का लाभ मिलना है। वैसे महाराष्ट्र और गुजरात जैसे विकसित राज्यों में भी 74-75 प्रतिशत ग्रामीण आबादी गरीब है और इस कानून के दायरे में रखी गई है।

बिहार ने सबसे पहले इस कानून को लागू कर इसके प्रति अपनी गंभीरता जाहिर कर दी है, लेकिन इसका लाभ इतनी बड़ी आबादी तक पहुँचाने की राह में अभी अनेक चुनौतियाँ मौजूद हैं। बीते सात-आठ सालों में सरकार ने बीपीएल, अंत्योदय जैसी योजनाओं का लाभ जरूरतमंदों के लिए सुनिश्चित करने के अनेक कदम उठाए। राशन-किरासन कूपन का प्रावधान इसी की कड़ी है। जन वितरण की दुकानों की कार्यशैली में सुधार और उन पर निगरानी के तंत्र विकसित करने की पहल भी हुई। खुद मुख्यमंत्री नीतीश कुमार ने सेवा यात्रा के दौरान गरीबों के टोलों पर जाकर जायजा लिया। बावजूद इन प्रयासों के गड़बड़ियों पर पूरी तरह अंकुश नहीं लग पाया। गरीबों में अशिक्षा और कानून की बारीकियों की जानकारी के अभाव का लाभ उठाने से जन वितरण दुकानदार और बिचौलिये बाज

नहीं आ रहे। अनाज और किरासन की बड़ी खेप रास्ते से गायब कर दी जाती है। इस गोरखधंधे पर अंकुश के लिए राज्य सरकार ने डोर स्टेप डिलीवरी का निर्णय लिया, यानी राशन को जनवितरण दुकानों तक पहुँचाने की व्यवस्था, लेकिन यह व्यवस्था अब तक लागू नहीं हो पाई है। इसकी तैयारी में लंबा समय गुजर गया। इसी तरह राशन कार्ड के डिजिटाइजेशन की प्रक्रिया लंबे समय से चल रही है। मुख्य सचिव इसकी मॉनिटरिंग कर रहे हैं। कई जिलों में इसकी प्रक्रिया धीमी है।

खाद्य सुरक्षा लागू करने के बाद चुनौती अब और बड़ी हो गई है। एक तो राशन को सुरक्षित रखने के लिए गोदामों की व्यवस्था और दूसरा लाभार्थी परिवारों का राशन कार्ड बनवाना। खाद्य सुरक्षा के लिए करीब 2 करोड़, 18 लाख परिवारों को राशन कार्ड मुहैया कराने हैं, जबकि जो आँकड़े सामने आ रहे हैं, उनके मुताबिक करीब 45 लाख परिवारों के पास ही राशन कार्ड हैं। इसके अलावा साल में 55 लाख, 27 हजार टन अनाज का आवंटन इस योजना के तहत मिलना है। प्रति माह साढ़े चार लाख टन अनाज सस्ती दर पर साढ़े आठ करोड़ से अधिक लोगों को मुहैया कराना है। अगर अनाज का आवंटन तिमाही भी होता है तो कम-से-कम तेरह-चौदह लाख टन भंडारण क्षमता आवश्यक है। मुख्यमंत्री ने बीते दिनों 1 लाख, 78 हजार टन की कुल क्षमता के 509 गोदामों का उद्घाटन किया। इसके साथ ही 16 लाख, 44 हजार टन कुल क्षमता के 2187 गोदामों का शिलान्यास भी किया। अब जरूरत है कि जितना तेजी से संभव हो, इन गोदामों का निर्माण कार्य पूरा कर लिया जाए। सरकार को और गोदाम बनाने होंगे, क्योंकि वह 30 लाख टन धान की खरीद का लक्ष्य भी तय करती है। अगर इसका 60-70 प्रतिशत लक्ष्य भी हासिल होता है तो करीब 20 लाख टन की भंडारण क्षमता उसके लिए चाहिए। इतना ही नहीं, खाद्य सुरक्षा के प्रबंधन पर करीब 800 करोड़ रुपए राज्य सरकार को खर्च करने होंगे, यानी धन का जुगाड़ भी करना होगा।

बहरहाल, योजना का लाभ पूरी तरह जरूरतमंदों को तभी मिल पाएगा, जब डिलीवरी सिस्टम चाक-चौबंद रहे। नौकरशाही के कंधे पर इसे कामयाब करने की बड़ी जवाबदेही है। अगर उसने किसी भी तरह की लापरवाही दिखाई तो भोजन के अधिकार से गरीब वंचित होंगे और यह महापाप से कम नहीं होगा। गाँवों और कस्बों में सक्रिय सामाजिक कार्यकर्ताओं की भी यह जवाबदेही है कि वे गरीबों की खाद्य सुरक्षा के हमसफर बनें।

(03.02.2014)

❑

क्यों है भ्रष्टाचारी की जाति जानना जरूरी?

एक साथी ने सवालिया लहजे में कहा—पता है, एमवीआई गिरीश कुमार किस जाति का है ? उसने उसकी जाति बताई और फिर कहा कि विपक्ष आरोप लगाता है कि खास जाति के लोगों को पुलिस और निगरानी ब्यूरो निशाना बना रहा है। उस साथी की बातों का निहितार्थ था कि सत्ता के शिखर से जुड़ी जाति के लोग भी भ्रष्टाचार में पकड़े जा रहे हैं। अगर ऐसे छापे पड़ते रहे और आय के ज्ञात स्रोत से अधिक की संपत्ति जब्त होती रही तो जमीन की कीमतें अपने आप गिर जाएँगी। उसके तर्कों में दम है, लेकिन इसमें सामाजिक मनोविज्ञान से जुड़ा एक गंभीर सवाल भी अंतर्निहित है। मसलन, जब किसी भ्रष्टाचारी पर काररवाई होती है तो सबसे पहले लोग-बाग उसकी जाति पता करने में क्यों जुट जाते हैं ? दिलचस्पी तो उसके पापों की गहराई का पता करने में होनी चाहिए। आवाज अगर मुखर करनी हो तो उसे जल्द-से-जल्द सख्त सजा दिलाने के लिए, मगर ऐसा क्यों नहीं होता है, बल्कि जाति या सरोकारों को उसका कवच बनाने की कोशिशें शुरू हो जाती हैं।

नौकरशाही में मनमानी और भ्रष्टाचार का मुद्दा इन दिनों हर किसी की जुबान पर है। वर्तमान सरकार में बिहार विशेष न्यायालय अधिनियम और सेवा के अधिकार अधिनियम जैसे कदम भी यह बताते हैं कि सत्ता के शिखर की बड़ी चिंताओं में भ्रष्टाचार शुमार है। ये कदम भ्रष्टाचारियों की नकेल कसने के लिए ही उठाए गए। जीरो टॉलरेंस नीति की बार-बार चेतावनी दी जा रही है। पहली बार ऐसा हुआ है कि प्रशासन और पुलिस के शीर्ष अफसरों की अवैध संपत्ति जब्त की गई। उन पर लगे आरोपों की तत्काल जाँच हुई और काररवाई की गई। जब्त किए गए आलीशान मकानों में गरीबों के लिए स्कूल या अन्य संस्थान खोले गए। बावजूद इसके अवैध रास्ते से धन कुबेर बनने की हवस कमजोर नहीं पड़ रही। मोटरयान इंस्पेक्टर (एमवीआई) या फूड इंस्पेक्टर जैसा अदना अधिकारी भी अगर अरबों की संपत्ति जुटाने की तिकड़म करे तो इसे हवस नहीं तो और क्या कहेंगे, लेकिन सवाल यह भी है कि नौकरशाही में जो लोग हैं, वह आते कहाँ से हैं ? वह भी तो

इसी समाज के हैं। इनमें से किसी की कमजोर नब्ज जब कानून के हाथों पड़ती है तो जाति या रिश्ते का कवच उसे पहनाया जाने लगता है। यही वजह है कि जब कोई नैतिकता, मानवीय संवेदना और सरोकारों को ताक पर रखकर धन पशु में तब्दील होने की राह पर अग्रसर होता है तो कोई उसे टोकता तक नहीं है, रोकने की बात तो दूर। क्यों, यह खबर चौकाने वाली नहीं है कि भ्रष्टाचार में धरे गए लोक सेवकों ने आपस में संगठन बनाकर सरकार के खिलाफ मोर्चाबंदी शुरू कर दी है, उन्हें यहाँ-वहाँ से संरक्षण भी मिल रहा है?

बीते दिनों सत्ता पक्ष के एक माननीय दफ्तर आए। कुशलक्षेम के बाद राजनीतिक परिदृश्य पर चर्चा शुरू हुई। उनकी चिंता भी चौंकाने वाली थी। वे माननीयों के ऐच्छिक कोष समाप्त किए जाने से खासे परेशान हैं। उनका तर्क है कि यह सुविधा रहते कार्यकर्ताओं को सहारा दे पाते थे। किसी के घर शादी या पारिवारिक उत्सव हो तो वह सहायता की अपेक्षा रखता है। उसे इस कोष से कुछ काम दिला देते थे। उसकी राह आसान हो जाती थी। इस वजह से दस-बीस कार्यकर्ता हमेशा साथ हुआ करते थे। भ्रमण के दौरान अब कोई गाड़ी पर भी बैठने को तैयार नहीं होता है। माननीय के इस तर्क से क्या सहमत हुआ जा सकता है? एक अर्थ में यह तर्क वाजिब भी है, क्योंकि सांसद या विधायक से क्षेत्र के लोगों की क्या-क्या अपेक्षा हो या इनकी जवाबदेही क्या है, इस सवाल पर आज तक कोई सार्थक बहस इस देश में नहीं हो पाई। नतीजतन उनसे हर तरह के कार्यों में मदद की अपेक्षा की जाती है। सिक्के का दूसरा पहलू यह भी है कि वाजिब-गैरवाजिब अपेक्षाओं का फर्क मिटाकर भी तो वह जगह दी गई, जिससे सेवा को मेवा बनाने के सारे संकोच जाते रहे। बहरहाल, भ्रष्टाचार उसकी जड़ों को सींचने से नहीं, बल्कि काटने से ही खत्म होगा।

(03.06.2013)

❑

सामाजिक शर्म बने भ्रष्टाचार

बिहार इस समय नाजुक दौर से गुजर रहा है। सार्वजनिक और छोटे निजी निवेशों से बाजार से लेकर गाँव-कस्बों तक रौनक आई है, लेकिन अभी लंबा सफर तय करना है। मानव विकास के तमाम इंडीकेटर्स पर यह राज्य काफी पिछड़ा है। सार्वजनिक क्षेत्र में ज्यादा और बड़े निजी निवेश की राज्य को सख्त जरूरत है। इन्फ्रास्ट्रक्चर के विकास और अमन-चैन का भरोसा देकर ही मुख्यमंत्री नीतीश कुमार बड़े औद्योगिक घरानों से राज्य में निवेश का अनुरोध करते रहे हैं। विशेष राज्य के दर्जे की माँग पर दबाव बनाने की उनकी मुहिम का निहितार्थ भी यही है। ऐसे हालात में किसी कंपनी से दस करोड़ रुपए की रँगदारी माँगने में डीआईजी से थानेदार तक की युगलबंदी का ताजा प्रकरण शर्मनाक और अक्षम्य है। काबिले गौर है कि नवंबर और दिसंबर में नकली या जहरीली शराब पीने से भोजपुर, गया और मुजफ्फरपुर जिलों में हुई मौतों से राज्य सरकार की किरकिरी हुई। इसके बाद सख्त कदम उठाए गए। शराब के अवैध धंधे को आर्थिक अपराध के घेरे में लाया गया। धंधेबाजों की संपत्ति जब्त करने की पहल हुई। इन दोनों अर्थों में पुलिस के किसी बड़े अफसर की ऐसी हरकत तरक्की की राह में बाधा पैदा करना भी है। कुछ समय पहले शेखपुरा की एस.पी. अनुसुइया रणसिंह साहू पर भी खनन और शराब माफिया से अवैध वसूली के आरोप लगे। इन्हीं आरोपों में वे अभी निलंबित हैं। ऐसी हरकतों से निजी निवेश बढ़ाने में बाधाएँ आएँगी।

आईपीएस अफसरों पर लोगों का भरोसा रहा है। उनकी ऐसी करतूतों से लोगों का भरोसा टूटता है। पुलिस में निचले स्तर पर मनमानी, ब्लैकमेल और भ्रष्टाचार की खबरें आती रही हैं, लेकिन जब किसी के साथ ऐसा घटित होता है तो वह एसपी, डीआईजी, आईजी और डीजी तक जाता है। उम्मीद रहती है कि ये आला अधिकारी पीड़ा को गंभीरता से सुनेंगे और न्याय दिलाएँगे, लेकिन इन पदों पर बैठे अधिकारी अगर अपने बॉडी गार्ड या थानेदारों को मोहरा बनाकर ब्लैकमेल करवाने लगें तो अंजाम क्या होगा, इसका अनुमान लगाया जा सकता है, जबकि अच्छे वेतन के अलावा इन्हें सारी सुविधा सरकार

से मिलती है। हालाँकि ऐसे दो मामलों से यह निचोड़ नहीं निकाला जा सकता कि हालात ऐसे ही हैं। पुलिस या किसी भी क्षेत्र में ईमानदार और कर्तव्यनिष्ट अफसरों की कमी नहीं है। ऐसे ही अफसरों के बल पर व्यवस्था की नींव मजबूत है। भ्रष्टाचार के खिलाफ राज्य सरकार की भी जीरो टॉलरेंस नीति है। इस तरह के मामले सामने आने पर सख्त कदम उठाए जाते हैं। दोनों प्रकरण में हुई काररवाई भी इसके प्रमाण हैं। यह भी शुभ संकेत है कि पहली बार बड़े पुलिस अफसरों पर काररवाई हो रही है। इनके कारनामों का सबूत इकट्ठा करने के लिए वैज्ञानिक अनुसंधान का सहारा लिया जा रहा है। इसका सकारात्मक असर होगा कि लोग अब पुलिस में भ्रष्टाचार की शिकायत करने का साहस दिखा पाएँगे।

रंगदारी प्रकरण में डीआईजी का नाम आने से पुलिस में करप्शन का जो चेहरा सामने आया है, उस पर हिंदुस्तान ने गुरुवार को विभिन्न क्षेत्र के अनुभवी और नामचीन लोगों से संवाद आयोजित किया। संवाद का हिस्सा बने लोगों ने संतोष जताया कि बिहार में ऐसे मामलों का खुलासा होने पर राज्य सरकार काररवाई कर रही है। भ्रष्टाचार पर काबू पाने के लिए सख्त कानून भी बनाए गए हैं, लेकिन सुझाव दिया कि चीजों को काबू में रखने के लिए सतत मॉनिटरिंग हो और महत्त्वपूर्ण पदों पर तैनाती के पहले अफसरों का इतिहास खँगाला जाए। वे सरकार का चेहरा होते हैं। बड़ी मछलियों पर शिकंजा कसने से भ्रष्टाचार कम होगा। जुगाड़ टेक्नोलॉजी के माहिर अफसरों को किनारे करना चाहिए। पुलिस में अफसरशाही को भी भ्रष्टाचार का बड़ा कारण बताया गया। यह चिंता आम थी कि भ्रष्टाचार को बढ़ावा समाज की उदासीनता से भी मिल रहा है। समाज अगर इस मसले पर गंभीर हो तो नाजायज रास्ते से अकूत संपत्ति इकट्ठा करने की प्रवृत्ति पर रोक लग सकती है। ईमानदार और मेहनती अफसरों को समाज न केवल सम्मान दे, बल्कि उनके साथ खड़ा रहे। ऐसी कोशिशों से भ्रष्टचार को सामाजिक शर्म बनाने में मदद मिलेगी।

(28.01.2013)

❑

भरथुआ के ग्रामीणों के इंसाफ को सलाम

मुजफ्फरपुर जिले के औराई प्रखंड स्थित भरथुआ के ग्रामीणों को सलाम। इस गाँव के लोगों ने बिना समय गँवाए दिल्ली में पाँच साल की गुड़िया के साथ हैवानियत को अंजाम देने वाले मनोज साह के सामाजिक बहिष्कार का फैसला किया। ग्रामीणों ने उसका हुक्का-पानी बंद कर दिया है। इससे समाज की जीवंतता का एहसास हुआ है। बिखरने के इस दौर में उसकी एकजुटता दिखी है। उसके अंदर का इंसाफ प्रकट हुआ है। इससे एक उम्मीद जागी है। उधर, मनोज की पत्नी और सास ने भी इंसाफ के साथ खड़ा होकर मिसाल पेश की है। उन्होंने कहा है कि अगर मनोज दोषी है तो उसे फाँसी दी जाए। किसी भी चरित्र की कलंक-कथा को रोकने में सबसे बड़ी भूमिका सामाजिक और नैतिक बंधन की ही हो सकती है। रिश्तों की डोर से समाज बंधा रहा है। बचपन में आदर और अपनत्व के संबोधन से हम रिश्तों की डोर थामते हैं और यही हमें सामाजिक प्राणी बनाता है। अपने-पराए की संकीर्णता से बाहर यह हमें दर्द, खुशी और आदर के रिश्ते से जोड़ता है। इसी से हमारे अंदर मानवीय मूल्य पैदा होते हैं, लेकिन बीते दो-तीन दशकों में इस डोर को तार-तार करने में हमारे आधुनिक जीवन के सरोकारों ने क्या कोई कसर छोड़ी है ?

मानवता को लज्जित करनेवाली दिल्ली की ताजा घटना ने कई अहम सवाल खड़े किए हैं। दामिनी के साथ दरिंदगी के बाद देश भर में आए उबाल के दबाव में संशोधन कर कानून को सख्त बनाने को केंद्र सरकार मजबूर हुई, लेकिन इसका नतीजा क्या निकला, गुड़िया के साथ क्रूरता क्या कहती है ? कानून के सख्त होने और इसके रखवालों की सक्रियता से दोषी को कड़ी सजा सुनिश्चित कराई जा सकती है। यह एक सकारात्मक पहलू है, लेकिन इनसान के अंदर हैवान न पनपे, यह रास्ता तलाशना ज्यादा जरूरी है। ऐसी मनोविकृतियाँ युवाओं के दिमाग में जगह बना रही हैं तो इनकी मूल वजह क्या है ? शास्त्रार्थ अब इस मुद्दे पर ज्यादा जरूरी है। दिल पर हाथ रखकर खुद के अंदर झाँकने की जरूरत है कि हम कहाँ और कैसी चूक कर रहे है, बच्चों को महँगे स्कूलों में पढ़ाना

ज्यादा जरूरी है या उसे एक नेक और जिम्मेवार इनसान बनाना? क्या यह सवाल कभी हमारे दिमाग में कौंधता है, स्कूली शिक्षा से मोरॉल साइंस के पन्ने कब गायब हो गए, इसकी सुधि हमें है? पाश्चात्य शिक्षा और संस्कृति क्या हमारे देश की आबो-हवा में रचने-बसने के काबिल है? सामाजिक रिश्तों की अहमियत को ताक पर रखकर हमने कैसा गुनाह किया है?

किसी भी कलंक कथा में बिहार के किसी का नाम आए तो अफसोस स्वाभाविक है, लेकिन ऐसी क्रूरता कोई बिहारी होने की वजह से नहीं करता है। दरअसल हैवानियत की कोई जात या प्रांत नहीं होता है। बीते कुछ समय में हैवानियत की ऐसी तमाम घटनाओं में अगर बिहार का कोई युवक शामिल रहा तो अन्य राज्यों का भी। असामाजिक तत्त्व जब गिरोह बनाते हैं तो उनकी मंजिल क्या होती है? यह तो प्रवृत्ति है, जो जन्म लेती है। दिल्ली या अन्य किसी महानगर या नगर में कौन किस परिवेश में जी रहा है, इसका असर भी मनोविज्ञान पर पड़ता है। हमारा अपराध यह होता है कि हम ऐसी प्रवृत्ति को रोकने की पहल करने की बजाय अपने-पराए की तराजू लेकर बैठ जाते हैं। कोई अपना करे तो बहादुरी और दूसरा करे अपराध, ऐसी मानसिकता या कमजोरियाँ हमारा सबसे बड़ा दुश्मन है। आरंभिक छोटी सी गलती को ढककर हम अपनों का भी भला नहीं करते, बल्कि उसे अंधकर की उस राह पर सरपट दौड़ने की ऊर्जा प्रदान करते हैं। फिर दलदल तो दलदल है, इसमें धँसकर निकलना आसान नहीं होता है। बहरहाल, अब समय आ गया है कि सामाजिक बंधन की डोर मजबूत की जाए। सामाजिक चेतना की मुहिम चलाई जाए। नैतिकता-अनैतिकता पर बहस हो। मनुष्य सामाजिक प्राणी है तो वह समाज की छतरी तले ही जीवन का आनंद ले सकता है। भरथुआ के ग्रामीणों ने सामाजिक इंसाफ का हौसला दिखाया है। कानून के दायरे के ऐसे फैसलों से जो संदेश जाएगा, वह ज्यादा असरदार होगा।

(22.04.2013)

❑

विरोध का यह अंदाज लोकतंत्र के खिलाफ

आर्थिक विकास पर दिल्ली में आयोजित वकीलों के सम्मेलन में राजद से जुड़े बेगूसराय के संतोष सुमन ने खुदरा कारोबार में एफडीआई की इजाजत के सवाल पर अपनी शर्ट उतारकर प्रधानमंत्री डॉ. मनमोहन सिंह का विरोध किया। इस पर सख्त कदम उठाते हुए राजद सुप्रीमो लालू प्रसाद ने तत्काल दिल्ली की प्रदेश राजद इकाई भंग कर दी। संतोष सुमन को पार्टी से बाहर का रास्ता दिखा दिया गया। मुख्यमंत्री नीतीश कुमार के काफिले पर अधिकार यात्रा के दौरान खगड़िया में ईंट-पत्थर से सुनियोजित जानलेवा हमला किया गया। इस हरकत को जनाक्रोश की अभिव्यक्ति करार देकर उचित ठहराया गया। क्या यह दोहरा मापदंड नहीं है? राजनीति में तो ऐसी किसी भी अलोकतांत्रिक और हिंसक हरकत की निंदा और विरोध करने की परंपरा रही है। फिर ऐसा क्यों, किसी दल के कार्यक्रम में बाधा डालने की कोशिश क्या राजनीतिक मर्यादा के दायरे में आती है, और अगर ऐसी प्रवृत्ति को हम प्रोत्साहित करेंगे तो इसके क्या नतीजे होंगे?

मुख्यमंत्री नीतीश कुमार बिहार को विशेष राज्य का दर्जा देने की माँग पर जनता को गोलबंद करने के लिए जदयू के बैनर तले 19 सितंबर से अधिकार यात्रा कर रहे हैं। जिलों में अधिकार सम्मेलन आयोजित किए जा रहे हैं। 4 नवंबर को पटना में अधिकार रैली है। मोतिहारी, मधुबनी, दरभंगा और समस्तीपुर में आयोजित जदयू के अधिकार सम्मेलनों में दर्जन-दो दर्जन नियोजित शिक्षक घुस आए। मुख्यमंत्री के भाषण के दौरान नारेबाजी करने लगे। अगर उनकी मंशा अपनी माँग रखने की होती तो वे जिला प्रशासन के माध्यम से मुख्यमंत्री को भेज सकते थे। अन्य दिनों में विधिवत् सूचना देकर आंदोलन कर सकते थे। अधिकार सम्मेलन में भी सामने खड़े होकर ज्ञापन देने का अवसर माँग सकते थे, लेकिन हर जगह उनका एक ही अंदाज नजर आया—उत्तेजक नारेबाजी। ऐसी हरकत कर, वे क्या साबित करना चाहते हैं? खतरा तो यह भी था या है कि वहाँ मौजूद आम लोगों की भीड़ और जदयू कार्यकर्ता गुस्से में आकर कोई प्रतिक्रिया न कर दें? मुख्यमंत्री ने हर जगह ऐसी प्रतिक्रिया करने से रोका। पुलिस से भी वे संयम बरतने को कहते रहे,

लेकिन नारेबाजी से झल्लाकर उन्होंने नियोजित शिक्षकों को चेताया या डाँट पिलाई तो इस पर अलग सवाल उठाए गए, लेकिन यह नहीं भूलना चाहिए कि ज्यादातर अधिकार सम्मेलन दिन में हो रहे हैं। उस समय स्कूलों में पढ़ाई होती है। वैसे भी माँग रखने की आजादी तो सबको है, लेकिन जबरन उसे मँगवाने की कोशिश या दबाव बनाने का यह तरीका क्या उचित है ? और फिर माँग का औचित्य साबित करना सबसे जरूरी होता है।

विरोधी दलों ने खगड़िया में हिंसक प्रदर्शन और कई स्थानों पर नियोजित शिक्षकों की नारेबाजी को जनाक्रोश करार दिया है, लेकिन जो लोग इन तमाम घटनाक्रमों के बीच बड़ी तादाद में अधिकार सम्मेलनों में आ रहे हैं या मुख्यमंत्री की बातों को सुन रहे हैं, वे कौन हैं, क्या वे सब बिहार के लोग नहीं हैं, लोकतंत्र में विरोधी दलों की अहमियत को कौन नकार सकता है ? सरकार के कामकाज पर नजर रखना और उसकी विफलताओं पर लोगों को जागरूक और गोलबंद करना उसका धर्म और अधिकार भी है। सरकार या स्थानीय प्रशासन से लोगों की अपनी-अपनी अपेक्षाएँ और शिकायतें रहती हैं। निचले स्तर पर भ्रष्टाचार एक बड़ा मुद्दा रहा है। काम की धीमी गति से भी कई बार लोगों में नाराजगी होती है। अगर ऐसी बाधाएँ पेश नहीं आतीं तो भ्रष्टाचार पर अंकुश के लिए विशेष कानून और सेवा का अधिकार देने की जरूरत ही क्यों पड़ती, लेकिन बिजली या बाढ़ जैसी चुनौतियाँ बिना स्थायी उपाय के खत्म नहीं हो सकती हैं और फिर छह-सात वर्षों में जो परिवर्तन आए हैं और जिसे देश-दुनिया के अलावा केंद्र की यू.पी.ए. सरकार भी सराह रही है, क्या उन्हें झुठलाया जा सकता है। बहरहाल, विपक्ष अगर जनहित का सवाल उठाए और वह आम जनता की अपेक्षा की अभिव्यक्ति हो तो कोई भी सरकार उसकी अनदेखी करने का साहस कैसे कर सकती है ? अगर करेगी तो, जनता को अपना फैसला सुनाने का अधिकार है। अच्छा तो यही है कि मुद्दों पर स्वस्थ शास्त्रार्थ हो और इसके केंद्र में जनता और राज्य का हित रहे। राह से भटककर कुछ भी पाने की जद्दोजहद नुकसान ही करेगी।

(01.09.2012)

❑

मधुबनी में जनभावना को समझने में हुई चूक

मधुबनी में उपद्रव और पुलिस फायरिंग जिला प्रशासन की अदूरदर्शिता और खुफिया नेटवर्क की विफलता का नतीजा है। जाँच प्रक्रिया को सही निष्कर्ष तक पहुँचाने के लिए अगर कोई कठोर फैसला लेना होता है, तो भी जनमानस को विश्वास में लेने की आवश्यकता होती है। आम आदमी का प्रशासन से सीधा संवाद नहीं रहता। उन तक बातें पहुँचाई जाती हैं। इसके अनेक माध्यम होते हैं। राजनीतिक, सामाजिक या अन्य संगठन धरना, प्रदर्शन और बयानों के माध्यम से यह काम करते हैं, जबकि नकारात्मक सोच और इरादे के लोग अफवाहों का सहारा लेते हैं। इन सबके बीच प्रशासनिक दूरदर्शिता और संवेदनशीलता जरूरी होती है। अगर लोगों में यह भरोसा कायम नहीं रह जाए कि जो कुछ हो रहा है, वह न्याय के लिए जरूरी है, तो स्थिति बिगड़ती है। इस दौरान असामाजिक तत्त्वों की भूमिका भी अहम हो जाती है। ऐसा मधुबनी में भी हुआ। वहाँ तो और भी सावधानी की जरूरत थी, क्योंकि दो पक्षों में एक पक्ष सरकारी अधिकारी है।

7 सितंबर को दसवीं के छात्र प्रशांत के लापता होने और 11 सितंबर को इसी कक्षा की छात्रा के अपहरण में उसके नामजद होने से शुरू हुआ यह प्रकरण उपद्रव और हिंसा तक पहुँच गया। 3 अक्तूबर को एक युवक की सड़ी-गली लाश मिली। इसकी पहचान प्रशांत के शव के बतौर उसके परिजनों ने की। पुलिस पोस्टमार्टम रिपोर्ट के आधार पर डीएनए टेस्ट पर अड़ी रही। उसका तर्क था कि प्रशांत की उम्र और जिस युवक का शव बरामद हुआ है, उसकी उम्र में बड़ा अंतर है। जिला प्रशासन लाश रोककर इस पहलू का खयाल नहीं रख पाया कि यह मानवीय संवेदना से जुड़ा मसला है। उस शव का कोई दूसरा दावेदार सामने नहीं आया। ऐसे में लोगों की भावना आहत हो सकती है, खासकर यह खतरा ज्यादा इसलिए था, क्योंकि प्रशांत के परिजन लगातार दावा कर रहे थे कि यह शव उसी का है। इस मुद्दे पर राजनीतिक दलों के अलावा छात्र संगठनों की सक्रियता बढ़ती गई। असामाजिक तत्त्व तो गुल खिलाने की ताक में बैठे ही थे। जाहिर है, प्रशासन न तो समय पर चेत पाया और न दूरदर्शिता दिखा पाया। लोगों में यह अंदेशा मजबूत हुआ

कि उस सरकारी अफसर के दबाव में पुलिस ऐसा कर रही है, जिसकी बेटी के अपहरण के आरोप में प्रशांत नामजद है।

सिक्के का दूसरा पहलू है, उपद्रव। यह मिथिला के चरित्र से मेल नहीं खाता। मिथिला और खासकर मधुबनी जिला तो मीठी बोली और शालीनता के लिए जाना जाता है। ऐसे में लोगों का इस हद तक उग्र होना, कई सवाल खड़े करता है। 12 और 13 अक्तूबर को टी.वी. पर जो दृश्य दिखाए जा रहे थे, उसमें ऐसे अनेक लोग थे, जिन्होंने चेहरे पर नकाब डाल रखी थी। न्याय पाने की लड़ाई के लिए चेहरे पर नकाब की जरूरत क्यों? भीड़ में घुसकर आगजनी और सरकारी संपत्ति को नष्ट करने का लक्ष्य सुनिश्चित करने की मंशा तो इससे भी जाहिर होती है कि सबसे पहले फायर ब्रिगेड की गाड़ियों को फूँका गया। इसका नतीजा निकला कि नगर थाना और अन्य सरकारी कार्यालयों को आग के हवाले करने के बाद उन्हें धू-धू कर जलने से रोकना संभव नहीं रह गया। लाठी-डंडे से लैस होकर जिस तरह सरकारी कंप्यूटर और फर्नीचर तोड़े गए, वह भी काबिले गौर है। मधुबनी का घटनाक्रम बिहार पुलिस के लिए सबक भी है। आम लोगों को भी सोचना होगा कि बिहार आधारभूत संरचना में सबसे पिछड़ा प्रदेश है। सरकारी बिल्डिंग को जलाने से नुकसान किसका होता है, इन्हें खड़ा करने में किसका पैसा लगता है, अराजक स्थिति का खमियाजा किसे भुगतना पड़ता है?

सवाल है कि क्या हिंसा या उपद्रव से किसी समस्या का समाधान संभव है? ऐसा कोई उदाहरण मौजूद नहीं है। महात्मा गांधी ने अहिंसा के मंत्र से देश को अंग्रेजों की गुलामी से आजाद कराकर साबित कर दिया, इसमें कितनी ताकत है। पूरी दुनिया उनके मंत्र की कायल है। ऐसे में अपने घर में इसकी अनदेखी कर हम क्या संदेश दे रहे हैं? राज्य सरकार ने उपद्रव और पुलिस फायरिंग की न्यायिक जाँच और छात्रा के अपहरण की सीबीआई जाँच कराने का फैसला कर लिया है। दरभंगा के आईजी समेत मधुबनी के डी.एम., एस.पी. और इस विवाद के केंद्र में रहे डीपीओ का तबादला हो चुका है। प्रशांत के परिजनों को शव सौंप दिया गया और उसका अंतिम संस्कार भी हो गया। उम्मीद की जाती है कि न्यायिक जाँच की प्रक्रिया तेजी से पूरी की जाएगी। ऐसे में मधुबनी और मिथिला की गरिमा बनाए रखने की पहल होनी चाहिए।

(15.10.2012)

❑

क्या हर समस्या के समाधान का रास्ता जाम से गुजरता है?

सँकरी सड़कों, अतिक्रमण और वाहनों के बढ़ते दबाव के कारण वैसे ही ज्यादातर शहरों में आवागमन कठिन हो गया है, लेकिन इससे भी बड़ी समस्या है सड़कों पर जाम लगाकर गुस्सा, प्रतिक्रिया, भड़ास और कुंठा की अभिव्यक्ति की बढ़ रही प्रवृत्ति। ऐसे में लगता है कि सड़कें सबसे सॉफ्ट टारगेट बन गई हैं। राज्य में शायद ही ऐसा कोई सुकून का दिन बीतता है, जब किसी हिस्से से सड़क जाम और उस दौरान उपद्रव की खबर नहीं आए। हालात तो ऐसे बनते जा रहे हैं कि लंबी या छोटी यात्रा पर निकलने के पहले लोग-बाग जाम के संभावित ठिकानों के बारे में एक बार चर्चा कर लेना ज्यादा मुनासिब मानते हैं। सड़क जाम के ताजा घटनाक्रमों पर गौर करने पर एक सवाल यह भी उभरता है कि गुस्से में कहीं हम अपना विवेक और शालीनता तो नहीं गँवाते जा रहे हैं। बात चाहे बिजली बिल में गड़बड़ी की हो, सरकार से राहत की माँग या दुर्घटना, क्या इन सबका समाधान सड़कों के जाम में छिपा है ? इतना ही नहीं, सड़क जाम में फँसे वाहनों को फूँक डालना, उसमें सवार यात्रियों पर रोड़े बरसाकर विरोध जताने या दबाव बनाने की इस प्रवृत्ति को क्या नाम दिया जाए ?

लखीसराय में शुक्रवार को सड़क दुर्घटना में एक दंपती की मौत के बाद जिस तरह की प्रतिक्रिया एनएच पर सामने आई, क्या वह उचित है ? किसी की मौत असहनीय पीड़ा देती है। अगर चालक की गलती या गैर जिम्मेदाराना हरकत का कोई शिकार बन जाए तो आक्रोश स्वाभाविक है, लेकिन उसकी अभिव्यक्ति क्या कानून को हाथ में लिये बगैर संभव नहीं है ? और सवाल सिर्फ कानून तोड़ने तक सीमित नहीं है, सवाल मानवता और संवेदनशीलता का भी है। उन्माद की दलदल में धँसने का नतीजा तो इनसानियत की इन कसौटियों से दूर होते जाना भी है। वैसे यह भी नहीं भूलना चाहिए कि उन्माद में हम तत्काल जो कुछ कर गुजरते हैं, वैसी ही पीड़ा देने वाली परिस्थितियों का सामना हमें भी अन्यत्र करना पड़ सकता है। यह ऐसी प्रवृत्ति है, जिसे हमने खुद काबू नहीं किया तो यह

जंगल की आग की तरह पसरती जाएगी। हमें जंगली बनाकर ही दम लेगी।

बड़हिया के राजेश सिंह ने खेत बेचकर अभी हाल में ट्रक खरीदा था। उसने ट्रक की कमाई से बेहतरी के सपने बुने। दंपती की मौत की प्रतिक्रिया में लखीसराय में एनएच पर जिन ट्रकों को फूँका गया, उनमें उसका भी ट्रक स्वाहा हो गया। उसके अरमान खाक में तब्दील हो गए, लेकिन उसका कसूर क्या था, कोई बता सकता है ? बार-बार ऐसी विषम परिस्थितियों का सामना करने से तंग आ गए ट्रक ऑपरेटरों ने अगले दिन लखीसराय में जाम लगा दिया। माना कि उनका गुस्सा वाजिब है, लेकिन विरोध या दबाव बनाने का जो रास्ता उन्होंने चुना, क्या वह भी रास्ता बंद करके ही निकलता है, अपनी बात रखने का कोई अन्य विकल्प वे नहीं अपना सकते थे ? इस घटनाक्रम के एक दिन पहले पटना में बाईपास पर बिजली बिल में गड़बड़ी की शिकायतें लेकर आस-पास के ग्रामीणों ने सड़क को जाम कर दिया। दोपहर को बच्चे स्कूल से बसों या अन्य वाहनों पर सवार होकर घर को निकले और जाम में फँस गए। आठ घंटे तक मासूमों को पानी के लिए भी तरस जाना पड़ा। एक बच्ची तो बेहोश भी हो गई। जाम लगानेवालों ने क्या यह सोचा कि अगर उनके अपने या आस-पास के बच्चों पर ऐसी गुजरती तो वे कैसा महसूस करते ? और बच्चे-बच्चियों की ही बात क्यों करें, यात्रा पर कोई भी कहीं निकलता है तो उसका कोई-न-कोई लक्ष्य होता है। किसी को इलाज के लिए अस्पताल पहुँचना या पहुँचाना है, किसी को दफ्तर पहुँचना है, किसी को इंटरव्यू या परीक्षा में शामिल होना है, किसी को नाते-रिश्तों में सुखी-गमी का साझीदार बनना है तो किसी को अपने घर लौटना है। इसके अलावा ट्रकों से निर्माण और उपभोक्ता सामग्री लोगों तक पहुँचती है।

उन्माद की बढ़ रही यह खतरनाक प्रवृत्ति हमें कहाँ ले जाएगी, इस सवाल का जवाब ढूँढ़ना समाज की जिम्मेदारी है, लेकिन पुलिस की चुनौती बढ़ती जा रही है, इसमें कोई शक नहीं। पुलिस को आवागमन को आसान बनाए रखने की कार्ययोजना अब अलग से बनानी चाहिए, खासकर प्रमुख सड़कों पर पेट्रोलिंग से लेकर चौकियों के निर्माण तक की योजना अब आवश्यकता बनती जा रही है। पुलिस टीम के साथ वीडियोग्राफी की टीम भी रहे तो बेहतर है, ताकि भीड़ की उन्माद के बहाने अपनी भड़ास और कुंठा साधनेवालों की हरकतें कैमरे में कैद हो सकें। किसी की गलती या अपराध की सजा यात्रियों को देने का हक किसी को नहीं है। कानून तोड़नेवालों पर चतुराई से कानून का डंडा चले, यह भी जरूरी है।

(23.09.2013)

❑

बात रखने की इस प्रवृत्ति का ओर-छोर कहीं और!

छह-सात वर्षों में राज्य की सड़कों पर वाहनों का दबाव साढ़े पाँच गुना बढ़ गया है। इससे जाम की समस्या वैसे ही गहराती जा रही है, खासकर शहरों में इस कारण जाम का संकट बढ़ा है। दूसरी तरफ जाम लगाने की प्रवृत्ति भी उतनी ही तेजी से बढ़ रही है। नतीजतन सड़कों के निर्माण के बावजूद आवागमन निरापद नहीं हो पा रहा है। प्रख्यात कवि आलोक धन्वा ने बीते दिनों बातचीत में जाम लगाने की इस प्रवृत्ति पर चिंता जाहिर की। उनकी चिंता है कि जो लोग विभिन्न कारणों से सड़क जाम करते हैं, वे इस पहलू की फिक्र क्यों नहीं कर पाते कि जाम में फँसे लोगों पर क्या बीत रही होगी, वे किन-किन मकसदों से यात्रा पर निकले हैं और जाम से उनका क्या-क्या नुकसान हो सकता है? जो आज कहीं जाम लगा रहे हैं, वे खुद भी कल कहीं जाम में फँसकर परेशानी का सामना कर सकते हैं। मतलब कि यह प्रवृत्ति चिंता का विषय है। श्री धन्वा की चिंता में एक सवाल भी अंतर्निहित है—क्या हमारे मौलिक अधिकार दूसरों के मौलिक अधिकारों के हनन की इजाजत देते हैं?

कहते हैं, पानी की तरह भ्रष्टाचार भी ऊपर से नीचे की तरफ आता है। ठीक इसी तरह आचार, विचार और संस्कार भी। बड़ी कंपनियाँ लीडर क्लास में पढ़े जानेवाले अखबारों में विज्ञापन को प्राथमिकता इसीलिए देती हैं, क्योंकि वहाँ जिन उत्पादों की खपत होती है, उनका आकर्षण बढ़ जाता है। लोकतांत्रिक व्यवस्था में राजनीति से जनजीवन प्रभावित होता है। ऐसे में आज दूसरों की तकलीफों या मान-सम्मान की परवाह किए बगैर अगर अपनी बात रखने और माँगे मनवाने के तौर-तरीके अपनाए जा रहे हैं, तो क्या इसके पीछे राजनीति में आचार, विचार और संस्कार में आई गिरावट, इसके लिए जिम्मेवार नहीं है? इस देश ने पं. जवाहर लाल नेहरू और डॉ. राम मनोहर लोहिया के बीच पक्ष और विपक्ष का संवाद सुना-पढ़ा है। वैचारिक मतभेदों पर दोनों के संवाद के स्तर और तमाम विरोधों के बावजूद एक-दूसरे के प्रति उनके सम्मान को देखा है। उस दौर में जिम्मेवार पदों पर

बैठे लोगों को अपने पद की गरिमा के प्रति सचेत रहते देखा है, लेकिन आज क्या हो रहा है? बीते कुछ महीनों में केंद्र और राज्य सरकार या अन्य संस्थाओं के कामकाज पर नजर रखनेवाली कुछ शीर्ष संस्थाओं के लोगों का बिहार आना-जाना हुआ। अलग-अलग मुद्दों और कार्यक्रमों में बिहार आए इन शीर्षस्थ लोगों ने जिस तरह की टिप्पणियाँ कीं, क्या वे मर्यादा के दायरे में रहीं, या उनका पूर्वग्रह उनके कद और पद पर हावी रहा?

मंच और संदर्भ का भी उन्होंने खयाल नहीं रखा। ऐसी टिप्पणियों में एक तरह से फैसले ही सुना दिए गए। ऐसे में बिहार की जनता के फैसले का क्या होगा? पंजाब, हरियाणा, राजस्थान, महाराष्ट्र, गुजरात, तमिलनाडु, आंध्र प्रदेश जैसे राज्यों में भी पक्ष और विपक्ष के बीच आर-पार का संघर्ष होता है, लेकिन एक-दूसरे के प्रति संबोधन में सम्मान का खयाल इन राज्यों के नेता और कार्यकर्ता जरूर रखते हैं। इन्हें अपने राज्य की अस्मिता का खयाल हमेशा रहता है। इसकी मिसाल है, तमिलनाडु का एक प्रसंग—डॉ. ए.पी.जे. अब्दुल कलाम जब राष्ट्रपति बने थे, किसी कारण से उनके शपथ ग्रहण समारोह का आमंत्रण तमिलनाडु की मुख्यमंत्री जयललिता को नहीं मिल पाया था। वहाँ के विरोधी दल के नेता करुणानिधि ने अपनी प्रतिक्रिया में इसका तीखा विरोध किया और कहा कि यह तमिलनाडु का अपमान है, जबकि इसके कुछ महीने पूर्व ही वहाँ की सरकार ने उन्हें जेल भेजा था। दरअसल करुणानिधि की प्रतिक्रिया के केंद्र में जयललिता नहीं, बल्कि वहाँ के मुख्यमंत्री थे। वह इसे तमिल उपराष्ट्रवाद से जोड़कर देख रहे थे। बिहार का दुर्भाग्य यह भी है कि यहाँ बिहारी उपराष्ट्रवाद पनप नहीं पाया। अब कोशिशें हो भी रही हैं तो इसे आकार लेने में समय लगेगा। इस अर्थ में राजनीतिक दलों की जिम्मेवारी बड़ी है। क्या राजनीतिक महात्वाकांक्षा और बिहार की अस्मिता की अलग-अलग कसौटी तय कर पाना यहाँ संभव होगा?

(22.10.2012)

❑

आस्था का उग्र प्रदर्शन क्या धर्म का अपमान नहीं?

यह पर्व-त्यौहारों का मौसम है। रमजान और दशहरा के बाद अब दीपावली और छठ का इंतजार है। ऐसा माना जा रहा है कि धर्म के प्रति लोगों की आस्था हाल के दशकों में मजबूत हुई है। धार्मिक आयोजनों का तेवर-कलेवर भी बदलता गया है। हमारी मान्यता रही है—अहिंसा परमो धर्मः, लेकिन आज धार्मिक आयोजनों का समय आते ही पुलिस महकमे की चिंता बढ़ जाती है। अमन-चैन कायम रखने की रणनीति बनानी होती है। बड़ी संख्या में अतिरिक्त बल तैनात करने होते हैं। आखिर क्यों? सभी धर्मों का पैगाम एक-सा है, परोपकार पुण्य है और दूसरों को पीड़ा पहुँचाना पाप है, लेकिन धर्मों के इस संदेश को धार्मिक आयोजनों के जरिए ही झुठलाने की कोशिशें धर्म के साथ अन्याय नहीं है?

रमजान हो या दशहरा, जब हम समापन को सेलिब्रेट करने निकलते हैं तो वह हमारे शक्ति प्रदर्शन का प्रतीक बन जाता है। ताजिया का जुलूस हो या सरस्वती, दुर्गा या काली की मूर्ति का विसर्जन जुलूस, हाथ में हॉकी की स्टिक, डंडे, तलवार और न जाने क्या-क्या लहराते, हम क्या संदेश दे रहे होते हैं? एक अनचाही आशंका लोगों को घेरे रहती है। क्या धर्म दहशत पैदा करने का भी माध्यम हो सकता है?

हिंदू धर्म में मूर्ति पूजा का अहम स्थान है, लेकिन कुछ दशक में मूर्ति स्थापित करने की प्रतिस्पर्धा शुरू हो गई है। पहले गाँव-इलाके की पूजा की एक पहचान होती थी। उनकी एक प्रतिष्ठा होती थी और वे आस्था के केंद्र हुआ करते थे। अब मूर्तियाँ गली-मोहल्ले, सड़क और चौराहों पर स्थापित हो रही हैं। पहले मूर्ति स्थापित करने का फैसला होता है और इसके बाद उसके लिए धन इकट्ठा करने का। एक ही परिवार को बार-बार चंदा देना पड़ता है, जबकि वह निजी तौर पर भी घर में पूजा की व्यवस्था करता है। इतनी बड़ी संख्या में पूजा के आयोजनों का एक नतीजा यह भी है कि कर्मकांड करानेवाले ज्ञाता पुरोहित नहीं मिल पाते हैं।

एक तरफ पूजा के पंडाल सजाने की होड़ है तो दूसरी तरफ हमारी कला-संस्कृति के प्रतीक पुराने मंदिर ढह रहे हैं। उनका वजूद बचाने के प्रति हम उदासीन हैं। हाल के दशकों में एक नई मानसिकता पैदा हुई है—ईंट और सीमेंट के सपाट मंदिर निर्माण की। सड़क-किनारे ऐसे मंदिरों का ज्यादा निर्माण होता है। बस संचालकों और यात्रियों को ऐसे स्थानों से गुजरते समय कुछ-न-कुछ दान करना पड़ता है। इन मंदिरों को देख, अगली पीढ़ी क्या यह निष्कर्ष नहीं निकालेगी कि 20वीं सदी के अंत और 21वीं सदी की शुरुआती पीढ़ी के पास कला, संस्कृति और सौंदर्य के बोध का अकाल था। बहरहाल, हम यह भी भूल रहे हैं कि बिहार धर्म के प्रवर्तकों की भूमि है। आज दुनिया के अनेक देशों ने बौद्ध धर्म अपना लिया है। उनमें ज्यादातर देश तरक्की की राह पर बहुत आगे हैं। उन्हें धर्म के प्रदर्शन की जरूरत नहीं होती। बहरहाल, आस्था के उग्र प्रदर्शन को धर्म का सम्मान तो नहीं ही कहा जा सकता है।

(23.10.2011)

❑

पुरावशेषों के प्रति ऐसी उदासीनता समझ से परे

नए दौर का एक संकट अतीत के प्रति उदासीनता भी है। अपनी धरोहरों, महापुरुषों, कलाकृतियों और शासन प्रणालीयों के बारे में जानने की भूख पिछले दशकों में कमतर हुई। यह सब हुआ नेतृत्व के स्तर पर इनके प्रति उदासीनता से। उप-राष्ट्रवाद पर वैचारिक मतभेद रहे हैं, लेकिन अपने ही देश में जो उदाहरण अब तक के सामने हैं, वे तो यही स्थापित करते हैं कि जिन प्रदेशों में उप-राष्ट्रवाद, यानी प्रांतीय पहचान और स्वाभिमान की जड़ें जितनी गहरी रहीं, वे विकास और समृद्धि में उतने आगे रहे। गुजरात, महाराष्ट्र, आंध्र प्रदेश, पंजाब, पश्चिम बंगाल आदि इसके स्थापित उदाहरण हैं। ऐसे में बीते छह साल से मुख्यमंत्री, नीतीश कुमार बिहारी अस्मिता की भूख पैदा करने की कोशिश कर रहे हैं, तो इसकी अहमियत समझनी होगी। सेवा यात्रा में भी मुख्यमंत्री उन प्राचीन धार्मिक, ऐतिहासिक और पुरातात्त्विक महत्त्व के स्थलों पर जाकर उनके विकास की संभावनाओं को टटोल रहे हैं, तो इसके पीछे भी यही उद्देश्य है। नालंदा प्राचीन विश्वविद्यालय को पुनर्जीवित करने के प्रयासों का क्या लाभ हुआ, यह आनेवाले वर्षों में समझ में आएगा।

बिहार में वैसे भी जितने स्थलों पर खुदाई की आवश्यकता थी, वह नहीं हो पाई। केंद्र सरकार और राज्य की सरकारें उदसीन रहीं, पर जहाँ खुदाई हुई भी, वहाँ प्राप्त अवशेषों को सुरक्षित रखने और उनके दस्तावेजीकरण के कार्य को भी गंभीरता से नहीं लिया गया। यही बड़ी वजह रही कि ऐसे स्थलों के बारे में उनके ऐतिहासिक महत्त्व को स्थापित करने में हम नाकाम रहे। नीतीश कुमार 6 जून, 2010 को भागलपुर के धरहरा गाँव गए, तो उन्होंने वहाँ कन्या के जन्म लेने पर पेड़ लगाने की समृद्ध परंपरा का दस्तावेज तैयार करने का निर्देश दिया। सेवा यात्रा में मुजफ्फरपुर के मीनापुर प्रखंड स्थित जमीन पर गिरे-पड़े अशोक स्तंभ का जायजा लिया और वहाँ एक हिस्से की खुदाई नहीं होने पर अफसोस जाहिर करते हुए, राज्य सरकार के स्तर पर उसकी खुदाई कराने की घोषणा की। सहरसा

के वनगाँव महिषी गए तो वहाँ उग्रतारा स्थान, लक्ष्मीनाथ गोसाई आश्रम और मंडन मिश्र की जन्म स्थली को विकसित करने का भरोसा दिया। अपनी पूर्व की तमाम यात्राओं में भी वे ऐसे स्थलों पर जाकर उनके कायाकल्प की पहल करते रहे हैं।

ऐसे में राज्य सरकार के ही पुरातत्त्व निदेशालय की खुदाई में मिले पुरावशेषों के प्रति उदासीनता के निहितार्थ समझ से परे हैं। ताजा खबर है कि निदेशालय राज्य के विभिन्न स्थलों पर वर्षों पूर्व हुई खुदाई में मिले पुरावशेषों को न तो सँजोकर रख पाया है और न उनके दस्तावेज तैयार करा पा रहा है। उन स्थलों की खुदाई से जुड़े ज्यादातर लोग सेवानिवृत्त हो चुके हैं। उनकी ढलती उम्र भी बड़ी चिंता का विषय है। कला-संस्कृति विभाग अपने मातहत कार्य कर रहे इस निदेशालय की इस निष्क्रियता को गंभीरता से क्यों नहीं ले रहा है ? यह नहीं भूलना चाहिए कि समय रहते ये दस्तावेज अगर तैयार नहीं हुए तो पूर्व में हुई खुदाई में उजागर हुए ऐतिहासिक तथ्यों से हम सदा के लिए वंचित हो जाएँगे। यह राज्य के साथ बड़ी नाइंसाफी होगी। भावी पीढ़ी को इनके बारे में जानने का पूरा हक है। बिहारी अस्मिता, पहचान और स्वाभिमान स्थापित करने के प्रयासों को इनसे मजबूती मिलनी है, क्योंकि इन स्थलों की कोख में बिहार के अतीत के स्वर्णिम अध्याय दफन हैं।

(19.12.2011)

❑

तो महासुंदरी की मुराद कैसे पूरी होती?

मधुबनी जिले के रांटी गाँव की पद्मश्री महासुंदरी देवी मधुबनी पेंटिंग की स्तंभ हैं। इस कला के श्वेत-श्याम तमाम पहलुओं के अनुभवों का खजाना उनके पास है। इस अनुभव को साझा करने का उन्हें कोई अवसर नहीं मिला। जब उन्होंने सुना कि मुख्यमंत्री इस चित्रकला को बचाने के लिए मधुबनी में एक विश्वस्तरीय प्रशिक्षण केंद्र स्थापित करने की पहल कर रहे हैं, तो उनके मन में कुछ सुझाव देने की तमन्ना हिलोरें लेने लगी। सेवा यात्रा ने उनकी मुराद पूरी कर दी, पूरी सरकार उनके दरवाजे पर हाजिर हुई। मुख्यमंत्री ने घोषणा भी कर दी कि उनके सुझावों को संस्थान में अहमियत मिलेगी।

सेवा यात्रा का पहला चरण पूरा हो गया है। इस दौरान मुख्यमंत्री न केवल राज्य के नौ प्रमंडलों के एक-एक जिले, बल्कि बड़े प्रमंडलों के दो-दो जिलों में गए। इसी के साथ सभी प्रमंडलों के सभी जिलों के विकास और लोककल्याणकारी योजनाओं के कार्यान्वयन की समीक्षा का एक चरण भी पूरा हो गया है। जिन जिलों में गए, वहाँ पगडंडियों और सड़कों से चलकर अपनी आँखों से और जहाँ नहीं गए हैं, वहाँ फाइलों की नजर से स्थिति का जायजा लिया। निहितार्थ बहुत साफ है, दूसरे और तीसरे चरण में पहले जा चुके जिलों की फाइलों की और जहाँ जाएँगे, वहाँ की जमीनी तस्वीर सामने होंगी, ऐसे में कोई जिला क्या यह सोचकर चैन से बैठ पाएगा कि चलो, हमारे यहाँ की सेवा यात्रा अच्छे से गुजर गई? जिलों में जनता दरबार भी आयोजित हुए और उनमें उमड़ी भीड़ ने जिस तरह की समस्याएँ और शिकायतें रखीं, क्या अगली बार उनसे संबंधित मसलों पर मुख्यमंत्री की पैनी नजर नहीं होगी?

नीतीश कुमार ने राज्य की बागडोर सँभाली थी तो कहा था कि हमारे पास खनिज का भंडार, जंगल और उद्योग नहीं हैं तो क्या हुआ, उर्वरा भूमि, मेहनती लोग और धरोहरों का खजाना तो है। सेवा यात्रा में कृषि, धरोहर और किसी क्षेत्र में खास करनेवाले उनकी प्राथमिकता में रहे। मुजफ्फरपुर के मुस्तफागंज, सहरसा, मधुबनी के खिरहर, पूर्णिया के बरदेला, बाँका के बाबूमहल, नालंदा के दरवेशपुरा जाकर खेती के क्षेत्र में खास कर रहे

पुरुषों और औरतों का हौसला बढ़ाया, पश्चिम चंपारण में तिरहुत, मुजफ्फरपुर में गंडक, सासाराम में दुर्गावती, सहरसा में कोसी नहर परियोजनाओं के पुनरुद्धार कार्यों का जायजा लिया और जहाँ जरूरत थी, काम में तेजी लाने का सख्त निर्देश दिया।

मुख्यमंत्री ने धरोहरों का जायजा लेकर पर्यटन विकास की संभावनाएँ टटोलीं और जहाँ ये दिखी मौके पर फैसला लिया तो कृषि उत्पादों की मार्केटिंग और पर्यटकों की आवाजाही के लिए अनिवार्य सड़कों और पुलों की परियोजनाओं के निर्माण कार्यों की मौके पर जाकर समीक्षा की। मिथिला पेंटिंग, लहटी और हस्तकरघा जैसे पारंपरिक उद्योगों को संजीवनी मिलने के आसार बने। एसएचजी का तुलनात्मक अध्ययन और पूर्णिया के बरदेला की कामयाबी से प्रेरित जीविका मॉडल पूरे राज्य में लागू करने की घोषणा के निहितार्थ समझ से परे नहीं हैं। सरकारी दफ्तरों, स्कूलों, अस्पतालों का रंग-रोगन, सड़कों की मरम्मत जैसी उपलब्धियाँ तो तात्कालिक हैं। मधुबनी और पश्चिम चंपारण में निर्माण एजेंसियों तो सहरसा और कटरा में नौकरशाही पर कारवाई हुई। एयरकंडीशन में बैठकर योजनाएँ तैयार करने और समीक्षा करने का हश्र हम देखते रहे हैं। जमीनी हकीकत को आँखों से देखने और उसके आधार पर फैसले लेने के लिए इच्छाशक्ति और कुछ करने के जज्बे की जरूरत होती है।

(22.01.2012)

❑

बच्चों से हमने क्या छीना और बदले में क्या दिया?

राजधानी स्थित पटेल नगर के रंभा अपार्टमेंट में बच्ची के साथ सामूहिक बलात्कार कोई साधारण घटना नहीं है। यह एक चेतावनी है, सँभलने के लिए, आईना है, समाज को अपना चेहरा देखने के लिए। सिर्फ उन आधा दर्जन बच्चों को गुनाहगार मानकर अगर इस घटना के मौलिक कारणों की अनदेखी की गई तो आनेवाली पीढ़ियों के साथ बहुत बड़ा धोखा होगा। अभी कुछ महीने ही गुजरे हैं, इनकम टैक्स गोलंबर पर एकतरफा प्रेम के शिकार एक प्रेमी ने अपने साथियों के साथ प्रेमिका को न केवल जबरन उठा ले जाने की कोशिश की थी, बल्कि उसके बुजुर्ग पिता की पिटाई भी की। वहाँ मौजूद लोग तमाशबीन बने रहे। ऐसी चर्चा अकसर सुनने को मिलती है कि धोखे की शिकार बच्ची के अभिभावकों ने इज्जत की खातिर जुबान बंद रखने में भलाई समझी। ऐसी ज्यादातर घटनाएँ शहरों में हो रही हैं।

बीते दो-तीन दशकों में बच्चों से हमने क्या-क्या छीना और बदले में क्या-क्या दिया, यह सवाल आज ज्यादा अहम है। आर्थिक सुधारों ने देश को मजबूती प्रदान की और तरक्की की राह पर आगे बढ़ाया, लेकिन यह अपने साथ एक महामारी लेकर भी आई, वह है—धन और आधुनिक साधन-संसाधन जुटाने की होड़। बँगला, गाड़ी, एयरकंडीशनर, फ्रिज, वॉशिंग मशीन, मिक्सी, माइक्रो वेव, टी.वी. जैसी मशीनों समेत अथाह धन का आडंबर तो बच्चों को मिल गया, लेकिन इसके साथ तोहफे में मिली उन्हें दीवारों के बीच सिमटी जिंदगी। इन मशीनों ने दिनचर्या को आसान तो बनाया, लेकिन बँगलों की दीवारों के अंदर बच्चों को संस्कार देने के लिए बचा सिर्फ टी.वी.। वह जिस दुनिया से बच्चों का परिचय करा रहा है, यह किससे छिपा है।

करीब तीन दशक पहले दिल्ली के एक राष्ट्रीय अखबार में सर्वे प्रकाशित हुआ था, जिसका विषय था—सामाजिक रिश्तों के बीच पनपता अविश्वास। उस सर्वे का चौंकानेवाला पहलू था ज्यादातर लोगों का यह कहना कि अब किसी पर भरोसा करना

ठीक नहीं है। रिश्तेदार भी धोखा दे जाते हैं, लेकिन जब उनसे पूछा गया कि क्या आपके साथ ऐसी कोई घटना हुई है, जिसमें किसी पारिवारिक या सामाजिक रिश्ते के व्यक्ति ने धोखा किया हो, तो बारी-बारी से सबका जवाब न में था। अविश्वास की यह चादर किसी ने अनायास नहीं ओढ़ी, बल्कि रिश्तों और सरोकारों से मुँह मोड़ने का यह ठोस बहाना बना, जो आज एक चुनौती बन गया है। रिश्तों से दूर होते या मुँह मोड़ते जाने और अपनी सहूलियत के लिए सरोकारों की परिभाषा बदलते रहने की प्रवृत्ति ने भरोसे की बुनियाद पर टिके सामाजिक ताने-बाने को तार-तार कर दिया।

एक समाज क्या देता है—आपसी रिश्तों और सरोकारों पर टिका एक भरोसे का संसार। आज भी सुदूर गाँवों में जाकर देखिए, वहाँ आपको इसका एहसास होगा। बच्चे जब रिश्तों की अहमियत नहीं समझ पाएँगे तो इसे जिएँगे कैसे? बुजुर्गों और पारिवारिक या सामाजिक नाते-रिश्ते के लोगों का सम्मान करने की प्रवृत्ति रिश्तों की डोर में बाँधती है। रिश्तों को निभाने का संस्कार इसी से मिलता है। प्रशांत ने अपने दोस्तों के साथ मिलकर स्कूल की सहपाठी के साथ जो किया, वह यही तो बताता है कि रिश्ते की अहमियत उसकी नजर में महज यूज एंड थ्रो है। आज सड़क चलते, रेस्तराओं या स्कूलों में बच्चों की हरकतों को देख, क्या ऐसा नहीं लगता कि सम्मान देने का संस्कार उन्हें मिला ही नहीं? बड़े-बुजुर्गों के सामने सिगरेट का छल्ला उड़ाते, पान चबाते, रेस्तराओं में हुड़दंग मचाते या सड़कों पर लहरिया कट मोटरसाइकिल दौड़ाते नजर आनेवाले ये बच्चे कौन हैं, वे भी तो इसी समाज के हैं। उन्हें ऐसा करने में मजा क्यों आता है, शर्मिंदगी महसूस क्यों नहीं होती? एक बात बहुत साफ है, ऐसे ज्यादातर बच्चे उन परिवारों से आते हैं, जिनके घर नाजायज धन किसी-न-किसी रास्ते पहुँचता है। काले धन से बच्चों को सहूलियतें मुहैया कराकर ऐसे अभिभावक भले ही खुद के दरियादिल और कामयाब होने का सबूत पेश कर रहे हों, लेकिन सच तो यह है कि वे बच्चों से उनका भविष्य छीन रहे हैं।

(30.07.2012)

❑

पेड़ों पर पेंटिंग, मैथिली फिल्म और धरहरा

मधुबनी जिले के राजनगर प्रखंड के रांटी से रामपट्टी के बीच सड़क किनारे और राजनगर स्थित प्रसिद्ध काली मंदिर परिसर में पेड़ों की इंद्रधनुषी छटा देखते बनती है। इन पेड़ों को मधुबनी पेंटिंग से सजाया गया है। पेड़ों पर मधुबनी पेंटिंग का यह आइडिया वहाँ की संस्था ग्राम विकास परिषद् का है। संस्था के सचिव एन.एन. झा का कहना है कि यात्रा को रमणीय बनाने और पेड़ों की सुरक्षा के लिए यह अभिनव प्रयोग है। उनकी संस्था ने अपने स्तर से यह पहल की है। अब तक करीब सौ पेड़ों पर पेंटिंग की गई है। मिथिला पेंटिंग की कलाकार भी इस प्रयोग को सार्थक बनाने में पूरे उत्साह से सहयोग कर रही हैं।

कहते हैं बात निकली है तो दूर तलक जाएगी। साढ़े तीन साल पहले भागलपुर जिले के धरहरा गाँव की कन्या के जन्म पर पेड़ लगाने की परंपरा सुर्खियों में आई थी। 6 जून, 2010 को मुख्यमंत्री नीतीश कुमार ने प्रवास यात्रा के क्रम में इस गाँव के दौरा किया था। वहाँ गाँव की बच्ची के नाम पर पेड़ लगाने के बाद उन्होंने वहाँ के लोगों को भरोसा दिया था कि इस गाँव की परंपरा का संदेश पूरे राज्य, राज्य से बाहर और विदेशों में भी फैलेगा। इसके बाद मीडिया में तो इस परंपरा को पूरा कवरेज मिला ही, देश-विदेश से लोगों ने धरहरा आकर यहाँ की समृद्ध परंपरा का अध्ययन किया। बीते महीने न्यूजीलैंड की एक टीम ने धरहरा पहुँचकर इस परंपरा पर फिल्म भी बनाई। धरहरा से प्रेरित नीतीश कुमार ने अपनी पार्टी की सदस्यता के लिए पेड़ लगाने की शर्त रख दी। पार्टी के विधायकों, विधान पार्षदों समेत नेताओं और कार्यकर्ताओं को पेड़ लगाने और इनकी सुरक्षा की जिम्मेदारी सौंपी गई। जदयू ने इसे सफल बनाने के लिए पूरे राज्य में अभियान चलाया। इसकी मॉनिटरिंग खुद मुख्यमंत्री कर रहे हैं।

रचनात्मक माहौल का असर सामाजिक-सांस्कृतिक चेतना के स्तर पर सबसे ज्यादा होता है। धरहरा के बहाने पर्यावरण सुरक्षा और बेटियों की अहमियत परिभाषित हुई तो अब इसके आगे की सकारात्मक पहल सामने आने लगी। सड़क किनारे और सार्वजनिक

स्थलों के पेड़ों की सुरक्षा भी एक बड़ी चुनौती होती है। एक तो कीड़ों के आक्रमण से इन्हें बचाने के उपाय समय पर नहीं हो पाते, दूसरा नासमझी में लोग–बाग पेड़ों की छाल उतार लेते हैं। नतीजा होता है, अल्पायु में ही पेड़ सूखने लगते हैं। ग्राम विकास परिषद् की पहल में इन दोनों खतरों से सुरक्षा के उपाय निहित हैं। पेंटिंग से पहले पेड़ों की कमर तक चूने से पुताई की जाती है। इससे कीड़ों से बचाव होता है। इसके बाद जो पेंटिंग की जाती है, उसमें महापुरुषों, देवताओं और रीति–रिवाजों की पेंटिंग की जाती है। भगवान् बुद्ध, राम, विद्यापति समेत रीति–रिवाजों की पेंटिंग के बाद पेड़ों की छाल उतारने की कोई कोशिश नहीं करता है। इसके अलावा रंग–बिरंगी पेंटिंग सड़क किनारे और सार्वजनिक स्थलों को रमणीय भी बना देती है। परिषद् के सचिव एस.एन. झा ने बताया कि प्रति पेड़ इस पर करीब तीन हजार रुपए खर्च आता है।

यह महज संयोग नहीं है कि जिस दिन मैं सड़क किनारे की पेंटिंग देखकर लौटा, उसी शाम मैथिली फिल्म 'चुटकी भर सिंदूर' का प्रीमियर शो था और इसी दिन मैथिली फिल्म 'चट मँगनी, पट विवाह' के 21 को रिलीज होने की घोषणा हुई। इन दोनों फिल्मों की थिम भी सामाजिक कुरीतियाँ हैं। 'चुटकी भर सिंदूर' में तो लड़कियों की भ्रण हत्या पर भी तीखा प्रहार है। अगर धरहरा से शुरू करें तो यह एक कड़ी बनती नजर आ रही है। चाहे ग्लोबल वार्मिंग की चुनौतियों के बीच पर्यावरण की चिंता हो या लिंग अनुपात में बढ़ रहे अंतर के बीच लड़कियों के प्रति संवेदना और सम्मान, धरहरा की परंपरा में ये दोनों संदेश निहित हैं। बहरहाल, मधुबनी में पेड़ों की पेंटिंग की पहल को राजधानी पटना में भी आजमाया जा सकता है। संजय गांधी उद्यान, मुख्यमंत्री आवास, राजभवन और प्रमुख सड़कों पर ये पेंटिंग सौंदर्य और पर्यावरण सुरक्षा के विचारों को विस्तार दे सकती हैं।

(26.11.2012)

❑

सेहत के बीमा में निष्ठा है दाँव पर

औरतों की बच्चेदानी निकालने में गड़बड़ी को लेकर उठे बवंडर में चिकित्सा जगत् की विश्वसनीयता दाँव पर है। श्रम संसाधन विभाग की कार्यशैली पर भी यह बड़ा धब्बा है। बिहार विधानमंडल के मानसून सत्र में राजद समेत अन्य विपक्षी दलों ने यह मुद्‍दा उठाया। इनका आरोप था कि बीमा योजना में राज्य की 16 हजार गरीब औरतों की बच्चेदानी निकाल दी गई। इसमें अन्य तरह की गड़बड़ियों का मुद्‍दा भी विपक्ष ने उठाया। दरअसल समस्तीपुर के डी.एम. द्वारा इस योजना के तहत बच्चेदानी निकालने में गड़बड़ी की शिकायतों की जाँच कराई गई थी। जाँच में कई तरह की अनियमितताएँ उजागर हुईं। इसके बाद विपक्ष ने इसे मुद्‍दा बनाया। विधानसभा अध्यक्ष, उदय नारायण चौधरी ने विपक्ष के तेवर और मामले की गंभीरता को देखते हुए इसकी जाँच सदन की कमेटी से कराने का आदेश दिया।

राष्ट्रीय स्वास्थ्य बीमा योजना बिहार में फरवरी, 2010 में 11 जिलों में शुरू हुई। पहले साल इसके तहत एक परिवार को इलाज के लिए दस हजार रुपए देने का प्रावधान था। बाद में यह राशि 30 हजार प्रति परिवार कर दी गई। अगले साल इसका विस्तार अन्य जिलों में हुआ। राज्य में डेढ़ करोड़ से अधिक गरीब परिवारों को स्वास्थ्य बीमा का लाभ देना है। 24 अगस्त तक इसमें करीब 74 लाख परिवारों का नाम दर्ज हुआ है। बच्चेदानी निकलवाने पर भी यह लाभ मिलता है। राज्य में 814 निजी और 50 सरकारी अस्पताल अब तक रजिस्टर हुए हैं। विभिन्न स्रोतों से जो खबरें सामने आई हैं, उससे लगता है कि अस्पतालों के चयन में गड़बड़ी हुई है। नीम-हकीमों को प्रश्रय देने के गंभीर आरोप हैं। डी.एम. और सिविल सर्जन समेत नौ सदस्यीय कमेटी को अस्पतालों के नाम तय करने है, लेकिन कई जगह बीमा कंपनियाँ और श्रम संसाधन विभाग ने अपने स्तर से ही अस्पतालों का नाम तय कर दिया। इन दोनों की कार्यशैली पर सवाल उठ रहे हैं। कमेटी में डॉक्टर सदस्य के मनोनयन में भी भेदभाव की शिकायतें हैं। यह खबर भी है कि सत्ता और विपक्ष के अनेक जनप्रतिनिधि भी अपनी पसंद के अस्पतालों का नाम शामिल

कराने में दिलचस्पी लेते हैं। वैसे अपेक्षित पौष्टिक आहार नहीं मिलने से गरीब महिलाएँ यौन रोगों से परेशान रहती हैं। ऐसे में वे खुद भी बच्चेदानी निकलवाने की पहल करती हैं। गाँवों में धारणा बन गई है कि ऐसा कराने से परेशानी से मुक्ति मिल जाती है।

एक साल पहले तक इस योजना में न्यूनतम उम्र सीमा तय नहीं थी। बीते वर्ष तय हुआ कि 40 साल से कम उम्र की औरतों की बच्चेदानी नहीं निकाली जाएगी। जाहिर है, जब यह बात सामने आई होगी कि उम्र सीमा तय नहीं होने से इसकी आड़ में फर्जीवाड़ा चल रहा है, तो यह शर्त लगाई गई। आठ-दस साल पहले राजद शासन में बच्चेदानी निकलवाने पर भी परिवार नियोजन का लाभ औरतों को दे दिया जाता था। सरकार से इसकी अनुमति मिली हुई थी। जाहिर है, बच्चेदानी निकलवाने में उम्र सीमा का खयाल उस समय भी नहीं था।

बहरहाल, आज चिकित्सा जगत् सकते में है। उसकी विश्वसनीयता दाँव पर है। आईएमए ने इसे सरकार और डॉक्टरों को बदनाम करने की साजिश करार दिया है। उसका कहना है कि महिला की सहमति के बिना उसकी बच्चेदानी निकाली नहीं जा सकती। बिहार स्वास्थ्य सेवा संघ के महासचिव, डॉ. अजय कुमार का कहना है कि "पूरे प्रकरण की जाँच पूरी हुए बगैर डॉक्टर बिरादरी को कठघरे में खड़ा करना उचित नहीं है। इस बात से इनकार नहीं है कि हर क्षेत्र की तरह डॉक्टरी पेशे में भी काले भेड़िये हैं, लेकिन पूरी बिरादरी की निष्ठा को संदिग्ध बनाने की कोशिश गलत है। इस योजना में नीम-हकीमों को प्राथमिकता देकर गड़बड़ी का अवसर पैदा किया गया। बहरहाल, यह गंभीर ही नहीं, मानवीय संवेदना का भी मामला है। श्रम संसाधन विभाग को पूरी तस्वीर लोगों के सामने रखनी चाहिए। गड़बड़ी की पुष्टि जहाँ हुई है, उन मामलों में सख्त काररवाई जरूरी है। वैसे विधानसभा की कमेटी भी इसका गहन जाँच कर सच का खुलासा करेगी।

(27.08.2012)

❑

मौत के इन सौदागरों के खजाने पर चोट जरूरी

भोजपुर और गया में जहरीली शराब पीने से मौतों के ताजा मामले हों या मुजफ्फरपुर और चंपारण के कुछ माह पुराने या अतीत की ऐसी अनेक घटनाएँ, ये शासन के सामने बड़ी चुनौती होती हैं। ठीक वैसे ही, जैसे संगठित अपराध के नेटवर्क को तोड़ना। इन दोनों चुनौतियों में एक मौलिक अंतर यह है कि संगठित अपराध से समाज का समृद्ध तबका ज्यादा पीड़ित होता है, जबकि नकली शराब बनानेवाले मौत के सौदागरों के नेटवर्क से सबसे अधिक गरीब तबका पिसता है। सरकार के खजाने को चपत लगती है, सो अलग। उत्पाद और मद्य निषेध विभाग और स्थानीय पुलिस किसी भी तर्क से अपनी जवाबदेही से ऐसे मामले में पल्ला नहीं झाड़ सकती है।

चाहे अपहरण उद्योग हो या जहरीली शराब का धंधा, इनका लक्ष्य शॉर्टकट से धनकुबेर बनना ही होता है। ऐसे में धंधेबाजों की आर्थिक कमर तोड़ने की मुहिम ज्यादा जरूरी है। इस अर्थ में मनी लॉन्ड्रिंग प्रिवेंशन एक्ट के तहत मौत के सौदागरों के खिलाफ मुहिम चलाने का फैसला उचित है, बल्कि ऐसे मामलों में स्पीडी ट्रायल कराकर सजा सुनिश्चित कराना भी जरूरी है, लेकिन ऐसी मुहिम का दुर्बल पक्ष होता है कि जब जख्म हरे हों तो सक्रियता नजर आती है, लेकिन बाद के दिनों में ये पुराने ढर्रे पर लौट आती हैं। अभी जिस रफ्तार से शराब की अवैध फैक्टरियाँ और भट्ठियों पर छापे पड़ रहे हैं, उनका खुलासा हो रहा है, लोग पकड़े जा रहे हैं या सौदागरों की संपत्ति की टोह ली जा रही है, काश! अगर नियमित निगरानी और चौकसी बरती जाती तो इनका पाँव पसारना क्या संभव होता?

राज्य सरकार का दावा है कि वैध दुकानें खुलने से एक तरफ जहाँ अवैध कारोबार पर अंकुश लगा है, वहीं राज्य की आमदनी भी बढ़ी है। पहले अवैध धंधा कुछ लोगों की जागीर थी और इससे वे ही लोग कमाई कर रहे थे। यह तर्क इन दोनों अर्थों में सही हैं। सिक्के का दूसरा पहलू है कि जानकार कहते हैं कि अगर अवैध कारोबार पर पूरी तरह रोक लग जाए तो शराब की माँग और खपत के अनुसार सरकारी खजाने को प्रतिवर्ष चार

हजार करोड़ तक की आमदनी हो सकती है। दरअसल जिस अनुपात में शराब की दुकानों या ठेकों की संख्या बढ़ी है, निगरानी तंत्र की क्षमता का विस्तार उस अनुपात में नहीं हो पाया है। मद्य निषेध विभाग में पहले से निर्धारित पदों में भी अभी करीब तीस फीसदी खाली पड़े हैं। 78 नए दारोगा बहाल हुए हैं, कुछ समय बाद वे ड्यूटी पर तैनात होंगे, लेकिन सिपाही, इंस्पेक्टर और जमादार के पद भी बड़ी संख्या में खाली हैं। जरूरी नहीं है कि निगरानी तंत्र की क्षमता बढ़ जाने से ही अवैध धंधों पर विराम लग जाए, लेकिन तब तंत्र को जवाबदेह बनाकर मौत के सौदागरों की नकेल कसना आसान होगा।

रही बात नशे के प्रति बढ़ रहे आकर्षण की। दरअसल जीवन की जटिलताओं से जूझने का मुद्दा कमजोर पड़ रहा है। गरीबी, बेकारी, कर्ज के बोझ या फिर पारिवारिक कलह से तंग आकर आत्महत्या या नशा में डुबकी लगाने की प्रवृत्ति बढ़ रही है। पहले सामाजिक रिश्तों की डोर कमजोर हुई और अब पारिवारिक रिश्तों का दायरा सिमट रहा है। इन सबसे मनुष्य के जीवन में जो रिक्तता आ रही है, उसे भरने के क्या-क्या विकल्प हैं? गाँवों की चौपाल खत्म हो गई और जिंदगी चौक-चौराहों पर पहुँच गई है। अब गाँवों में आपसी संवाद और सरोकारों का वह दौर नजर नहीं आता, जो मनुष्य को एक-दूसरे से जोड़ता और बाँधता था, लोग जीवन का आनंद ले पाते थे। ऐसे में भटकाव लाजिमी है। पंचायती राज संस्थाएँ सामाजिक सरोकारों को नया आयाम दे सकती हैं। चाहें तो सामूहिक प्रयास और योगदान के सार्वजनिक कार्यों में पारदर्शिता लाकर पुल बन सकती हैं। बेहतरी के ऐसे सामूहिक प्रयासों से आदमी का एजेंडा गाँव और इलाका हो सकता है। सोचने का विषय बदलने से बहुत कुछ संभव है, लेकिन ऐसी पहल बिरले ही नजर आती है।

(17.12.2012)

❑

सांस्कृतिक आदान-प्रदान की यह खूबसूरत मिसाल

भागलपुर में भी पेड़ों पर मंजूषा कला की पेंटिंग जल्दी ही नजर आएगी। ईस्टर्न बिहार इंडस्ट्रीज एसोसिएशन के अध्यक्ष, मुकुटधारी अग्रवाल ने बीते दिनों एक पत्र भेजकर यह जानकारी दी है। मधुबनी जिले में पेड़ों पर मधुबनी पेंटिंग कराने की पहल से प्रेरित श्री अग्रवाल वहाँ की स्थानीय संस्था दिशा से संपर्क कर अंग की धरती के पेड़ों पर मंजूषा कला की पेंटिंग कराएँगे। उन्होंने लिखा है कि मुख्यमंत्री, नीतीश कुमार भागलपुर की सेवा यात्रा के दौरान मंजूषा कला की प्रदर्शनी का अवलोकन करने गए थे। उन्होंने तब इस कला को प्रोत्साहित करने के लिए सरकार की ओर से किए जा रहे प्रयासों के बारे में भी बताया था। काबिले गौर है कि पेंटिंग से जहाँ सड़क किनारे के पेड़ों को संजीवनी मिलेगी, वहीं मंजूषा कला का आकर्षण बढ़ेगा।

भागलपुर के धरहरा गाँव में बेटियों के जन्म पर पेड़ लगाने की परंपरा ने पर्यावरण संरक्षण और लिंग अनुपात में संतुलन की साझा राह दिखाई। इस परंपरा से प्रेरणा लेकर मुख्यमंत्री नीतीश कुमार ने जदयू में पेड़ लगाने का अभियान शुरू कराया। राज्य में पौधा लगाने की योजना प्राथमिकता में आई। इससे जो माहौल बना, उसके सकारात्मक प्रभाव अन्य स्वरूप में भी सामने आने लगे। मधुबनी जिले में पेड़ों पर मधुबनी पेंटिंग की पहल हुई। सड़क किनारे और अन्य सार्वजनिक स्थानों पर लगे पेड़ों की सुरक्षा का यह अच्छा विकल्प है। वैसे भी मिथिलांचल में पेड़ों के प्रति लोगों का गहरा लगाव रहा है। अब मधुबनी की मुहिम से भागलपुर के प्रतिष्ठित उद्यमी प्रेरित हुए हैं, यानी भागलपुर की परंपरा से मधुबनी ने प्रेरणा ली और अब मधुबनी की इस पहल को भागलपुर गले लगाएगा। सांस्कृतिक चेतना के आदान-प्रदान का यह खूबसूरत सकारात्मक पक्ष है। ऐसे प्रयासों को सराहा जाना जरूरी है।

माना जा रहा है कि सब नेशनलिज्म (उप-राष्ट्रवाद) विकास का बड़ा आधार साबित हुआ है। देश के कई राज्यों मसलन महाराष्ट्र, गुजरात, आंध्र प्रदेश, तमिलनाडु,

पंजाब जैसे राज्यों के विकास में वहाँ के उप-राष्ट्रवाद ने बड़ा योगदान किया। लोगों में अपनी मिट्टी की ममता और पहचान को लेकर चेतना जगी। अपने प्रदेश को आगे ले जाने की ललक पैदा हुई। विकास बिना जन सहयोग और जागरूकता के संभव नहीं होता है। इन राज्यों के विकसित होने का देश को प्रत्यक्ष फायदा हुआ। देश की अर्थव्यवस्था में ये राज्य सर्वाधिक योगदान करते हैं। बिहार में अपनी पहचान और स्वाभिमान को लेकर इस तरह की एकजुटता का अभाव खलता रहा है। वैसे इस दिशा में पहल हो रही है। भागलपुर और मधुबनी ने एक-दूसरे के सकारात्मक संदेश और पहल को अपनाने की नई परंपरा शुरू की है। इस अर्थ में यह उप-राष्ट्रवाद के बीज के अंकुरित होने का भी संकेत है।

मुख्यमंत्री नीतीश कुमार ने सेवा यात्रा के दौरान मधुबनी में मिथिला पेंटिंग संस्थान की स्थापना और उसे डीम्ड यूनिवर्सिटी का दर्जा देने की घोषणा की थी। इस संस्थान का स्वरूप तय करने की जिम्मेदारी प्रमुख सचिव अंजनी कुमार सिंह को सौंपी गई। भागलपुर के सबौर में कृषि विश्वविद्यालय की स्थापना कर पूरे बिहार में कृषि के आधुनिक विकास पर शोध और कार्य प्रारंभ कराया गया है। इसी तरह मधुबनी में प्रस्तावित मधुबनी पेंटिंग संस्थान से राज्य की अन्य लोककलाओं को भी जोड़कर उन्हें संजीवनी प्रदान की जा सकती है। चूँकि मधुबनी की लोककला में सहभागिता आमजन के स्तर पर है और मधुबनी पेंटिंग की ट्रेनिंग घर से ही शुरू हो जाती है, इसलिए वहाँ लोककला यूनिवर्सिटी के लिए माहौल ज्यादा अनुकूल बनेगा, साथ ही लोककला को एक नया आयाम और नई जिंदगी मिलेगी। बहरहाल, नए साल में बिहारी उपराष्ट्रवाद की बुनियाद को मजबूत करने में कला क्षेत्र के योगदान को सुनिश्चित करने की पहल कारगर साबित हो सकती है।

(24.12.2012)

❑

समाज भी इस चुनौती के खिलाफ खड़ा हो

शराब का अवैध निर्माण या कारोबार बिहार की एक नई चिंता और शासन–प्रशासन की बड़ी चुनौती है। विकास के साथ विकृतियाँ भी आती हैं। बाजार में पैसा रहेगा तो लोगों की जेब तक भी पहुँचेगा। पैसे का सदुपयोग और दुरुपयोग दोनों संभव है। अशिक्षित तबके में पैसे के दुरुपयोग का खतरा ज्यादा रहता है। नकली या मिलावटी वस्तुओं की खपत निम्न आय वर्गीय परिवारों में ज्यादा होती है। इनकी क्रय शक्ति की सीमा में प्रसाधन, दवा से लेकर खाद्य सामग्री तक असली उत्पादों की नकल वाले आकर्षक पैक में सुलभ कराने का कारोबार कोई नया नहीं है। राजधानी पटना का एक इलाका तो नकली वस्तुओं के उत्पादन से ही मशहूर रहा है। ऐसी वस्तुएँ अपने उपभोक्ताओं को उपहार में बीमारियाँ भी परोसती रही हैं। श्रृंगार की ऐसी वस्तुएँ चेहरे बिगाड़ती हैं तो खाद्य–सामग्री सौगात में पेट की बीमारियाँ देती है। नकली दवाएँ तो जान भी लेती हैं। ऐसे उत्पादों का आकर्षण गाँवों में चौपाल के दिन लदने और नुक्कड़ों के विकास के साथ बढ़ा। बराबरी की प्रतिस्पर्धा ने इनकी खपत बढ़ाई। नकली शराब भी इसी की कड़ी है।

यह सही है कि नकली या मिलावटी वस्तुओं की बिक्री पर अंकुश लगाने की जवाबदेही शासन–प्रशासन की है, लेकिन क्या कोई कानून या सरकारी मुहिम बिना जन सहयोग के कारगर हो सकती है। तीन दशक में अगर दहेज ने पारिवारिक गर्व से सामाजिक शर्म तक की यात्रा तय की है, तो क्या यह सिर्फ कानून से संभव हुआ ? इस सामाजिक बुराई के खिलाफ लगातार आवाज उठती रही। इससे लड़कियों में चेतना जगी, अभिभावकों ने स्वीकार किया कि लड़कियों में अशिक्षा दहेज की संजीवनी है। नतीजा सामने है, लड़कियाँ पढ़ने लगीं तो अपने पैरों पर खड़े होने की ललक उनमें पैदा हुई। आज दहेज से ज्यादा, एक सुसंस्कृत शिक्षित लड़की की माँग है। याद कीजिए वह दौर, जब किसी लड़के को दहेज कम मिलता था तो उसका मजाक उड़ाया जाता था, लेकिन आज कोई गर्व से सर्वाधिक दहेज पाने का दावा कर सकता है ? दहेज का लेन–देन तो आज भी जारी है।

जबसे शराब बराबरी का पर्याय या सामाजिक हैसियत बन गई है, इसकी माँग बढ़ी है। इससे नकली और मिलावटी शराब के निर्माताओं में धन की भूख भी बढ़ती जा रही है। धनलोलुपता संवेदना को लील जाती है। इसी राज्य में अपहरण का उद्योग फला-फूला। रंगदारी नहीं देने पर जान की कीमत भी लोगों ने चुकाई। बिहार पुलिस की यह मान्यता सही है कि नकली शराब का निर्माण राज्य में आर्थिक अपराध का नया चेहरा है, लेकिन इसका निहितार्थ यह भी है कि जिस तरह स्पीडी ट्रायल और अवैध हथियारों के खिलाफ मुहिम ने संगठित अपराध को काबू किया, उसी इच्छाशक्ति के साथ मौत के इन सौदागरों पर भी शिकंजा कसना होगा, लेकिन यह भी सही है कि बिना जनसहयोग से इस अपराध पर काबू पाना आसान नहीं है। यह एक सामाजिक बुराई भी है और अशिक्षा से इसे संजीवनी मिल रही है। एक तरफ कहा जा रहा है कि लाइसेंसी शराब की दुकानों की संख्या काफी बढ़ गई है। इससे शराब का प्रसार हुआ है। दूसरी तरफ, अवैध या नकली शराब से मौतें हो रही हैं। जब वैध शराब सहज उपलब्ध हो तो अवैध का सेवन क्यों, अवैध शराब का नेटवर्क इतना तेजी से कैसे पसर गया? गाँवों में परचून और किराना दुकानों तक नकली शराब के पाउच कौन पहुँचा रहा है, कहीं शराब की अवैध भट्ठी है तो इसकी जानकारी उत्पाद विभाग को क्यों नहीं मिल पाती है? इन सवालों का जवाब ढूँढ़ना ज्यादा जरूरी है।

बहरहाल, शराब चाहे उम्दा या निम्न क्वालिटी की हो, उसे पीने की एक हद होती है। हदें पार कर इसका सेवन करने से अव्वल दर्जे की शिक्षा प्राप्त और संपन्न परिवारों के लोग भी जान गँवाते रहे हैं। फिर नर्व वर्ष या पर्व-त्योहारों पर रात भर खुले में शराब पीकर जश्न मनाने से क्या सेहत नहीं बिगड़ेगी? आज स्थिति इतनी बदतर है कि नशे में तर होकर धार्मिक जुलूसों का संचालन एक फैशन-सा हो गया है। ऐसे में समाज को भी इस बुराई के खिलाफ आगे आना होगा।

(07.01.2013)

❑

क्रिकेट की पिच को राजनीति से बख्श दें

क्रिकेट के इस मौसम में बिहार की खेल प्रतिभाओं और बच्चों के मन पर क्या बीत रही होगी। क्या यह सवाल कभी बिहार के रहनुमाओं के मन में उठता है ? बिहार को परिवर्तन की धरती कहते हैं। यहाँ से वैचारिक आंदोलनों की बयार बहती रही। अभी विकास के समावेशी मॉडल की बारी है, लेकिन क्या वजह है कि क्रिकेट के मामले में हम दो कदम भी नहीं बढ़ा पा रहे हैं। यह जमाना क्रिकेट का है। सबसे अधिक क्रेज इसी का है। इस खेल में हम अपना पाँव जब तक जमा नहीं लेंगे, अन्य खेलों की ब्रांडिंग आसान नहीं होगी। हमारे सामने झारखंड की मिसाल है। हमसे अलग होने के महज चार-पाँच साल बाद उसने क्रिकेट के संसार को महेंद्र सिंह धोनी जैसा हीरा दिया। महज एक दशक बाद झारखंड की राजधानी में अंतरराष्ट्रीय मैच खेलने लायक स्टेडियम तैयार हो गया। बीते माह भारत और इंगलैंड के बीच वन डे मैच खेला गया। वहाँ के बच्चे धोनी की अगली कतार बनने की ललक रखते हैं। धोनी उनके सपने को साकार करने में अपनी भूमिका तलाश रहे हैं। काबिले गौर है कि बिहार से अलग एक प्रांत बनने के बाद से झारखंड में कभी राजनीतिक स्थिरता नहीं रही। आज भी वही स्थिति है। बहुमत के अभाव में कोई जनतांत्रिक सरकार वहाँ नहीं है। फिर भी खेल के क्षेत्र में उसके कदम आहिस्ता-आहिस्ता ही सही, बढ़ तो रहे हैं। हमारे कदम तो ठहरे हुए हैं।

बीते दिनों बिहार के ग्रामीण इलाकों में क्रिकेट का जुनून देखने को मिला। झंझारपुर में ललित-कर्पूरी क्रिकेट टूर्नामेंट हो, रांटी के एक खेत में या ऐसे ही अनेक जिलों के छोटे-बड़े मैदानों में आयोजित टूर्नामेंट, खिलाड़ियों और दर्शकों का उत्साह देखते बनता है। छोटे स्तर पर होनेवाले ऐसे आयोजनों में इतनी बड़ी भीड़ उमड़े तो उसे क्या कहेंगे ? बातचीत में यह तथ्य भी सामने आया कि अब ग्रामीण स्तर पर अलग-अलग स्थानों पर होनेवाली ऐसी टूर्नामेंट के लिए खास-खास खिलाड़ियों की बुकिंग हो रही है। वे कब उपलब्ध हैं, उसके आधार पर टूर्नामेंट की तारीखें तय होती हैं। आस-पास की टीमें ऐसे खिलाड़ियों को अपने योद्धा के बतौर उतार रही हैं, लेकिन क्रिकेट के इस जुनून को मिलता

क्या है, उबड़-खाबड़ खेत के बीच पत्थरीली पिच और धीमा मैदान। फिर भी जज्बा है, जो क्रिकेट को जिंदा रखता है। ग्रामीण विकास मंत्री नीतीश मिश्रा ने पाँच साल पहले ललित-कर्पूरी जिला स्तरीय क्रिकेट टूर्नामेंट शुरू कराई। पहले साल उन्होंने मधुबनी जिले के अलग-अलग स्थानों पर इसका आयोजन किया। अगले साल से इसका आयोजन झंझारपुर में हो रहा है। इस टूर्नामेंट के दौरान दर्शकों की जो भीड़ जुटती है, उसे इस खेल में लोगों की दिलचस्पी की गहराई का पैमाना माना जा सकता है।

बिहार में क्रिकेट की दुर्दशा का जिम्मेवार कौन है, लाखों बच्चों के अरमानों से खेलने की जुर्रत कौन कर रहा है, क्रिकेट में राज्य का भविष्य संघ के वर्चस्व विवाद में क्यों उलझा पड़ा है ? ये ऐसे सवाल हैं, जिनका जवाब भले ही बिहार के क्रिकेट प्रेमी या खिलाड़ी सड़क पर उतरकर नहीं माँग रहे हैं, लेकिन उनके दिल में ये उमड़ते-घुमड़ते जरूर रहते हैं। अब जबकि बिहार की बदलती तस्वीर देश-दुनिया के सामने है, विकास राज्य की राजनीति का एजेंडा है तो उसमें उचित हिस्सेदारी का हक खेलों का भी बनता है। इसके लिए जरूरी है कि क्रिकेट की पिच को राजनीतिक मल युद्ध से आजाद किया जाए। बिहारी क्षत्रपों को खेल की राजनीति से खुद को अलग कर लेना चाहिए। ताकि खेल के जानकार और खिलाड़ी मिलकर क्रिकेट में आगे बढ़ने की रणनीति तैयार कर सकें। राज्य सरकार को भी हर जिले में कम-से-कम एक क्रिकेट स्टेडियम और प्रखंड स्तर पर कम-से-कम एक अच्छा मैदान विकसित करने की पहल करनी चाहिए। जिस तरह औद्योगिक, शैक्षिक, सामाजिक और आर्थिक तरक्की के लिए संबंधित क्षेत्र के दिग्गजों का सम्मेलन कराया जाता है, उसी तरह क्रिकेट के महारथियों का भी एक जमावड़ा बिहार में जरूरी है, ताकि खेल के विकास की रणनीति और माहौल बने।

(11.02.2013)

❑

जमीन की खरीद-बिक्री में फर्जीवाड़ा नई चुनौती

अचल संपत्ति की खरीद में बढ़ रही जटिलताएँ बड़ी चुनौती बनती जा रही हैं। यह भूमि विवाद का नया चेहरा है। बीते वर्षों में राज्य में आए बदलाव के कारण शहर और कस्बों के आस-पास के इलाकों में रिहायशी जमीन की माँग बढ़ी है। भय के बादल छँटे हैं तो लोग जमीन की खरीद करने के लिए खुलकर सामने आ रहे हैं। कुछ फीसदी लोगों के लिए रीयल इस्टेट में निवेश कारोबार है तो बड़ी तादाद ऐसे लोगों की है, जिन्होंने अरसे से अपने घर का सपना सँजो रखा है। इन्हीं वजहों से जमीन और फ्लैट की कीमतों में अप्रत्याशित इजाफा भी हुआ है। कल तक कौड़ी के भाव बिकनेवाली जमीन आज सोने को भी मात दे रही है। शहर और कस्बों के आस-पास के इलाकों में छोटे भूखंडों के मालिक भी धन कुबेर बन गए। ऐसे सैकड़ों मिसालें सामने हैं। ऐसे में इस सच से भी इनकार नहीं किया जा सकता है कि छल-प्रपंच की गुंजाइश भी उसी अनुपात में बढ़ी है। जमीन के निबंधन की आसान शर्तें फरेबियों के लिए वरदान तो पाई-पाई जोड़कर जमीन खरीदनेवालों के अरमानों पर आघात हैं।

पटना, समेत तमाम शहरों के आस-पास के इलाकों से ऐसी शिकायतें बढ़ी हैं कि जमीन खरीदने के बाद उसका कोई अन्य दावेदार खड़ा हो जाता है, खासकर पूस्तैनी, ट्रस्ट, मंदिर, किसी संस्था से जुड़े या दियारा के भूखंडों के मामलों में ऐसी शिकायतें ज्यादा हैं। पूस्तैनी जमीन के पुख्ता आपसी बँटवारे और जमाबंदी कराने की परंपरा राज्य में कमजोर रही है। आपस में बँटवारा कर लोग-बाग निश्चिंत हो जाते हैं, लेकिन बँटवारा डीड के निबंधन की संख्या नगण्य है। अनेक मामलों में यह बात सामने आ चुकी है कि पूस्तैनी जमीन के एक हिस्सेदार ने एग्रीमेंट कर जमीन की बिक्री के एवज में पैसे ले लिये, जबकि वह भूखंड दूसरे हिस्सेदार का निकला। फिर पैसे वापस लेने के लिए लोगों को एड़ी-चोटी का पसीना एक करना पड़ता है। अनेक मामलों में धन की वसूली संभव भी नहीं हो पाती है, जबकि कई मामलों में फँसे होने के कारण उसी भूखंड की ज्यादा कीमत अदा करनी पड़ती है। इसी तरह ट्रस्ट या मठों की जमीन खरीदकर लोगों ने घर

तो बना लिये हैं, लेकिन उनके सुकून पर तलवार लटकती रहती है। कई जगह तो ट्रस्ट या मंदिर की जमीन के फर्जी कागज बनवाकर बेच देने की शिकायतें भी सामने आ चुकी हैं। इनके अलावा एक ही भूखंड के कई नामों से निबंधन की शिकायतें भी कम नहीं हैं। निबंधन कार्यालय का यह तर्क गले नहीं उतरता कि उसे तो सिर्फ राजस्व से सरोकार है। ऐसे में सवाल उठता है कि क्या जमीन खरीदने का अर्थ विवादों को न्योता देना है, क्या यह न्यायोचित है कि कोई घर का सपना साकार करने के लिए जमीन का निबंधन कराए और उसे हासिल करने के लिए अदालतों का चक्कर लगाता फिरे?

नीतीश कुमार की सरकार ने जमीन की खरीद-बिक्री की इन जटिलताओं को गंभीरता से लिया भी। 'बिहार विशेष सर्वेक्षण एवं बंदोबस्त विधेयक, 2011' इसी का प्रतिफल है। इसके तहत विधेयक पारित होने के अगले तीन वर्षों में राज्य की इंच-इंच जमीन का सर्वे और पाँच वर्षों में चकबंदी पूरा करने का लक्ष्य रखा गया है। विधेयक के उद्‌देश्यों में जमीन के मालिकाना हक और भिन्न-भिन्न दावेदारी के विवादों का निपटारा भी शामिल है। इसके तहत इंच-इंच जमीन का रिकॉर्ड तैयार कर उनका डिजिटल नक्शा तैयार किया जाना है। दरअसल वर्ष 1912 के बाद राज्य में जमीन का कोई सर्वे नहीं हुआ। बंदोबस्ती और जमाबंदी की प्रक्रिया भी अरसे से शिथिल रही। इन वजहों से जमीन के स्वामित्व और दावेदारी का विवाद बढ़ता गया। बहरहाल इस विधेयक के तहत किए गए प्रावधानों पर अमल हुआ तो इसका लाभ 2015 से मिल पाएगा, लेकिन इस बीच राज्य सरकार को कुछ ऐसे कदम उठाने चाहिए, ताकि जमीन का गलत निबंधन संभव न हो। निबंधन कार्यालयों पर सिर्फ राजस्व उगाही की जवाबदेही न रहे, बल्कि उन्हें यह भी सुनिश्चित करना चाहिए कि जमीन खरीदनेवाले ठगी या जालसाजी के शिकार न हों। याद रहे, ऐसे मामले सामाजिक सरोकारों में भरोसे की नींव को कमजोर करते हैं।

(01.04.2013)

❑

धमारा हादसे का जिम्मेवार कौन? सवाल आज भी मौजूँ

सावन के शोक में तब्दील हो गया बीता सोमवार, लेकिन 28 लोगों की अकाल मौत का जिम्मेवार कौन? यह सवाल आज भी अनुत्तरित है। राजनीतिक दलों के इल्जामात और बचाव उनकी सहूलियत के हिसाब से होते हैं। किसी ने कहा, जिला प्रशासन की चूक से इतना बड़ा हादसा हो गया तो किसी ने केंद्र और राज्य सरकारों को समान रूप से जवाबदेह ठहराया। रेल राज्य मंत्री अधीर रंजन चौधरी आए तो थे मातमपुर्सी करने और घायलों का हालचाल जानने, लेकिन धीर खो बैठे। जिला प्रशासन समेत तीन पूर्व रेल मंत्रियों को निशाने पर ले लिया। दिल्ली पहुँचकर अपने बयान से पलट भी गए। बहरहाल, सवाल आज भी मौजूँ है कि हादसे का जिम्मेवार कौन और इसका सबक क्या है?

शिव भक्तों के लिए हर सोमवारी महत्त्वपूर्ण होती है। प्रमुख शिव धामों के अलावा गाँव और शहरों के शिवालयों में भी शिव भक्तों की भीड़ उमड़ती है, लेकिन रोहियार पंचायत के बंगलिया गाँव स्थित शक्ति पीठ देवी कात्यायनी के दर्शन के लिए प्रसिद्ध है। यहाँ काँवर लेकर पहुँचने की परंपरा नहीं है, बल्कि प्रत्येक सोम और शुक्रवार को यहाँ बैरागन होता है। दोनों दिन मुंगरे से लेकर सुपौल, यानी पूर्वोत्तर बिहार के गाँवों से पशुपालक मन्नत करने पहुँचते हैं। किसी के मवेशी को कोई रोग हो या वह बाँझ हो तो पशुपालक कात्यायनी के दरबार में मत्था टेकने पहुँचते हैं। मन्नत पूरी होने पर इन्हीं दो दिन वे उसी मवेशी का पहला दूध लेकर कात्यायनी को अर्पित करने के लिए भी आते हैं। सावन का अंतिम सोमवार श्रद्धालुओं के लिए विशेष महत्त्व का होता है। धमारा स्टेशन से करीब आधा किलोमीटर दूर स्थित है कात्यायनी मंदिर। स्टेशन से रेल पटरी के सहारे ही मंदिर तक की दूरी तय करनी होती है।

जब यह हादसा हुआ तो धमारा स्टेशन पर पहले से ट्रैक एक और तीन पर पैसेंजर ट्रेनें खड़ी थीं। दोनों के बीच, यानी ट्रैक नंबर दो पर कात्यायनी मंदिर में दर्शन को

पहुँचनेवाले श्रद्धालुओं की भारी भीड़ थी। दरअसल कुछ समय पहले ही दोनों दिशाओं की पैसेंजर ट्रेनें वहाँ पहुँची थीं। श्रद्धालु अभी ट्रेन से उतरे ही थे। इसी दौरान बीच वाले ट्रैक से राज्यरानी गुजरी और उसकी चपेट में तीन दर्जन लोग आ गए। 28 की मौत हो गई। कई सवाल एक साथ उठते हैं, पहला सवाल तो यह है कि जब धमारा से पहले रेलवे ने कॉसन की व्यवस्था पहले कर रखी थी तो उस दिन ऐसा क्यों नहीं हुआ? अगर ट्रेन 20-30 किलोमीटर की रफ्तार में होती तो चालक के लिए ट्रेन को मौके पर रोकना मुमकिन होता। यह इसलिए भी जरूरी था कि स्टेशन से आगे मोड़ है और ट्रेन करीब आने के बाद ही नजर आती है। चालक को भी इसी कारण दूर से भीड़ नजर नहीं आई और न यात्रियों को ट्रेन आती दिखी। गाजे-बाजे के अलावा दो इंजनों की आवाज का शोर इतना था कि तीसरी ट्रेन के आने की आहट भी लोग कैसे महसूस कर पाते। वहाँ न भगदड़ मची और न कोई अराजकता जैसी स्थिति थी, बल्कि जब तक लोग कुछ समझ पाते, कुछ पल में ही स्टेशन परिसर श्मशान में तब्दील हो गया।

सबसे बड़ा सवाल है, रेल संचालन से जुड़े रेलकर्मियों के बीच कम्युनिकेशन। अगर यह मजबूत होता तो निश्चित रूप से उस दिन दो ट्रेनों के बीच से तेज गति में राज्यरानी को गुजारने का फैसला नहीं लिया जाता। यह तर्क गले नहीं उतरता कि अगर स्टेशन के बाहर दोनों तरफ सड़क होती तो हादसा नहीं होता। दरअसल यह हादसा रेल पटरी पर स्टेशन से मंदिर जाने के क्रम में नहीं हुआ, बल्कि स्टेशन पर ही हुआ। बहरहाल, इस घटना से किसने क्या सबक लिया, यह भी बड़ा सवाल है। रेलवे का एक नारा है—'सावधानी हटी-दुर्घटना घटी'। रेलवे अगर खुद इस पर खरा नहीं उतर पाता है तो औरों से उसकी यह अपेक्षा बेमानी है। रेलवे को ऐसे रेलवे स्टेशनों और मानवरहित फाटकोंवाले इलाके में राज्य सरकार के सहयोग से जागरूकता अभियान भी चलाना चाहिए। वैसे रेल यात्रियों और रेल पटरियों के आर-पार के राहगीरों के लिए भी यह हादसा बड़ा सबक है। सावधानी ही ऐसे हादसों को टालने का अचूक समाधान है। हाँ, आवागमन को सुगम बनाने के लिए राज्य सरकार को भी ऐसे रिमोट इलाकों में सड़क नेटवर्क को विस्तार देना चाहिए, ताकि रेल पर निर्भरता कम हो और विकास की रोशनी इन इलाकों तक पहुँचे।

(28.06.2013)

❑

दरभंगा-जयनगर एनएच के आईने में देखें अपना चेहरा

दरभंगा से जयनगर 54 किलोमीटर राष्ट्रीय राजमार्ग (एनएच 105) एक आईना है। इसमें केंद्र सरकार के पैरोकार और मिथिलांचल के सांसद दोनों अपना चेहरा देख सकते हैं। नेपाल सीमा पर स्थित जयनगर न केवल उत्तर बिहार का एक बड़ा सीमाई व्यावसायिक केंद्र है, बल्कि इसका सामरिक महत्त्व भी है। दरभंगा स्थित सैनिक हवाई अड्डे का निहितार्थ आसानी से समझा जा सकता है। यह सड़क इसी हवाई अड्डे के बगल से होकर जयनगर तक जाती है, लेकिन बदले हालात में यह बिहार के चेहरे पर एक धब्बे की तरह है। वर्षों गुजर गए, इसकी मरम्मत तक नहीं कराई गई। आज इस राष्ट्रीय राजमार्ग से पैदल यात्रा करना भी बड़े जोखिम के समान है। 54 किलोमीटर की लंबाई में इसके ज्यादातर हिस्से अपना वजूद खो चुके हैं। अवशेष के बतौर बिखरे पत्थर के बड़े-बड़े टुकड़े संभवतः एक दौर की लूट संस्कृति के भी गवाह हैं। पहले कभी जब इस सड़क का कायाकल्प हुआ था, उस समय इसी तरह गिट्टी के बड़े-बड़े टुकड़ों को पिच से ढककर निर्माण कार्य की इतिश्री कर दी गई। वैसे बदहाली का यह दर्द बिहार के अकेले इस राष्ट्रीय राजमार्ग का नहीं है। राज्य का 1800 किलोमीटर राष्ट्रीय राजमार्ग अरसे से केंद्र की कृपा का मोहताज है। चकिया-सीतामढ़ी-जयनगर-नरहिया, पटना-अरबल-औरंगाबाद, छपरा-रेवाघाट-मुजफ्फरपुर और बिहारशरीफ-जहानाबाद-अरबल जैसे दर्जन भर एनएच की यही व्यथा है।

भोजपुरी में एक मुहावरा है—'न करम, न करे देम'। बिहार के ऐसे राष्ट्रीय राजमार्गों को लेकर केंद्र सरकार का रवैया यही है। पहले कार्यकाल में नीतीश सरकार ने उत्साह में राज्य के राष्ट्रीय राजमार्गों के कायाकल्प पर राज्य के खजाने से करीब 950 करोड़ रुपए खर्च कर दिए, लेकिन इतनी बड़ी रकम की भरपाई करने से केंद्र सरकार मुकर गई। बिहार जैसे सीमित संसाधनवाले राज्य के लिए यह बड़ा आर्थिक झटका है। हद तो यह कि पटना में अनीसाबाद से दीदारगंज एनएच को राज्य सरकार ने अपने प्रयास से दुरुस्त

करना शुरू किया तो एनएचएआई ने एनओसी नहीं लेने का तर्क देकर काम रोक दिया, जबकि जाम से पटना को निजात दिलाने के लिए इसका फोरलेन किया जाना जरूरी था। इसका हवाला देकर पथ निर्माण विभाग ने काम शुरू करने की सूचना भी दी थी। इस मामले में एनओसी नहीं लेने का तर्क दिया गया, लेकिन अनेक एनएच का निर्माण या मरम्मत न तो केंद्र सरकार खुद कर रही है और न पीपीपी मोड में या अपने बूते कराने के लिए राज्य को एनओसी देती है। उसके इस रवैये से राज्य सरकार का भी राष्ट्रीय राजमार्गों को लेकर लगता है उत्साह ठंडा पड़ चुका है। इसी कारण अनेक स्थानों पर एनएच के समानांतर राज्य राजमार्ग (एसएच) का निर्माण कराया गया या कराया जा रहा है, लेकिन एनएच का विकल्प एसएच इसलिए नहीं बन पाता है, क्योंकि वह सीधा नहीं, बल्कि ज्यादातर घुमावदार होता है। इस पर आवागमन एनएच की तरह आसान नहीं हो पाता है।

दरभंगा-जयनगर एनएच अनेक अर्थों में महत्त्वपूर्ण है। पश्चिम चंपारण के मदनपुर से किशनगंज के गलगलिया तक 552 किलोमीटर नेपाल सीमा के किनारे सड़क का निर्माण शुरू हो गया है, लेकिन इसके लाभ से लाखों की आबादी वंचित रह जाएगी, क्योंकि दरभंगा से जयनगर तक एनएच पर आवागमन लगभग ठप है। केवटी, रहिका, कलुआही और मधुबनी समेत इनसे जुड़े इलाकों के लोगों को सीमा पर बन रही सड़क का लाभ नहीं मिल पाएगा। मधुबनी, पंडौल और सकरी बाजार पर अनावश्यक वाहनों का दबाव भी है, जिसे दरभंगा से सीधे रहिका या बेनीपट्टी जाना है, उसे भी मधुबनी होकर जाना पड़ता है, साथ ही एक बड़े हिस्से का विकास भी ठप है। करीब दस हजार की आबादीवाले गाँव जटियाही-परजुआर समेत अनेक गाँवों के ग्रामीणों का कहना है कि यह एनएच सुधर जाए तो शायद उनके गाँव तक की सड़क का निर्माण भी संभव हो। यह एनएच दरभंगा और मधुबनी संसदीय क्षेत्रों में बँटा है। इन दोनों सीटों पर भाजपा का कब्जा है। मधुबनी से सांसद और पूर्व केंद्रीय मंत्री हुकुमदेव नारायण यादव राजनीतिक सवालों पर काफी मुखर रहते हैं। इसी तरह दरभंगा के कीर्ति आजाद भी कम प्रभावशाली नहीं हैं। मधुबनी सीट से कांग्रेस के डॉ. शकील अहमद और दरभंगा से राजद के अली असगर फातमी चुनाव लड़ते रहे हैं। इन सीटों से जीतकर ये केंद्र में मंत्री भी रहे। भाजपा, कांग्रेस और राजद में ये बड़ी हस्तियाँ हैं, फिर भी इस एनएच की यह दुर्दशा क्या बयाँ करती है?

(21.10.2013)

❑

घर में घूँघट और खुले में शौच, कैसा विरोधाभास?

सामाजिक बुराइयों या कुप्रथाओं को खत्म करना आसान नहीं होता है। ऐसी बुराइयों और कुप्रथाओं को मानसिक जड़ता और सामाजिक मान्यताओं से ही ताकत और ऊर्जा मिलती है। इन्हें खत्म करने के लिए सामाजिक चेतना सबसे जरूरी है। लड़कियों को स्कूल नहीं भेजने के पीछे जो मानसिकता काम कर रही थी, उस पर सामाजिक चेतना ने ही फतह हासिल की। मौका मिला तो लड़कियों ने साबित कर दिखाया कि वे किसी से कम नहीं हैं। ऐसी ही अनेक बुराइयाँ हैं, जिसे खत्म करने के लिए समाज को आगे आना होगा, अपनी मानसिकता बदलनी होगी। भ्रूण हत्या या बाल विवाह जैसी बुराइयाँ आज भी बड़ी चुनौती हैं, लेकिन खुले में शौच सबसे बड़ी चुनौती है। मुख्यमंत्री नीतीश कुमार ने अपने ब्लॉग पर ठीक ही लिखा है कि यह एक सामाजिक शर्म है और इसे समाप्त करेंगे।

खुले में शौच एक ऐसी सामाजिक बुराई है, जो न केवल बीमारियों को घर का रास्ता दिखाती है, बल्कि दुष्कर्मियों को अवसर भी मुहैया कराती है। कब्ज और डायरिया के अलावा गैस और सिर दर्द जैसी अनेक बीमारियों की यह जड़ है। वर्षों पहले समीक्षा के दौरान एक अनुमान था कि बलात्कार के 90 फीसदी मामले खुले में शौच के कारण घटित होते हैं। यह कैसा सामाजिक विरोधाभास है कि हम अपने आँगन में बहुओं से घूँघट की अपेक्षा रखते हैं। ऐसा नहीं करने पर उन्हें ताने सुनने पड़ते हैं। उनकी पारिवारिक पृष्ठभूमि से लेकर संस्कार तक का सवाल उठ खड़ा होता है, लेकिन उन्हें खुले में शौच के लिए भेजते समय हमें तनिक भी संकोच नहीं होता या अपने संस्कार पर सोचने को विवश नहीं होना पड़ता है। हद तो यह है कि बड़ी संख्या ऐसे परिवार भी हैं, जिनके पक्के मकान हैं, लेकिन शौचालय नहीं।

केंद्र सरकार का ताजा सर्वेक्षण बताता है कि देश में 53 प्रतिशत परिवार खुले में शौच करते हैं। केंद्र के इस सर्वे के अनुसार बिहार में एक लाख नौ हजार परिवारों में शौचालय नहीं है, लेकिन मुख्यमंत्री नीतीश कुमार का दावा है कि राज्य सरकार के सर्वे के अनुसार

दो लाख उन्नीस हजार परिवारों में शौचालय नहीं है। इसका अर्थ है कि बिहार में यह औसत 70 फीसदी से अधिक है। ऐसा क्यों है ? तब जबकि केंद्र सरकार की योजना के अलावा राज्य सरकार भी शौचालय के निर्माण में अपनी तरफ से आर्थिक मदद दे रही है। मनरेगा से भी मदद देने का प्रावधान किया गया है। इसमें एपीएल और बीपीएल सभी परिवारों को मदद दी जा रही है।

सवाल यह भी उठता है कि आखिर सामाजिक, गैर सरकार (एनजीओ) और राजनीतिक संगठन इस चुनौती को स्वीकार करने का साहस क्यों नहीं दिखाते ? बीते सप्ताह दरभंगा में महाकवि विद्यापति की याद में समारोह का आयोजन किया गया। उस मंच से अगर मिथिलांचल में खुले में शौच, बाल विवाह, भ्रूण हत्या और सामाजिक भेदभाव को समाप्त का करने का आह्वान होता तो शायद विद्यापति की आत्मा को भी सुकून मिलता। विद्यापति ने उस समय जनभाषा में अपनी रचनाएँ लिखीं, जब संस्कृत देवभाषा हुआ करती थी। हरवाहों और चरवाहों को भी उनके गीत गुनगुनाते सुना जा सकता है, लेकिन हुआ क्या, इस महापुरुष की जीवन और दर्शन गाथा पर शास्त्रार्थ से अमृत निकालने की बजाय एक खास राष्ट्रीय राजनीतिक दल के लोगों ने एक व्यक्ति को पी.एम. बनाने का आह्वान शुरू कर दिया। समर्थन में हाथ उठवाए गए। मिथिला राज्य का सपना दिखाया गया। हद तो यह कि एक प्रतिष्ठित आईपीएस अधिकारी भी इस धारा में बह गए। हालाँकि इसका विरोध भी हुआ, लेकिन इस तरह की हरकतों से सामाजिक संस्थाओं की मर्यादा कैसे कायम रह पाएगी और सामाजिक सुधार की अपेक्षा उनसे कैसे की जा सकती है। वैसे मिथिला राज्य की माँग भी रस्मी ही नजर आती है। दो-तीने जिले से कोई अलग राज्य बन नहीं सकता और मिथिलांचल में जिन जिलों के शामिल होने का दावा किया जाता है, उन सबमें अलग राज्य की कितनी भूख है या वे इसकी कितनी जरूरत महसूस करते हैं, यह अलग बहस का विषय है। वैसे इस माँग को हवा मिली तो राज्य के अन्य हिस्सों में भी यह पसर सकती है। इससे होनेवाले नुकसान को भी आँकना होगा। बहरहाल, खुले में शौच की परंपरा को समाप्त करने की जवाबदेही सामाजिक और सरकारी संस्थाओं को सामूहिक तौर पर लेनी चाहिए। यह अभियान तभी कामयाब होगा, जब पंचायती राज, नगर निकाय, सामाजिक और सरकारी संस्थाएँ इसे समाप्त करने के लिए साझा मुहिम चलाएँ।

(25.11.2013)

❑

सोहेल अपहरण कांड से परदा हटाने में सहयोग करें हनीफ

सोहेल हिंगोरा अपहरण कांड अरसा बाद बिहार के अंडरवर्ल्ड की बड़ी कामयाबी बनकर सामने आया है। मीडिया में भी इसे काफी अहमियत मिली है। सोहेल को दमन स्थित उसके कारखाना परिसर से अपहरण कर सड़क मार्ग से बिहार लाया गया था। उसे सारण जिले के चतुरपुर में 25 दिनों तक रखा गया। तीन राज्यों के अपराधियों ने इसे अंजाम दिया। फिरौती की राकम 9 करोड़ या 25 करोड़ वसूली गई, यह राज खुलना अभी बाकी है। दमन पुलिस इस कांड के सूत्रधार रंजीत को गिरफ्तार कर ले गई। बिहार में अंतरराज्यीय ही नहीं, अंतरराष्ट्रीय अपहरण कांड को अंजाम देनेवाले अंडरवर्ल्ड सरगना भी एक दौर में सक्रिय रहे हैं। नेपाल के एक उद्योगपति का करीब दो दशक पहले अपहरण हुआ था। इसके अलावा, कई राज्यों के कारोबारी और उद्यमी अंडरवर्ल्ड के शिकार बने। ताजा मामला कई अर्थों में सनसनी पैदा करनेवाला है। अव्वल तो यह कि काफी समय बाद किसी संगठित गिरोह का ऐसा हैरतअंगेज कारनामा बिहार में सामने आया है, दूसरा इस कांड में खादी, खाकी और अंडरवर्ल्ड गठजोड़ की आशंका जताई जा रही है। सोहेल के पिता लगातार यह दावा कर रहे हैं। वैसे दमन पुलिस ने ऐसे किसी गठजोड़ की आशंका को खारिज कर दिया है। तीसरा, सोहेल का परिवार गुजरात के सूरत का निवासी है। मुख्यमंत्री नीतीश कुमार ने इस कांड की गंभीरता के मद्‌देनजर पुलिस महानिदेशक अभयानंद को गहराई में जाकर इसकी तहकीकात करने का निर्देश दिया है। उन्होंने यह भी साफ कर दिया है कि इस कांड को अंजाम देने में शामिल लोग चाहे कितनी भी बड़ी हस्ती क्यों न हों, उन्हें बख्शा नहीं जाएगा। पुलिस का हाथ उनकी गरदन तक जरूर पहुँचेगा। मामले की जाँच सी.आई.डी. को सौंपी गई है। वह अपना काम कर रही है।

जब यह कांड चर्चा में आया तो प्रदेश कांग्रेस ने कहा कि इससे बिहार की साखगीरी है। लोजपा की तरफ से बयान आया कि इस कांड की सीबीआई से जाँच करानी चाहिए।

विरोधी दल के नाते यह उनका नजरिया है और इस पर कोई सवाल नहीं उठाया जा सकता है, लेकिन यहाँ हमारी चिंता दूसरी है। इस पूरे प्रकरण पर गौर करने से एक और तस्वीर उभरती है—वह है राजनीतिक दलों का मौन। क्षेत्रीय दलों की क्या कहें, कांग्रेस और भाजपा जैसे राष्ट्रीय राजनीतिक दलों ने भी कोई गंभीरता नहीं दिखाई। किसी दल ने आगे आकर यह नहीं कहा कि अगर किसी जनप्रतिनिधि या राजनेता की इस कांड में भागीदारी सामने आई और वह उनके दल से जुड़ा पाया गया तो उसे पार्टी से निकाल बाहर कर देंगे। उसे सजा दिलवाने में पुलिस का सहयोग करेंगे। यहाँ सवाल उठता है कि अगर राजनीतिक दलों को अपराधमुक्त समाज या राजनीति की चिंता है, तो वे इस मौके पर ही यह संकल्प क्यों नहीं लेते कि उनका दल न तो किसी आपराधिक पृष्ठभूमि के किसी व्यक्ति को लोकसभा और विधानसभा के चुनावों में टिकट देगा और न वैसे किसी व्यक्ति को संरक्षण या पार्टी में स्थान देगा, जिनकी भागीदारी किसी आपराधिक कांड या गतिविधियों में पाई जाएगी। ऐसा संकल्प लेने में क्या परेशानी है, कम-से-कम यही बता दें। जाहिर है, यह राजनीति के खोखला होते जाने का प्रमाण है। कोई अगर इस कांड में मुखर नहीं हुआ तो उसके पीछे एक आशंका यह भी हो सकती है कि कहीं वह सफेदपोश हमारे दल से ही जुड़ा न निकल जाए। ऐसे कांडों के आरोपी आज भी राजनीति में सक्रिय हैं और उनके साथ मंच साझा करने में कोई संकोच भी नहीं करता, क्या राजनीति का एक सच यह भी नहीं है?

सोहेल अपहरण कांड की जाँच में बिहार की सी.आई.डी. सक्रिय हो गई है। उसकी टीमें दमन भी पहुँच गई है। लोगों की दिलचस्पी इस कांड की गुत्थी सुलझने में है। लोग-बाग जानना चाहते हैं कि अगर खादी-खाकी की संलिप्तता है तो उसका खुलासा जल्द हो, ताकि वे जान सकें कि असली खलनायक कौन हैं? ऐसे में खादी-खाकी गठजोड़ का सवाल उठाकर सनसनी पैदा करनेवाले सोहेल के पिता हनीफ हिंगोरा का भी यह धर्म बनता है कि वे बिहार पुलिस को इसमें मदद करें, क्योंकि यह एक गंभीर सवाल है। वैसे हनीफ ने यह सवाल तब उठाया, जब फिरौती की रकम अदा कर वह सोहेल को लेकर गुजरात चले गए। वह बिहार आने में सुरक्षा की चिंता जता रहे हैं, लेकिन अभी तो वे गुजरात में हैं और वहीं से गोपनीयता रखते हुए इसके सच से बिहार पुलिस को अवगत करा सकते हैं। पुलिस में एकाध अगर खलनायक निकल जाए तो सबको उसी चश्मे से देखना उचित नहीं है। आखिर किसी भी तरह के अपराध की गुत्थी सुलझाने या अपराधियों को शिकंजे में लेने की जवाबदेही तो पुलिस ही निभाती है। इस कांड की गुत्थी इसलिए भी जल्द सुलझना जरूरी है, क्योंकि इससे बिहार में बने माहौल का सरोकार भी है। भय का माहौल वापस न लौटे, यह सबकी तमन्ना है।

(23.12.2013)

❑

सीमांध्र को विशेष दर्जा से उठा फैसले की कसौटी पर सवाल

प्रख्यात आईपीएस अधिकारी डीएन गौतम ने डीजीपी पद से रिटायर होने के समय अपनी फेयरवेल स्पीच में कहा था कि आनेवाले दिनों में पुलिस की सबसे बड़ी चुनौती उन्माद होगी। बात-बात पर लोगों का उत्तेजित होना या उनका गुस्सा फूट पड़ना खतरनाक संकेत है। गौतम की यह चिंता वाजिब है। आज पानी, बिजली, सस्ते सरकारी अनाज की सप्लाई समेत अन्य सेवाओं में गड़बड़ी या किसी दुर्घटना के खिलाफ आए दिन लोगों का गुस्सा सड़क जाम, तोड़-फोड़ और पुलिस पर हमला तक के बतौर सामने आ रहा है, लेकिन सवाल इससे भी ज्यादा अहम है कि लोग क्यों अपना धैर्य खो रहे हैं, कहीं ऐसा तो नहीं कि यह धारणा बन गई है कि बिना कानून तोड़े या जनतांत्रिक आंदोलनों की मर्यादा की सीमा लाँघे शासन-प्रशासन सुनेगा नहीं? तेलंगाना के 29वाँ राज्य बनने के बाद सीमांध्र को झटके में विशेष राज्य का दर्जा देने का फैसला और बिहार समेत अन्य पिछड़े राज्यों की माँग की अनदेखी के निहितार्थ क्या ऐसी मान्यताओं को मजबूत नहीं करेंगे?

तेलंगाना बिल का विरोध कर रहे आंध्र प्रदेश के सांसदों ने बीते गुरुवार को संसद् में अपनी हरकतों से देश के संसदीय इतिहास को कलंकित किया। उन सांसदों को अपनी इस करतूत पर अफसोस भी नहीं था। आंध्र प्रदेश के विभाजन का विरोध कर रहे सांसदों का रवैया आगे भी नहीं बदला और उनकी आक्रामकता बरकरार रही। नतीजा क्या निकला, तेलंगाना गठन के बाद आंध्र के बचे हिस्से से बने सीमांध्र को विशेष राज्य का दर्जा और विशेष पैकेज दे दिया गया। इस फैसले का लोग क्या अर्थ निकालेंगे? शायद इस फैसले के औचित्य पर तब इतना बड़ा सवाल खड़ा नहीं होता, जब पहले से लंबित पिछड़े राज्यों की माँग पर कोई ठोस फैसला कर लिया जाता। वित्त मंत्रालय के तत्कालीन मुख्य आर्थिक सलाहकार रघुराम राजन कमेटी की सिफारिशों पर फैसला चुनाव बाद के लिए टाल नहीं दिया जाता।

झारखंड अलग प्रदेश बनने के बाद से बिहार में विशेष राज्य की माँग उठती रही है। 4 अप्रैल, 2006 से इस माँग पर गंभीर पहल शुरू हुई। मुख्यमंत्री नीतीश कुमार के प्रस्ताव

पर इसी दिन बिहार विधानसभा ने और 31 मार्च, 2010 को विधान परिषद् ने इस माँग के समर्थन में सर्वसम्मति से प्रस्ताव पारित किया। इस बीच मुख्यमंत्री ने 3 जून, 2006 को प्रधानमंत्री को पत्र भेजा। 10 मई, 2010 को इस माँग को लेकर जन दबाव बनाने के लिए जदयू ने आंदोलन का आगाज हस्ताक्षर अभियान से किया। 1 करोड़, 18 लाख लोगों के हस्ताक्षर जुटाने में वह कामयाब रहा। 2012 में जदयू ने जिलों से अधिकार रैली की शुरुआत की, जिसका समापन 17 मार्च, 2013 को दिल्ली के रामलीला मैदान में हुआ। 4 नवंबर को पटना के गांधी मैदान में अधिकार रैली के अगले दिन नीतीश कुमार ने प्रधानमंत्री और वित्त मंत्री को ज्ञापन सौंपकर देश हित में बिहार को विशेष राज्य का दर्जा देने का औचित्य बताया। पिछड़े राज्यों को केंद्र में रखकर नई सोच–आधारित नीति अपनाने की सलाह दी।

27 फरवरी, 2013 को आर्थिक सर्वेक्षण और 28 फरवरी को बजट भाषण में वित्त मंत्री पी. चिदंबरम ने स्वीकार किया कि पिछड़ापन मापने का मानक बदलने की आवश्यकता है। इसके बाद 11 मई, 2013 को पाँच सदस्यीय राजन कमेटी का गठन हुआ। 26 सितंबर को इसने अपनी रिपोर्ट प्रधानमंत्री को सौंप दी। हालाँकि कमेटी ने पिछड़ापन निर्धारित करने के लिए प्रति व्यक्ति खपत को आधार बनाया, इसका नुकसान बिहार को हुआ। इस वजह से पिछड़ापन में बिहार दूसरे नंबर पर आ गया। अगर प्रति व्यक्ति आय को पैमाना बनाया जाता तो बिहार सबसे निचले पायदान पर होता। बिहार ने अपनी आपत्ति भी दर्ज कराई, लेकिन केंद्र से इस कमेटी की सिफारिशों के तहत विशेष राज्य का दर्जा या उसके समान सुविधाएँ प्रदान करने का अनुरोध भी किया। 26 नवंबर को वित्त सचिव की अध्यक्षता में बैठक बुलाई गई, लेकिन इसे स्थगित कर दिया गया। मुख्यमंत्री नीतीश कुमार का आरोप है कि राजनीतिक कारणों से ऐसा किया गया।

अब सवाल उठता है कि वाजिब माँग पर लोकतांत्रिक परंपरा और मूल्यों की सीमा में रहकर अगर कोई आंदोलन चले तो उसकी अनदेखी कर दी जाए और कहीं अगर उग्र रास्ता अपनाया जाए तो उसकी बात तुरंत सुन ली जाए, क्या यह उचित है? ऐसे हालात में आगे बढ़कर सुविधा देने या माँग पर तत्काल अनुकूल फैसला लेने का संदेश क्या जाता है, इसकी गंभीरता पर विचार करना क्या जरूरी नहीं है, सीमांध्र को विशेष दर्जा या सहूलियत देने पर भला किसी को क्यों आपत्ति होगी? लेकिन वही सहूलियत अगर कोई जरूरतमंद विकास की राह पर आगे बढ़ने और देश की आर्थिक मजबूती में योगदान करने के लिए माँगे तो उसकी अनदेखी कब तक और क्यों? यू.पी.ए. को सीमांध्र और तेलंगाना में अपने किले की चिंता थी, लेकिन इस जल्दबाजी में उसने बिहार समेत बड़ी आबादीवाले पिछड़े दस राज्यों में क्या अपने विरोधियों और क्षेत्रीय ताकतों को लोकसभा चुनाव में बड़ा मुद्दा नहीं दे दिया है?

(06.05.2013)

❑

पेयजल पर सरकारी चिंता मौसमी क्यों?

मौसम का मिजाज ज्यों–ज्यों गरमाता है, भूगर्भ जल स्तर नीचे की ओर जाने की शिकायतें बढ़ने लगती हैं। 20वीं सदी के अंत तक ऐसी शिकायतें ज्यादातर सूखा प्रभावित दक्षिण बिहार के जिलों से आती थीं, लेकिन बीते कुछ वर्षों से उत्तर बिहार के उन जिलों से भी ऐसी शिकायतें आने लगी हैं, जो बाढ़ प्रभावित हैं। यह विरोधाभासी है कि जहाँ वर्षा के मौसम में नदियाँ उफनकर तबाही मचाती हैं, वहाँ पारा चढ़ते ही हैंडपंप जवाब देने लगते हैं। ऐसा क्यों, इससे ऐसा नहीं लगता कि सरकार की नीतियों और आम आदमी के व्यवहार के स्तर पर कहीं–न–कहीं इस समस्या को लेकर गंभीरता का अभाव है ? जमीन के नीचे के पानी का दोहन जिस रफ्तार से होता रहा है और जिस रफ्तार से आबादी का बोझ भूगर्भ जल खजाने पर बढ़ता गया, एक–न–एक दिन यह समस्या पेश आनी ही थी, सो आ गई है। वैसे भी दिनचर्या में उपयोग के लिए पानी की समस्या का समाधान सिर्फ पानी है। इसका कोई विकल्प न है और न हो सकता है। पानी की उपलब्धता सुनिश्चित करना ही इसका एकमात्र समाधान है। जाहिर है, पानी जहाँ से संभव होगा, उसे हासिल करने की हर तरकीब अपनाई जाएगी। इसलिए नीचे के पानी के दोहन को रोकना संभव नहीं है। संभव है तो जिस खजाने से हम लगातार निकासी कर रहे हैं, उसे भरते रहने के उपाय पर मंथन और पहल करने की।

गरमी के मौसम में पीने के पानी का संकट सिर्फ बिहार में ही पैदा नहीं होता है। विकसित राज्यों में भी यह चुनौती बड़ी बनी हुई है। इससे उबरने के लिए अनेक प्रयोग भी होते रहे हैं, लेकिन ज्यादातर ऐसे प्रयोगों का विषय हैंडपंप के माध्यम से जमीन के नीचे के जल से दोहन के मकसद से शुरू होकर उसी तक खत्म हो जाता है। दक्षिण के कुछ राज्यों में वर्षा के पानी को जमीन के नीचे भेजने की तकनीक पर गंभीर पहल हुई, लेकिन वहाँ भी यह अभियान नहीं बन सका, लेकिन ज्यादातर राज्यों में इस सवाल पर चिंता का पारा भी संकट के दस्तक देने के साथ चढ़ता है और मानसून आने के साथ उतरने लगता है। इसके स्थायी समाधान की ठोस पहल का अभाव इसे गुजरते समय के

साथ गहराते जाने का अवसर मुहैया करा रहा है। बिहार के विभिन्न हिस्सों में बिजली आपूर्ति पहले की तुलना में बेहतर होने के साथ बड़ी तादाद में सक्षम परिवार पानी के लिए मोटर पंप लगवा रहे हैं। यह भी भूगर्भ जल खजाने के दोहन का ही रास्ता है। ऐसे परिवार भी वर्षा के पानी को जमीन के नीचे भेजने के महत्त्व के बारे में अनजान बने हुए हैं। इस सवाल पर जन चेतना का अभाव किस हद तक समस्या को पेचीदा या विकराल बना सकता है, शायद इसका अनुमान अभी लोगों को नहीं है, जबकि संकट ने चेतावनी देना प्रारंभ कर दिया है।

आम आदमी को पेयजल मुहैया कराने के सरकारी धर्म का निर्वाह करने की जवाबदेही पीएचईडी पर है। वह हर साल कुछ नए और कुछ पुराने नाम की दवा इस रोग के इलाज के बतौर बाँटता है। इसका असर भी अंग्रेजी दवाओं की तरह होता है, यानी जहाँ नया हैंडपंप लगा दिया, वहाँ तत्काल रोग पर काबू, लेकिन अगले साल या दो-तीन साल बाद फिर यह रोग दस्तक नहीं देगा, इसकी गारंटी अंग्रेजी दवाओं की तरह इसमें भी नहीं है। पीएचईडी का ऐसे किसी अध्ययन में शायद विश्वास भी नहीं है कि किन-किन इलाकों में, कितने समय बाद भूगर्भ जल स्तर की क्या स्थिति रहेगी। सरकार और आम आदमी के स्तर पर किस तरह के प्रयासों से इस संकट को आने से रोका जा सकता है। बहरहाल, अब समय आ गया है कि एक व्यापक जल नीति बने। जल प्रबंधन की इस नीति में जल स्तर, जल के स्रोत और स्टोरेज जैसे पहलुओं पर वैज्ञानिक अध्ययन से लेकर जन चेतना अभियान तक का एक्शन प्लान बनाया जा सकता है। इंदिरा आवास तक में रैन वाटर हार्वेस्टिंग का प्रावधान किया जा सकता है। दरअसल साफ पानी की उपलब्धता सुनिश्चित कर तमाम तरह की बीमारी के प्रकोपों को भी नियंत्रित किया जा सकता है।

(06.05.2013)

❑

धरती की प्यास बुझी नहीं तबाही का खतरा सिर पर

यह कैसी विडंबना है? एक पखवाड़ा पहले तक राज्य के अधिकांश जिले सूखे की चुनौती का सामना कर रहे थे। इधर कुछ बारिश होने से राहत मिली, लेकिन ताल-तलैयों का पेट अभी तक नहीं भर पाया है। एक दर्जन जिलों को छोड़ दें तो आज भी बाकी जिलों के लोग आसमान निहार रहे हैं, ताकि मेघ नजर आएँ और वे पानी दें। धरती की प्यास अभी पूरी तरह बुझी नहीं है। जिन जिलों में बाढ़ है, वहाँ भी सामान्य से कम ही बारिश हुई है, लेकिन तमाम नदियों का पानी गंगा में गिरने के कारण वह उफना गई। रात को सूखे की चिंता लेकर लोग सोए और सुबह बाढ़ ने दस्तक दे दी। बाढ़ आने के बाद बारिश भी शुरू हो गई, इससे भागलपुर, खगड़िया, समस्तीपुर, पटना, वैशाली, सारण, गोपालगंज, भोजपुर और बक्सर जिलों में स्थिति भयावह हुई। अब मौसम वैज्ञानिकों ने 9-10 सितंबर को बादल फटने से भारी बारिश की भविष्यवाणी कर आम लोगों से लेकर राज्य सरकार तक की नींद उड़ा दी है। मुख्यमंत्री नीतीश कुमार ने मुख्य सचिव अशोक कुमार सिन्हा को आसन्न खतरे के मद्देनजर हर संभव तैयारी करने का निर्देश दिया। श्री सिन्हा ने शनिवार को राज्य मुख्यालय के तमाम आला अधिकारियों के साथ सभी जिलों के डी.एम. से वीडियो कॉन्फ्रेंसिंग कर तैयारी के दिशा-निर्देश दे दिए हैं। आशा की जानी चाहिए कि जिलों में चुनौती से निपटने की तैयारी में कोताही नहीं बरती जाएगी।

बिहार की भौगोलिक जटिलता के दर्द को केंद्र सरकार आज तक शिद्दत से महसूस नहीं कर सकी। अव्वल तो यह कि बिहार नेपाल की तराई में बसा है। नेपाल में पहाड़ की चोटियों से तीन बड़ी नदियाँ- कोशी, कमला और बागमती निकलती हैं। इसके अलावा करीब चार दर्जन नदियाँ अधवारा समूह की हैं। नेपाल में इन नदियों का जल स्तर बढ़ता है तो उसका सीधा असर उत्तर बिहार के डेढ़ दर्जन जिलों पर पड़ता है। वहाँ का पानी सरपट इधर का रुख कर लेता है। अगर पानी इतना अधिक नहीं भी हो कि वह तटबंध से बाहर निकले, तो भी वह गंगा में आकर गिरता है। इसका नतीजा होता है कि अगस्त-

सितंबर में गंगा में बाढ़ आना तय रहता है। बिहार की अपना भौगोलिक बनावट भी ऐसी है कि उत्तर बिहार का पानी मध्य और पूर्वी बिहार में बाढ़ तो पैदा कर सकता है, लेकिन दक्षिण बिहार में उस पानी का कोई उपयोग नहीं हो पाता है। राज्य के अंदर नदियों को आपस में जोड़ने की योजना में केंद्र दिलचस्पी दिखाता तो इस समस्या का हल संभव था। फरक्का में बराज के निर्माण के बाद गंगा में गाद की मात्रा लगातार बढ़ती जा रही है। इस कारण इसका पेट रेत से भरता गया है। उत्थर गंगा पानी का थोड़ा दबाव भी नहीं झेल पाती है। उधर, गंगा पर बाँग्लादेश से हुआ समझौता बिहार के लिए अभिशॉप ही साबित हुआ है। इसके बाद स्थिति यही है कि बिहार गंगा का कोप झेले, लेकिन उसके पानी का कोई सार्थक उपयोग नहीं करे।

नेपाल से बाढ़ की समस्या पर आजादी के बाद से ही वार्त्ता चल रही है, लेकिन यह किसी ठोस नतीजे तक नहीं पहुँच पाई है। बहुद्देशीय डैम से लेकर छोटे-छोटे डैम बनाने तक के प्रस्ताव रहे हैं। ऐसा करने से पर्याप्त मात्रा में बिजली का उत्पादन भी संभव है। अगर डैम बनाने पर सहमति नहीं बन पाई है तो सीमा के आर-पार नहर प्रणाली को परस्पर हितों के अनुकूल विस्तार और नया आकार देने पर सहमति बनाई जा सकती है, लेकिन इनसे सबसे पहले जरूरी है, भारत सरकार में बिहार को इस भौगोलिक चुनौती से उबारने की इच्छाशक्ति का पैदा हाना। तभी कोई ठोस समाधान निकलकर सामने आएगा। सच तो यह है कि उस समय शुरू की गई कोशी नहर परियोजना आज तक पूरी नहीं हो पाई है। इसी तरह कमला और बागमती नहर परियोजनाएँ कोई आकार नहीं ले पाई हैं। अपनी सीमा में अगर नहरों का निर्माण हुआ भी तो नेपाल में फैलकर नीचे की तरफ आनेवाले पानी को नहरों में कैद कैसे किया जाए, इस पहलू पर आज तक कोई सार्थक पहल नहीं हुई। बहरहाल, मौसम विभाग की चेतावनी के मद्देनजर अभी कुछ दिनों तक सावधान रहने की जरूरत है। केंद्र सरकार को इस आसन्न खतरे के मद्देनजर खुद पहल करनी चाहिए, ताकि स्थिति भयावह हो तो संसाधनों की कमी पीड़ितों की मदद में आड़े नहीं आए। एनडीआरएफ की विशेष बटालियन के अलावा पर्याप्त संख्या में मोटर बोट और अन्य साधन चुनौती का सामना करने के लिए तैनात रहें, यह आवश्यक है। वैसे अपनी हिफाजत खुद करने के लिए आम लोगों के स्तर पर भी सतर्कता जरूरी है।

(09.09.2013)

❑

आवागमन को सुगम बनाने की चिंता क्यों नहीं?

शाम के छह बजे थे। शुक्रवार को जन्दाहा जानेवाली सड़क में हाजीपुर के पासवान चौक के निकट जाम में फँसे वाहनों की लंबी कतार और हार्न का शोर। जाम की वजह थी, सड़क के एक लेन में पाँच ट्रकों की पार्किंग। इन ट्रकों के चालकों को इसकी कोई फिक्र नहीं थी कि उनकी इस हरकत से सैकड़ों यात्री परेशानी में हैं। सड़क पर वाहनों को खड़ा कर देने या दुकानें सजा लेने की प्रवृत्ति पूरे राज्य में यातायात के लिए चुनौती बन चुकी है। कुछ साल पहले तक राज्य में जर्जर सड़कों के कारण आवागमन दुर्गम था। एक मुहावरा बन गया था कि बिहार में दूरी किलोमीटर में नहीं, घंटे में बताई जाती है, लेकिन अब जबकि पुरानी ज्यादातर प्रमुख सड़कों का कायाकल्प हो चुका है, राज्य के किसी भी हिस्से से अधिकतम छह घंटे में पटना पहुँचने की सुविधा के मद्देनजर अनेक वैकल्पिक सड़कों और पुलों का निर्माण हुआ है या हो रहा है, तो भी क्या हम यकीन से कह सकते हैं कि आनेवाले समय में आवागमन सुगम हो जाएगा?

सबसे खराब स्थिति शहरों की है। राज्य का कोई भी शहर ऐसा नहीं बचा है, जहाँ आवागमन आसान हो। एक तो पुराने शहरों में सड़कें सँकरी हैं। पीसीसी सड़कों का निर्माण हुआ तो वे पहले से ऊँची कर दी गईं और दोनों तरफ फ्लैंक का निर्माण नहीं हुआ, जिससे सड़कों की चौड़ाई और कम हो गईं। पार्किंग की जगह मुहैया कराने में नगर निकायों की कोई दिलचस्पी नहीं है। शहरों में यातायात को नियंत्रित करने में पुलिस की दिलचस्पी दिखावे की नजर आती है। दूसरी तरफ सड़कों पर दुकानें सजा देने, सड़कों की जद तक मकानों का निर्माण कर लेने की प्रवृत्ति ने पैदल चलना भी मुश्किल कर दिया है। ऐसे में कितनी भी आधारभूत संरचनाएँ खड़ी कर दी जाएँ, क्या उनका उपयोग हो पाएगा? यह सही है कि जिन दिशाओं में इस दौर में कार्य हुए हैं, उनके संपूर्णता में आकार लेने में अभी समय लगेगा, लेकिन जितना ही काम हुआ है, उस पर सबका हक है, उसमें बाधाएँ खड़ी करना, तरक्की की राह में रोड़े अटकाना भी है। दरअसल विकास का अर्थ सिर्फ सुविधाएँ मिलना नहीं है, बल्कि विकास की मानसिकता उससे बड़ी है।

बदलते बिहार में जिन-जिन क्षेत्रों में खासकर खेती, पौधा रोपण, शिक्षा, साफ-सफाई या फिर सामाजिक न्याय के क्षेत्र में जो भी मिसाल पेश की हैं, वे गाँवों ने। कृषि उत्पादन में नया कीर्तिमान गाँवों के किसानों ने ही रचा है। शहरों में ऐसे समूह, संस्था या व्यक्ति क्यों नजर नहीं आ रहे हैं, जो उसे मॉडल बनाने के लक्ष्य को समर्पित हों? हमारी खुदगर्जी जिम्मेदारियों से मुँह मोड़ने की प्रवृत्ति को बढ़ावा दे रही है। अगर पटना के अलावा अन्य शहरों को भी कारोबार, उद्यम, शिक्षा और रोजगार का केंद्र बनना है तो सिर्फ आधारभूत संरचनाओं के निर्माण से ही यह संभव नहीं होगा, बल्कि इनका वाजिब उपयोग हो और ये शहर की तस्वीर बदलने का आधार बनें, इसके लिए शहरवासियों को जागरूक होना पड़ेगा। यह तभी संभव होगा, जब लोग अपने-अपने शहर की चिंता करेंगे। नगर निकायों का रवैया इस अर्थ में अब तक सकारात्मक नजर नहीं आया है। अगर हमें विकसित प्रदेश बनना है तो शहरों की सूरत बदलनी होगी, तभी बाहर के लोग बिना किसी संकोच के यहाँ आएँगे।

(05.02.2012)

❑

यह संगठित ताकत का बेजा इस्तेमाल नहीं?

मगध और तिरहुत के करीब एक दर्जन जिले इन दिनों मस्तिष्क ज्वर से प्रभावित हैं। मासूमों की जान पर आफत है। करीब दो सौ बच्चों की जान जा चुकी है। यह रोग मौसमी है। अभी चिकित्सा सेवा के मोर्चे पर हाईअलर्ट की जरूरत है। त्राहिमाम के इस दौर में पी.एम.सी.एच. के जूनियर डॉक्टरों ने हड़ताल कर दी है। एक बच्चे की मौत से उग्र परिजनों के हाथों एक डॉक्टर का पिटना इनका दर्द है। उन परिजनों की उत्तेजना का कारण क्या था? डॉक्टर की सलाह पर वह दवा लाने गए, लौटकर आए तो वे नदारद थे। उनकी तलाश में बीस मिनट गुजर गए। इस बीच बच्चे ने दम तोड़ दिया। हो सकता था कि दवा चढ़ाने के बाद भी बच्चे की जान नहीं बचती, लेकिन विशेषज्ञ डॉक्टर ही सतर्क कर रहे हैं कि बीमार पड़ते ही पीड़ित को अगर अस्पताल पहुँचा दें तो जान बच सकती है, यानी मिनट-मिनट पीड़ित को मौत के मुँह से बाहर निकालने को कीमती है।

'सत्यमेव जयते' धारावाहिक में आमिर खान ने कुछ मौजूँ सवाल उठाए तो डॉक्टरों को रास नहीं आया। आमिर ने काफी शोध के बाद निष्कर्ष निकाला कि दवा कंपनियाँ सेवा-सुविधा पर प्रति डॉक्टर प्रति वर्ष औसतन सवा लाख रुपए खर्च करती है। डॉक्टर दवाओं पर तीस फीसदी तक कमीशन लेते हैं। एमसीआई में भ्रष्टाचार के कारण मेडिकल की पढ़ाई महँगी होती गई है। केतन देसाई का हवाला भी दिया। आज नेताओं, नौकरशाहों समेत अन्य सेवाओं से जुड़े लोगों, यहाँ तक कि मीडिया और निजी क्षेत्र में भ्रष्टाचार का मुद्दा उठ रहा है। जनसभाओं में इस मुद्दे पर गर्जना होती है। अंकुश के लिए कानून-दर-कानून बन रहे हैं, लेकिन इनमें से कोई तबका या समूह काम से रूठकर हड़ताल का ऐलान कहाँ करता है? आलोचना से अपनी खामियों का पता चलता है, साथ ही आम नजरिया भी। हर पेशे में अच्छे लोग हैं तो काले भेड़िये भी, लेकिन औसत किसका बढ़ रहा है और क्यों, इस सवाल को लेकर झाँकने की हिम्मत क्यों नहीं है?

जूनियर डॉक्टर संकट की इस घड़ी में हड़ताल पर जाकर क्या साबित करना चाहते हैं, एक परिसर में संगठित ताकत है, तो उसका क्या बेजा इस्तेमाल नहीं हो रहा है?

आज जो जूनियर डॉक्टर हैं, वे कल सीनियर और विशेषज्ञ कहलाएँगे। समाज में डॉक्टरों को भगवान् का दर्जा लोग देते रहे हैं। इससे भी बड़ी कोई कमाई या एहसास हो सकता है ? इनसान कितना बड़ा भी क्यों न बन जाए, वह बड़ा तभी होता है, जब समाज उसके बड़प्पन को सराहे। पी.एम.सी.एच. से बाहर पूरी दुनिया है। जिनके बच्चे मौत के गाल में समा रहे हैं, उनके जख्म पर अगर प्रेम और पेशे के प्रति समर्पण की मरहम लग जाए तो उनके दिल से बद्दुआ नहीं निकलेगी। उनके हाथ 'भगवान्' पर नहीं उठेंगे, बल्कि दुआएँ निकलेंगी। जब कोई अपनों को अस्पताल लेकर पहुँचता है, तो उसे सिर्फ डॉक्टर से उम्मीद रहती है। उनकी उम्मीदों पर खारा उतरना डॉक्टरों का धर्म ही नहीं कर्तव्य भी है। प्रेरणा तो बिहार स्वास्थ्य सेवा संघ से लेनी चाहिए, जिसने संकट के समय मानवता के नाते 5 जुलाई से प्रस्तावित हड़ताल स्थगित कर दी है।

यह शपथ लेते हैं डॉक्टर

···जाति, धर्म, उम्र या वर्ग की परवाह किए बिना जो भी मरीज मेरे सामने आएगा, मैं उसका इलाज करूँगा। हर वह जरूरी प्रयास करूँगा, जिससे मरीज को लाभ हो। घातक और गैर जरूरी दवाओं की सलाह नहीं दूँगा। अनावश्यक जाँच नहीं करवाऊँगा। अत्यधिक चार्ज नहीं लूँगा। पैरवी और उपहार स्वीकार नहीं करूँगा। ···मानव अंगों के अवैध व्यापार में शामिल नहीं रहूँगा। किसी दबाव या प्रलोभन में मेडिकल दस्तावेजों से छेड़छाड़ नहीं करूँगा। झूठा या भ्रामक सबूत नहीं दूँगा। शिष्यों का शोषण नहीं करूँगा।···यह सदा याद रखूँगा कि मैं उस समाज का सदस्य हूँ, जिसमें मनुष्यों की सेवा करना सर्वोपरि है।

(18.06.2012)

❑

आधा-अधूरा मन और बड़ा मंसूबा

सारण जिले के धर्मासती प्राथमिक विद्यालय में मिड-डे-मील से 23 बच्चों की मौत से सिर्फ किसी स्तर पर संवदेनहीनता, चूक या अमानवीय साजिश का सवाल खड़ा नहीं हुआ है। इससे इतर बड़ा सवाल है, दिल्ली में एसी कमरों में बैठकर योजनाओं का स्वरूप निर्धारित करना। प्रोत्साहन या कल्याण की ऐसी तमाम योजनाओं में इतने छेद छोड़ दिए जाते हैं, कि उन्हें भर पाना कतई संभव नहीं होता है। इसीलिए इनकी सफलता भी संदिग्ध रहती है। शुरू में उत्साह काम करता है, लेकिन बाद में जब व्यावहारिक कठिनाइयाँ आती हैं तो ऐसी योजनाओं की कमजोरियाँ परत-दर-परत खुलने लगती हैं।

मिड-डे-मील को ही लें। आजादी के एक दशक बाद 1960 में यह योजना तमिलनाडु में शुरू हुई थी। 28 नवंबर, 2001 को सुप्रीम कोर्ट ने इस योजना को सभी राज्यों में लागू करने का आदेश दिया। इसके तहत बिहार में 2005 में यह योजना शुरू हुई, लेकिन आठ वर्षों बाद भी 13 हजार 500 स्कूलों में रसोईघर नहीं हैं। 8600 स्कूलों के पास खुद की जमीन ही नहीं है। वे पेड़ के नीचे या किसी अन्य सरकारी भवनों में संचालित हो रहे हैं। इन स्कूलों के लिए जमीन का इंतजाम बड़ी चुनौती है। आज तक के सारे प्रयास नाकाम रहे। ऐसे में इन स्कूलों में रसोईघर की कल्पना कैसे की जा सकती है? किसी भी प्राथमिक विद्यालय में तीन-चार सौ बच्चे जरूर दाखिल रहते हैं। इतने बच्चों का खाना पकाने और परोसने के लिए दो औरतें बतौर रसोइया बहाल की जाती हैं। इनके जिम्मे बरतन साफ करने से लेकर साफ-सफाई तक का काम रहता है। बदले में इन्हें एक-एक हजार रुपए माहवार पगार दी जाती है। पगार बढ़ाकर डेढ़ हजार रुपए प्रतिमाह करने का प्रस्ताव है। अभी जितना मिल रहा है, वह तो न्यूनतम मजदूरी के भी एक चौथाई से कम है। ऐसे में किसी ट्रेंड रसोइए की अपेक्षा कैसे की जा सकती है? आधा-अधूरे मन से कोई बड़ा लक्ष्य हासिल नहीं हो सकता है। केंद्र सरकार के फैसले पर रसोईघर का निर्माण और रसोइए की पगार निर्भर करती है।

बच्चों को दोपहर का भोजन स्कूलों में ही परोसने का मकसद बहुत बड़ा है। बदले

हालात में इसकी अहमियत और बढ़ गई है। आज जो थोड़ा भी साधन संपन्न है, अपने बच्चों को प्राइवेट स्कूल में दाखिल करा देता है। यह शिक्षा के प्रति जागृति का नतीजा है। सरकारी स्कूलों में किस वर्ग के सर्वाधिक बच्चे दाखिल होते हैं, इसका अनुमान सबको है। अशिक्षा बिहार के पिछड़ेपन का एक बड़ा कारण है। इस अंधकार से बाहर निकलने के लिए जरूरी है कि सरकारी स्कूलों में दाखिल होनेवाले बच्चों की पढ़ाई में निरंतरता बनी रहे। गरीब परिवारों के बच्चों के स्कूल छोड़ने का औसत काफी ज्यादा रहा है। इसके अलावा दोपहर में लंच के लिए जाने के बाद सामान्य परिवारों के बच्चे भी दुबारा स्कूल जाने से कतराते हैं। मिड-डे-मील बच्चों को स्कूल से बाँधे रखने की महत्त्वाकांक्षी योजना है, लेकिन आज भी अगर ड्राप आउट की समस्या है तो इस योजना की सफलता पर प्रश्न खड़ा होना लाजिमी है। मिड-डे-मील के लिए बच्चे कितने उत्साहित रहते हैं, इसका अंदाजा उनकी वाजिब उपस्थिति से भी लगाया जा सकता है।

धर्मासती में स्कूल के प्रधानाचार्या ने न औरत का धर्म निभाया और न शिक्षक का। औरतों को ममता की प्रतिमूर्ति माना जाता है। शिक्षक बच्चों की जिंदगी सँवारते हैं। एक महिला प्रधानाचार्या पर बच्चों की जिंदगी लीलने की साजिश का यह आरोप मानवीय संवेदना और सरोकारों को कलंकित करने जैसा है। इस कांड ने अनेक ऐसे सवाल खड़े कर दिए हैं, जिनका खुलासा जरूरी है। अब जब यह प्रमाणित हो गया है कि खाने में जहर था तो यह साफ होना जरूरी है कि यह जहर कैसे घुला या किसने घोला, दो दर्जन परिवारों के जीवन में जहर घोलने का मकसद क्या है? उस दिन किताबें बाँटने का प्रलोभन देकर बच्चों को ज्यादा संख्या में स्कूल पहुँचने के लिए किसने प्रेरित किया, साजिश के पीछे कौन लोग हैं? बहरहाल, बिहार ही नहीं अनेक राज्यों से आए दिन मिड-डे-मील में गड़बड़ी की शिकायतें आती रहती हैं। इसलिए जरूरी है कि इस महत्त्वाकांक्षी योजना के कमजोर पहलुओं का अध्ययन कर उसे दूर करने की पहल यथाशीघ्र हो। शिक्षा पर अगर धन बहाया भी जाए तो उससे देश का भला ही होगा।

(22.07.2013)

❑

ऐसी करतूतों से जंगली सभ्यता भी शरमा जाए!

बीते दिनों एक दुर्घटना के बाद उग्र भीड़ की हिंसक प्रतिक्रिया के बारे में एक व्यक्ति ने कहा कि यह तो जंगली आचरण है, लेकिन मशरक के धर्मासती गंडामन कांड से शुरू हुए सिलसिले को क्या कहेंगे? ऐसी हैवानी हरकतों से तो शायद जंगली सभ्यता भी शरमा जाए। स्कूली बच्चों के खाना या पीने के पानी में जहर घोलने वालों का मकसद क्या है, वे क्या हासिल करना चाहते हैं, वे किसे साध रहे हैं, मासूमों की जिंदगी लीलकर वे क्या साबित करेंगे? ऐसे अनेक सवाल उठने लाजिमी हैं। एक-दो स्थानों तक ऐसी घटनाएँ सीमित रहतीं तो यह माना जा सकता था कि कुछ सिरफिरे लोगों की करतूत है। इसके पीछे साजिश की बू नहीं आती, लेकिन अब जबकि वायरस की तरह ऐसी घटनाएँ फैल रही हैं तो यह खतरनाक संकेत है। हैंडपंप या वाटर सप्लाई की टंकी में जहर डालनेवाले ऐसे लोग अपनी ऐसी हरकत के अंजाम से अनजान भी नहीं होंगे।

धर्मासती कांड अपने आप में बिहार के माथे पर कलंक है। कानूनी प्रक्रिया पूरी होने तक किसी को दोषी करार नहीं दिया जा सकता है, लेकिन इतना तो साफ हो चुका है कि बच्चों के खाने में जहर मिलाया गया। 23 बच्चों की जान चली गई। किसी एक परिवार से किसी की दुश्मनी हो सकती है। वैसे भी बच्चों से दुश्मनी कैसी? लेकिन यहाँ तो एक साथ करीब दो सौ बच्चों को मौत की नींद सुलाने की साजिश रची गई थी। यह दानवी प्रवृत्ति की भी हद है। शुक्र है कि बड़ी संख्या में बच्चों को बचा लिया गया। धर्मासती के बाद से स्कूलों के हैंडपंप या खाने में कीटनाशक या जहरीला पदार्थ डालने की होड़-सी लग गई है। आए दिन बच्चों के बीमार पड़ने की खबरें आ रही हैं। पीड़ित बच्चों को मेडिकल कॉलेजों में भेजना पड़ रहा है, यानी उनकी सेहत पर ऐसे कीटनाशकों या जहरीले पदार्थों का गहरा असर हो रहा है। स्थानीय लोगों, प्रशासन और स्वास्थ्य महकमे की मुस्तैदी से पीड़ित बच्चों की जान बचाई जा रही है। मुख्यमंत्री नीतीश कुमार सूचना मिलते ही खुद मॉनिटरिंग करते हैं। उन्होंने राज्य के लोगों से सतर्क रहने की अपील भी

की है, लेकिन बच्चों के मन-मिजाज पर ऐसी घटनाओं का कितना गहरा असर हो रहा है, इसका अनुमान लगाना आसान नहीं है। ऐसे पीड़ित बच्चे क्या अब निर्भीक होकर स्कूल जा सकेंगे, वहाँ का पानी पीने या खाना खाने का साहस जुटा पाएँगे, परस्पर विश्वास का जो रिश्ता समाज को एक सूत्र में बाँधे रखता है, क्या इस अवधारणा को ये बच्चे अपने जीवन में साकार कर पाएँगे, या आशंका और अविश्वास के मनोविज्ञान के शिकार होंगे? जो लोग ऐसा कर रहे हैं, शायद उन्हें अंदाजा नहीं है कि यह कितना बड़ा अपराध और पाप है। क्या उनकी मानवीय संवेदना मर गई है?

ऐसी घटनाएँ सिर्फ सरकारी चिंता का विषय नहीं हो सकती हैं। किसी भी सरकार के लिए यह संभव नहीं है कि वह हर स्कूल या सार्वजनिक स्थानों के पीने के पानी के स्रोतों पर पुलिस तैनात कर दे। निगरानी रखने का इतना विशाल वैकल्पिक तंत्र विकसित करना भी आसान नहीं है। घटनाओं की जाँच कराकर दोषियों को चिह्नित किया जा सकता है, उन्हें सजा दिलाई जा सकती है, लेकिन ऐसी घटनाओं का जो असर बच्चों की जिंदगी या मनोविज्ञान पर होगा, उसकी भरपाई कैसे होगी? बच्चे हमारे भविष्य हैं। उनकी हिफाजत की जवाबदेही हम सबकी है। इसलिए ऐसी घटनाओं को रोकने के लिए समाज को भी आगे आना होगा। सजग होना होगा। नजर रखनी होगी संदिग्ध लोगों पर। पुलिस और प्रशासन को भी गाँव-गाँव में शांति और सुरक्षा समितियों का गठन कर परस्पर सहयोग और विश्वास का माहौल बनाना होगा। पीपुल फ्रेंडली पुलिस की परिकल्पना समय की चुनौतियों पर ही आधारित है। बिना जन सहयोग के पेश आ रही ऐसी नई चुनौतियों का मुकाबला संभव नहीं है। बहरहाल, राजनीति सिर्फ सत्ता संघर्ष के लिए नहीं है। अफसोस कि विधानमंडल का मानसून सत्र बीत गया, बच्चों पर कहर बरपाने वाले ऐसे तत्त्वों के खिलाफ निंदा का सामूहिक स्वर सुनने को नहीं मिला।

(05.08.2013)

❑

चुनौतियों के बीच सब्र कोई प्रकृति से सीखे

मौसम मिजाज बदलता है तो मनुष्य से लेकर तमाम जीव-जंतुओं के सामने मुसीबत खड़ी जाती है। प्रकृति से हमारी अपेक्षा रहती है कि वह ऋतुओं की समय-सीमा का खयाल रखे। ठंड, वर्षा और गरमी का संतुलन भी बनाए रखे। यह सब उतना ही दे, जितना हमारी खुशहाली के लिए जरूरी हो। ऐसा नहीं होने पर हम प्रकृति को जी भरकर कोसते हैं। मौसम को बेवफा करार देने में तो हमारे होंठ कभी लड़खड़ाते ही नहीं हैं, लेकिन क्या खुद से हम कभी पूछते हैं कि नियमों को जीने में हमारी आस्था कितनी गहरी है? खुद के बनाए नियम-कानूनों को जीने में भी जब हमारा यकीन कमजोर पड़ गया है तो प्रकृति के नियमों की परवाह कौन करे। शुक्र है कि प्रकृति आज भी कभी-कभार ही अपना सब्र गँवाती है।

'आपराधिक न्याय तंत्र समस्याएँ और समाधान' विषय पर पटना में आयोजित सेमिनार में कुछ ऐसे सवाल उठे हैं, जो मौलिक हैं। यूँ कहें कि ये सवाल नई सदी में पेश आ रही तमाम नई चुनौतियों का आईना भी हैं। लोगों का धैर्य जवाब दे रहा है, धन अरजने की होड़ है, नैतिकता-अनैतिकता का फर्क मिटता जा रहा है, जैसे सच से कौन मुँह मोड़ सकता है। जाहिर है, ये हालात को जटिल बना रहे हैं। बीते दो महीनों में कुछ ऐसी घटनाएँ राज्य में घटीं, जिन्होंने चिंता की लकीर बड़ी कर दी है। भला बच्चों के खाने में या पीने के पानी में कोई जहर डालने जैसा घिनौना अपराध कर सकता है? लेकिन ऐसा हुआ और एक के बाद एक ऐसी घटनाओं से यह भी महसूस किया गया कि सुनियोजित तरीके से इन्हें अंजाम दिया जा रहा है। एक मनोचिकित्सक का तर्क है कि दूसरों को पीड़ा पहुँचाकर आनंद लेने की प्रवृत्ति सनातन है। ये घटनाएँ उसी मानसिकता का प्रतिनिधित्व करती हैं। अगर इसे सही मान भी लिया जाए तो यह भी मानना ही होगा कि पर पीड़ा की मानसिकता विस्तार ले रही है, लेकिन क्यों? इसका जवाब भी ढूँढ़ना होगा। हमारे धर्म शास्त्रों ने तो कहा है कि परोपकार पुण्याय, पापाय पर पीडणम। आज जब सामाजिक सुरक्षा की डोर कमजोर हो रही है और उसी अनुपात में धार्मिक अनुष्ठानों में लोगों की

आस्था बढ़ी है तो फिर धार्मिक मान्यताओं में यकीन क्यों नहीं?

मुख्यमंत्री नीतीश कुमार ने सेमिनार में कहा कि विकास में पूँजी का प्रवाह होता है। इससे लालच भी पैदा होता है। सार्वजनिक धन को उड़ाना अपराध है, लेकिन जिसे किसी चीज की जरूरत नहीं है, वह भी ताबड़तोड़ कमाने में लगा हुआ है। उनके शब्दों में यह प्रवृत्ति निश्चित रूप से कोई-न-कोई बीमारी है। उन्होंने न्यायपालिका से अपेक्षा जताई कि राज्य में कानून का राज कायम रखने के लिए हाईकोर्ट मुकदमों के स्पीडी ट्रायल और रूटीन ट्रायल की मॉनिटरिंग जारी रखे। पुलिस महानिदेशक अभयानंद ने लोगों के सब्र का सवाल उठाया। लोग अब तत्काल फैसला चाहते हैं। इस अर्थ में स्पीडी ट्रायल की अहमियत उन्होंने बताई। वैज्ञानिक जाँच से अपराधों की तह तक पहुँचने के पुलिस के प्रयास समय की माँग हैं। पटना हाईकोर्ट की चीफ जस्टिस सुश्री रेखा मनहरलाल दोशित ने न्यायाधीशों से अपील की कि मुकदमों के निपटारे में वे अपने ज्ञान और विवेक पर ध्यान दें।

जाहिर है, कानून का राज तभी कायम रह सकता है, जब विधायिका, न्यायपालिका और कार्यपालिका के बीच इस सवाल पर समन्वय और समझदारी कायम रहे। ऐसा माहौल बने कि किसी भी तरह से कानून को हाथ में लेने की कोई जुर्रत करने से पहले सौ बार सोचे। बिहार में अमन-चैन कायम करने में इन तीनों अंगों का योगदान बीते वर्षों में समान रूप से काबिले जिक्र रहा है। यह आगे भी जारी रहे, यह राज्य-हित में बेहद जरूरी है। यह तभी संभव होगा, जब पूर्वग्रहों से ऊपर उठकर प्रयास होते रहें। इसके अलावा, आम जनता की जवाबदेही भी कम बड़ी नहीं है। तरक्की के लिए अमन-चैन पहली शर्त है। नवादा की पुनरावृत्ति फिर न हो और अपने निहित स्वार्थ में कोई भी भाईचारे के बीच दीवार खड़ी न कर सके, यह समाज ही सुनिश्चित कर सकता है। अफवाहों में इतना दम कहाँ से आ जाता है, जो हमारे परस्पर विश्वास की नींव हिला देती हैं, इस सवाल पर गंभीर होना समय की माँग है।

(19.08.2013)

❑

नेपाल को लेकर समय रहते सँभलना जरूरी

हिंदुस्तान और खासकर बिहार के लिए नेपाल सिर्फ पड़ोसी देश नहीं है। बिहार का तो उसके साथ प्राकृतिक, सांस्कृतिक और पारंपरिक संबंध है। दोनों को एक-दूसरे से जुदा करना संभव भी नहीं है। ऐसे में नेपाल में संचालित गतिविधियों या वहाँ के शासन-प्रशासन के रवैये का सीधा सरोकार राज्य के सवा दर्जन सीमावर्ती जिलों का रहता है। यह आम धारणा क्यों बनती जा रही है कि भारत सरकार नेपाल से संबंधों को लेकर संजीदा नहीं है, जबकि चीन समेत अन्य सार्क देशों की दिलचस्पी नेपाल में हाल के वर्षों में तेजी से बढ़ी है ? सबसे बड़ी चिंता तो इस बात को लेकर है कि वहाँ भारत-विरोध एक राजनीतिक फैशन क्यों बनता जा रहा है ? व्यवहार में भी अनेक ऐसी चीजें नजर आती हैं, जिससे लगता है कि हिंदुस्तान के खिलाफ वहाँ एक संगठित दुष्प्रचार की मुहिम चलाई जा रही है। इसका असर गैर भारतीय मूल के लोगों के मनोविज्ञान पर ज्यादा हुआ है।

नेपाल खुद राजनीतिक अस्थिरता के भंवर में फँसा हुआ है। राजनीतिक मतभेद की जड़ें इतनी गहरी हो चुकी हैं कि समय-सीमा में संविधान के प्रारूप पर सहमति नहीं बन सकी। मतभेद के अनेक ऐसे पहलू हैं, जिनका समाधान नहीं निकल पा रहा है। खासकर राज्यों के गठन का मसला सबसे पेचीदा बना हुआ है। संविधान सभा भंग होने के बाद उसके लिए फिर से चुनाव होंगे। ये उसकी अंदरूनी चुनौतियाँ और परेशानियाँ हैं, लेकिन जहाँ से बेटी-रोटी का रिश्ता हो, वहाँ की तमाम गतिविधियाँ प्रभावित करती हैं। वहाँ की अस्थिरता से उपजी समस्याओं से बिहार के सीमावर्ती जिले भी प्रभावित हैं। नेपाल बिहार के अपराधी सरगनाओं और कई आतंकी संगठनों के नुमाइंदों का पनाहगार बना हुआ है। वीरगंज में शरण ले रखे एक अपराधी ने चंपारण के व्यापारियों की चैन छीन रखी है। नेपाली नंबर से आनेवाले कॉल को रिसीव करने से वे डरते हैं। दूसरी तरफ सैर पर जानेवाले भारतीयों को वहाँ कई तरह की परेशानी झेलनी पड़ती है। वहाँ की पुलिस का रवैया भी भारतीयों के प्रति संजीदा नजर नहीं आता है। ऐसा क्यों ? अभी नेपाल के पहाड़ी पर्यटन स्थलों की सैर के दौरान कई ऐसी जानकारी मिली, जो सहज या अनायास उपजे

हालात बयाँ नहीं करते हैं। इनकी गहराई में जाकर अध्ययन की जरूरत है।

नेपाल सीमा में प्रवेश के साथ ही भारतीय नंबर की गाड़ियों के साथ जो सलूक होता है, वह काबिले गौर है। प्रतिदिन की दर से भंसार शुल्क भी भारतीय वाहनों पर काफी अधिक है, जबकि नेपाली वाहनों से इस पार यह शुल्क नहीं वसूला जाता है। इसके अलावा नेपाली नंबर हासिल करने और पंचायत समितियों को शुल्क अदा करते-करते भारतीय वाहनों से सैर करनेवालों का दम निकल जाता है। ये ऐसे सवाल हैं, जिनका जवाब ढूँढ़ना जरूरी है। वैसे पर्यटकों के प्रति इस रवैये का नुकसान नेपाल को भी होता है। प्रकृति नेपाल पर मेहरबान है और वहाँ पर्यटकों को आकर्षित करनेवाले स्थलों की संख्या काफी है। अगर स्थिति सहज और सुगम हो तो बिहार के लोगों की पहली पसंद वहाँ के पर्यटक स्थल बन सकते हैं। इसी तरह, बिहार के विकास में बड़ी बाधा नेपाल से आनेवाली नदियों की बाढ़ भी है। इससे बिहार को प्रति वर्ष भारी नुकसान होता है। भारत और नेपाल की सरकारों के बीच परस्पर सहयोग की नीति से ही इन समस्या का समाधान संभव है।

काबिले गौर यह भी है कि नेपाली अवाम के बीच भारत की भूमिका अपेक्षित स्तर की नजर नहीं आती है। सामाजिक और सामुदायिक स्तर पर अन्य देशों की सक्रियता की चर्चा ज्यादा है। इन तमाम सवालों की गहराई में जाकर अध्ययन और प्राप्त निष्कर्षों के आधार पर भारत की ओर से सकारात्मक पहल की आवश्यकता, वहाँ बसे भारतीय मूल के लोग भी शिद्दत से महसूस कर रहे हैं। नेपाली मीडिया से लेकर राजनीतिक दलों तक जिस तरह भारत विरोध की प्रवृत्ति को हवा दी जा रही है, वह चिंता का विषय है। इनसे सबक लेकर समय रहते सँभलने का यही वक्त है।

(14.01.2013)